Deutsche Frauen, deutscher Sang – Musik in der deutschen Kulturnation

Beiträge zur Kulturgeschichte der Musik
Herausgegeben von Rebecca Grotjahn
Band 1

Deutsche Frauen, deutscher Sang – Musik in der deutschen Kulturnation

Vorträge der Ringvorlesung am
Musikwissenschaftlichen Seminar Detmold / Paderborn

Herausgegeben von Rebecca Grotjahn

Weitere Informationen über den Verlag und sein Programm unter:
www.allitera.de

Bibliografische Information der Deutschen Nationalbibliothek:
Die Deutsche Nationalbibliothek verzeichnet diese Publikation in der
Deutschen Nationalbibliografie; detaillierte bibliografische Daten sind im
Internet über <http://dnb.d-nb.de> abrufbar.

2. korrigierte Ausgabe
September 2010
Allitera Verlag
Ein Verlag der Buch&media GmbH, München
© 2009 Buch&media GmbH, München
Umschlaggestaltung: Kay Fretwurst, Freienbrink
Herstellung: Books on Demand GmbH, Norderstedt
Printed in Germany · ISBN 978-3-86906-026-2

Inhalt

Einleitung 7

Nils Grosch
Carl Maria von Webers verwegene Jagd oder
Was ist eigentlich so deutsch am *Freischütz*? 17

Irmlind Capelle
Die Idee des Nationalen in den »Revolutionsopern« (1848)
von Albert Lortzing und Giuseppe Verdi 39

Joachim Veit
Der »Deutsche, so wie er im Märchen steht«
Zu Engelbert Humperdincks Position in der Wagner-Nachfolge 53

Katharina Hottmann
»Frisch auf zum letzten Kampf und Streit, ihr Männer all' und Knaben«
Patriotische Lieder Ingeborg von Bronsarts im Deutsch-Französischen Krieg
1870/71 79

Stephan A. Reinke
Die Orgel im Widerstreit der Nationen?
Deutsche und französische Orgelkultur zwischen 1870 und 1940 105

Jeroen van Gessel
Mendelssohns Musik mit Wagners Ideen
Niederländische Vorstellungen nationaler Musik im 19. Jahrhundert . . . 131

Werner Keil
»Il faut méditerraniser la musique«
Zur Musikästhetik deutscher Philosophen im 19. Jahrhundert 157

Rebecca Grotjahn
Deutsche Frauen, deutscher Sang
Nation, Gender und die *idea of serious music* 173

Die Autorinnen und Autoren 194

Abbildung 1: Postkarte des Deutschen Schulvereins, gelaufen 1916
(Privatbesitz Rebecca Grotjahn)

Einleitung

»Deutsche Frauen, deutsche Treue, deutscher Wein und deutscher Sang« – das auf dem Umschlag dieses Buches reproduzierte Bildmotiv könnte eine Illustration zur zweiten Strophe der deutschen Nationalhymne sein. Vorlage ist eine Postkarte des Deutschen Schulvereins (Abbildung 1), die das in der Kopfzeile der zweiten Strophe der heutigen deutschen Nationalhymne versammelte Motivensemble präzise umzusetzen scheint. Die Stadt im Bildhintergrund ist Bacharach am Rhein – mit der Ruine der Wernerkapelle, der Kirche St. Peter und der Burg Stahleck (dem mutmaßlichen Standort des Paares) ein typisches Beispiel Stein gewordener Rheinromantik.[1] Nationalsymbolträchtig sind auch die Farben schwarz-rot-gold, die der Mann als Schärpe trägt und die hier keineswegs für ein demokratisches Deutschland stehen, sondern in dieser Zeit Zeichen einer großdeutschen Gesinnung sind – eben jener Gesinnung, die durch Postkarten wie die vorliegende propagiert wurde: Der Deutsche Schulverein war 1880 als Schutzverein der Deutschen in den Kronländern des alten Österreich gegründet worden – unter anderem durch Georg von Schönerer, eines der großen Vorbilder Adolf Hitlers.[2]

Nicht nur der Aspekt ›deutsch‹, sondern auch die anderen Elemente der zitierten Zeile aus der deutschen Nationalhymne sind im Bildprogramm enthalten. Mit einer schwungvollen Armbewegung, die Linie der grünen Stola fortsetzend, bringt der junge Mann die »deutsche Frau« an seiner Linken und das Rheinweinglas miteinander in Verbindung – und wer meint, dass er gerade nur »Prost« sage, wird durch die auf der Postkarte abgedruckten Noten dahingehend aufgeklärt, dass hier eben dem »deutschen Sang« gehuldigt wird. Allerdings handelt es sich bei dem Lied nicht um die deutsche Nationalhymne, sondern um das Trinklied »Strömt herbei, ihr Völkerscharen«. Dieses besingt nicht das ›Deutsche‹ allgemein, sondern den Rhein, der aber eindeutig als deutsches Nationalsymbol fungiert und dem im Liedtext natürlich nicht etwa

---

[1] Für den Hinweis auf Bacharach danke ich Frau Dr. Claudia und Herrn Guido Theis, Schieder-Schwalenberg, herzlich.

[2] Georg Schönerer, der – sich selbst so titulierende – »Führer« der Alldeutschen gehörte zu den Gründungsmitgliedern des »Deutschen Schulvereins«, dessen Ziel die ideelle wie materielle Unterstützung des Minderheiten-Deutschtums war. Schönerer trat 1885 aus dem Verein aus, den er als zu ›judenfreundlich‹ empfand, und gründete den antisemitisch ausgerichteten »Schulverein für Deutsche«. Vgl. Michael Wladika, *Hitlers Vätergeneration. Die Ursprünge des Nationalsozialismus in der k.u.k. Monarchie*, Wien 2005, bes. S. 179–184, sowie Brigitte Hamann, *Hitlers Wien. Lehrjahre eines Diktators*, München 1996, bes. S. 337–364.

Main, Donau oder Elbe gegenüber gestellt werden, sondern Italien (wo die Frauen schöner und verlockender, aber nicht so treu seien) und Frankreich (dessen Wein der »Franzmann« überschätze):[3]

1.
Strömt herbei ihr Völkerscharen,
Zu des deutschen Rheines Strand!
Wollt ihr echte Luft erfahren,
O so reichet mir die Hand.
Nur am Rheine will ich leben,
Nur am Rhein geboren sein,
Wo die Berge tragen Reben
Und die Reben gold'nen Wein.

2.
Mögen tausend schöne Frauen
Locken auch mit aller Pracht,
Wo Italiens schöne Auen,
Wo in Düften schwelgt die Nacht.
Nur am Rheine will ich lieben,
Denn in jedes Auges Schein
Stehet feurig es geschrieben:
Nur am Rheine darfst du frei'n!

3.
Mag der Franzmann eifrig loben
Seines Weines Allgewalt,
Mag er voll Begeist'rung toben,
Wenn der Kork der Flasche knallt.
Nur am Rheine will ich trinken
Einen echten deutschen Trank,
Und so lang noch Becher blinken,
Töne laut ihm Lob und Dank.

[3] Liedtext zit. nach: http://ingeb.org/Lieder/stroemthe.html (Abruf: 27.01.2009).

4.
Und wenn ich geliebt in Wonne
Und gelebt in Herrlichkeit
Und geleeret manche Tonne,
Geh' ich ein zur Seligkeit.
Nur am Rheine will ich sterben,
Nur am Rhein begraben sein,
Und des letzten Glases Scherben
Werf' ich in den Rhein hinein.

Offensichtlich handelt es sich bei der Reihe deutsch – Frauen – Wein – Gesang um ein topisches Motivensemble, das außer in »Strömt herbei, ihr Völkerscharen« in zahlreichen weiteren Liedern und Gedichten eine Rolle spielt[4] – nicht zuletzt in dem zur Nationalhymne aufgestiegenen Liedtext von Heinrich Hoffmann von Fallersleben. Heute steht die zweite Strophe der Hymne im Schatten der beiden anderen. Die dritte Strophe ist die einzige, die bei offiziellen Anlässen gesungen wird, während die erste aufgrund ihrer Geschichte unrühmlich bekannt ist. Im ›Dritten Reich‹ fungierte sie als Vorstrophe zum Horst-Wessel-Lied, wozu sie wiederum unter anderem aufgrund des Langemarck-Mythos geworden war, demzufolge bei der verlustreichen Schlacht in der Nähe des belgischen Langemark die deutschen Soldaten mit dem Lied auf den Lippen auf den Feind zugestürmt seien: »Westlich Langemarck brachen junge Regimenter unter dem Gesange ›Deutschland, Deutschland über alles‹ gegen die erste Linie der feindlichen Stellungen vor und nahmen sie.«[5] Diese Erzählung – deren Wahrheitsgehalt mehr als zweifelhaft ist – bestätigt auf martialische Weise die Überlegungen, von denen die hier dokumentierte Ringvorlesung ausgeht: Musik hat eine große Bedeutung für die nationale Identität. Dies betrifft nicht nur Lieder mit patriotischen Inhalten, die Nationalgefühl geradezu in die Herzen einzubrennen in der Lage sind, sondern auch den Bereich der so genannten Kunstmusik. Ganz besonders groß ist die Rolle der Musik wohl für die deutsche Identität. Musik bildete ein zentrales Element im Konzept der deutschen Kulturnation, mit der lange Zeit die erwünschte, aber noch nicht realisierte politisch-territoriale Einheit kompensiert wurde: Statt

---

[4] Z. B. »Es saßen beim schäumenden funkelnden Wein«, »Bringt mir Blut der edlen Reben«, »Ich trinke gern ein Gläschen Wein«.

[5] Bericht der Obersten Heeresleitung vom November 1914, zit. nach Bernd Hüppauf, »Langemarck-Mythos«, in: *Enzyklopädie Erster Weltkrieg*, hrsg. von Gerhard Hirschfeld et al., Paderborn etc. 2006, S. 671f., hier S. 672. Die korrekte Schreibweise des Ortsnamens ist »Langemark«; das »ck« verweist auf die deutsche Mythenbildung.

über Außengrenzen wurde das ›Deutsche‹ über die Kultur definiert. Dieses Motiv findet sich bereits bei Schiller:

> »Deutsches Reich und deutsche Nation sind zweierlei Dinge. Die Majestät des Deutschen ruhte nie auf dem Haupte s[einer] Fürsten. Abgesondert von dem politischen hat der Deutsche sich einen eigenen Wert gegründet, und wenn auch das Imperium unterginge, so bliebe die alte Würde unangefochten. – Sie ist eine sittliche Größe, sie wohnt in der Kultur und im Charakter der Nation, die von ihren politischen Schicksalen unabhängig ist.«[6]

Konkretisiert wurde der Begriff der Kulturnation über die Kunst: die Literatur, aber ganz besonders über die Musik: Neben der ›Weimarer Klassik‹ waren es vor allem die Meisterwerke Bachs und Beethovens, die als Beleg für die Größe der deutschen Kultur herangezogen wurden. Dieser Gedanke ist nicht nur in der Musikliteratur des 19. und 20. Jahrhunderts präsent – ob mit leicht ironischem Unterton wie in Schumanns berühmtem Vergleich der Beethoven-Sinfonie mit der französischen Revolution und der englischen Schifffahrt[7] oder zur Aufwertung von musikalischer Kunst und Künstlertum mittels Partizipation an dem erstarkenden nationalen Selbstbewusstsein im Zusammenhang mit der Reichsgründung wie bei Richard Wagner.[8]

Aber was haben nun »deutsche Frauen« und »deutscher Sang« miteinander zu tun?

> Deutsche Frauen, deutsche Treue, deutscher Wein und deutscher Sang,
> sollen in der Welt behalten ihren alten schönen Klang,
> uns zu edler Tat begeistern unser ganzes Leben lang –
> Deutsche Frauen, deutsche Treue, deutscher Wein und deutscher Sang!

---

[6] Friedrich Schiller, »Deutsche Größe« (1797), in: Friedrich Schiller, *Sämtliche Werke*, hrsg. von Gerhard Fricke und Herbert G. Göpfert, Bd. 1: *Gedichte / Dramen I*. 8. Auflage, München 1987, S. 473–478, hier S. 473 f.

[7] »Wie Italien sein Neapel hat, der Franzose seine Revolution, der Engländer seine Schiffahrt usw., so der Deutsche seine Beethovenschen Sinfonien; über Beethoven vergißt er, daß er keine große Malerschule aufzuweisen, mit ihm hat er im Geist die Schlachten wiedergewonnen, die ihm Napoleon abgenommen; ihn wagt er selbst Shakespeare gleichzustellen«. Robert Schumann, *Neue Sinfonien für Orchester. G. Preyer – K. G. Reißiger – F. Lachner*, in: ders., *Gesammelte Schriften über Musik und Musiker*, hrsg. von Martin Kreisig, 5. Auflage, Bd. I, Leipzig 1914, S. 424–430; das Zitat: S. 424.

[8] Hier sind z. B. der 1865 in erster Fassung entstandene und 1878 überarbeitete Aufsatz »Was ist deutsch? (1865.–1878.)«, in: Richard Wagner, *Gesammelte Schriften und Dichtungen*, Bd. 10, Leipzig 1883, S. 51–73, oder »Ein Rückblick auf die Bühnenfestspiele des Jahres 1876«, a. a. O., S. 139–156 zu nennen.

Die zweite Strophe der heutigen Nationalhymne stellt Frauen auf eine Ebene mit dem Sang – und mit Treue und Wein. Die Frau ist offensichtlich nicht das Subjekt der Nation, sondern ein Kulturgut, und sie fungiert als zentrale Motivation für patriotisches Handeln des – männlichen – Deutschen.[9] Darüber hinaus kann »deutscher Sang« die Funktion haben, Bilder von deutscher Weiblichkeit und Männlichkeit zu transportieren und emotional fest zu verankern. Weiterhin ist Musik aber auch beteiligt an der Herstellung solcher Bilder, von denen nationale Identitäten wohl immer mit geprägt sind: Nationen grenzen sich auch durch ihre Frauen- und Männerideale voneinander ab. Auch hierfür gibt es musikalische Beispiele – in Liedtexten wie »Strömt herbei, ihr Völkerscharen«, wo tausend schöne Italienerinnen nicht mit der Rheinländerin konkurrieren können, aber auch in deutschen Opern der zweiten Hälfte des 19. Jahrhunderts, in denen eine Vielzahl starker Germaninnen des Brünnhilde- oder Thusnelda-Typus auftritt, die sich durch Tapferkeit, Mut und Keuschheit von den als sinnlich und schwach dargestellten Italienerinnen und Französinnen unterscheiden.[10] Ein weiteres Feld, auf dem Nation und Gender in Verbindung miteinander konstruiert werden, ist der Musikdiskurs. Der Zusammenhang zwischen Nationen- und Genderdiskurs, der in zahlreichen geschichtswissenschaftlichen Arbeiten aufgezeigt worden ist,[11] findet seinen Niederschlag auch in Texten über Musik und Musizieren.

Die musikwissenschaftliche Forschung hat sich des Themenbereichs erst in Ansätzen angenommen. Zum Zusammenhang Musik, deutscher Nationaldiskurs und Gender gibt es bisher – soweit erkennbar – keine monographische

---

[9] Dieses Motiv ist allerdings ein transnationales, wie Nira Yuval-Davis und Floya Anthias in der Einleitung zu ihrem kulturvergleichenden Sammelband feststellen: Überall auf der Welt dient das Argument, Frauen und Kinder schützen zu müssen, der Begründung für kriegerische Handlungen von Staaten und Völkern. *Woman – Nation – State,* hrsg. von Nira Yuval-Davis and Floya Anthias, London 1989, S. 9f.

[10] Vgl. hierzu Barbara Eichner, ›*Was ist deutsch?*‹ *Musical Solutions to Problems of National Identity (1848–c.1900).* Thesis submitted for the degree of D.Phil., University of Oxford, 2005, bes. Kapitel 2.2, sowie Barbara Eichner, »Schwert und Schild und Dolch und Gift – Germanische Heldin und welsche Primadonna«, in: *Diva. Die Inszenierung der übermenschlichen Frau,* hrsg. von Rebecca Grotjahn, Dörte Schmidt und Thomas Seedorf, Schliengen (Druck in Vorbereitung). Ich danke Frau Dr. Eichner für die freundliche Überlassung der Manuskripte.

[11] Siehe die Zusammenfassung bei Ute Planert, »Vater Staat und Mutter Germania: Zur Politisierung des weiblichen Geschlechts im 19. und 20. Jahrhundert«, in: *Nation, Politik und Geschlecht. Frauenbewegungen und Nationalismus in der Moderne,* Frankfurt am Main und New York 2000 (= Geschichte und Geschlechter, Bd. 31), S. 15–65, bes. S. 19ff.

Studie. Barbara Eichner widmet diesem Thema in ihrer noch unpublizierten Dissertation immerhin ein längeres Kapitel; sie hat außerdem Aufsätze zur Rolle der Frau in der Männerchorkultur und zur vokalen Inszenierung ›germanischer Heldinnen‹ vorgelegt.[12] Aber auch das Verhältnis von Musik und deutscher nationaler Identität im Allgemeinen ist noch nicht in der Breite und Tiefe erforscht worden, die ihm aufgrund der Relevanz des Themas gebührte. Auffällig ist, dass es überwiegend englischsprachige Autorinnen sind, die sich damit befasst haben, als wäre das Thema vor allem für Nichtdeutsche interessant (auch Eichners Dissertation ist nicht in der deutschen Muttersprache der Autorin verfasst). Immerhin ist Celia Applegates Studie über die Bachrezeption in Berlin inzwischen ins Deutsche übersetzt worden,[13] ebenso Pamela Potters wegweisender Band über die Musikwissenschaft in der NS-Zeit.[14] Applegate und Potter zeichnen auch für einen Sammelband zum Thema verantwortlich, der eine Fülle an Aspekten abhandelt,[15] und beide haben auch eine Reihe von einschlägigen Aufsätzen vorgelegt. An deutschsprachigen Büchern sind insbesondere der aspektreiche Sammelband von Hermann Danuser und Herfried Münkler zu nennen,[16] daneben Vladimir Karbusickys Analyse der Musikgeschichtsschreibung[17] sowie zwei Bücher von Dietmar Klenke und Friedhelm Brusniak, die die (Männer-)Chorkultur

---

[12] Siehe Anm. 10; siehe außerdem Barbara Eichner, »›Die Fahne ist des Sängers Braut‹. Bilder von Männlichkeit und Weiblichkeit in der bürgerlichen Männerchorbewegung des 19. Jahrhunderts«, in: *Geschlechterpolaritäten in der Musikgeschichte des 18. bis 20. Jahrhunderts*, hrsg. von Rebecca Grotjahn und Freia Hoffmann, Herbolzheim 2002 (= Beiträge zur Kultur- und Sozialgeschichte der Musik, hrsg. von Eva Rieger, Bd. 3), S. 31–49.

[13] Celia Applegate, *Bach und die deutsche Nation*, Salzburg (Druck in Vorbereitung). Original u.d.T. *Bach in Berlin. Nation and Culture in Mendelssohn's Revival of the St. Matthew Passion*, Ithaca, NY, und London 2005.

[14] Pamela Potter, *Die deutscheste der Künste. Musikwissenschaft und Gesellschaft von der Weimarer Republik bis zum Ende des Dritten Reichs*. Aus dem Amerikanischen von Wolfram Ette, Stuttgart 2000. Original u.d.T. *Most German of the Arts. Musicology and Society from the Weimar Republic to the End of Hitler's Reich*, New Haven etc. 1998.

[15] *Music and German National Identity*, hrsg. von Celia Applegate und Pamela Potter, Chicago und London 2002. Siehe auch den ausführlichen Literaturbericht des in dem Band enthaltenen Beitrags der beiden Herausgeberinnen: »Germans as the ›People of Music‹: Genealogy of an Identity« (S. 1–35).

[16] *Deutsche Meister – böse Geister? Nationale Selbstfindung in der Musik*. In Zusammenarbeit mit der Staatsoper Unter den Linden hrsg. von Hermann Danuser und Herfried Münkler, Schliengen 2001.

[17] Vladimir Karbusicky, *Wie deutsch ist das Abendland? Geschichtliches Sendungsbewusstsein im Spiegel der Musik*, Hamburg 1995.

in den Mittelpunkt stellen.[18] Wenige Monate nach dem hier dokumentierten Symposion, im Oktober 2007, fand in Straßburg ein von Beat Föllmi, Nils Grosch und Mathieu Schneider organisiertes internationales Kolloquium zum Thema »Musique et construction des identités nationales au xixe siècle / Music and the Construction of National Identities in the 19th Century« statt, dessen Beiträge derzeit zur Publikation vorbereitet werden; auch hier finden sich mehrere Beiträge zur deutschen Musikgeschichte.[19]

Sowohl die Bedeutung der Thematik – nicht zuletzt für deutsche Musikwissenschafts- und Musikstudierende – als auch der dahinter zurückbleibende Forschungsstand waren Motivation für die in diesem Band dokumentierte Ringvorlesung. Als Verbindung von Hauptseminar und wissenschaftlichem Symposion sollte sie gleichzeitig exemplarisch Forschungsergebnisse vermitteln und zu neuer Forschung anregen – Letzteres ebenso mit Blick auf diejenigen, die sich mit Vorträgen präsentierten und aus diesem Anlass teilweise erst in die Thematik einstiegen, wie auf die Nachwuchsforscherinnen und -forscher, die manches Desideratum vielleicht eines Tages erfüllen werden.

Von den zehn Vorträgen können leider zwei nicht in diesem Band vorgelegt werden; im folgenden Überblick über die Beiträge finden sie jedoch Berücksichtigung.

Am Anfang stehen drei Beiträge zu nationalen Aspekten der Operngeschichte. Mit einem der Schlüsselwerke deutscher ›Nationalmusik‹, Webers *Freischütz*, befasst sich Nils Grosch, der auf der Basis zahlreicher Quellen zum Entstehungsprozess die verbreitete Auffassung demontiert, dass das Werk erst durch eine missbräuchliche Rezeption politisiert wurde. Die Oper entpuppt sich hier als ein Werk, das deutlich von den politischen Intentionen des Komponisten geprägt ist. Irmlind Capelle stellt zwei Opern vor, die im Gegensatz zum *Freischütz* im heutigen Opernrepertoire keine besondere Rolle spielen: Albert Lortzings *Regina* und Giuseppe Verdis *La Battaglia di Legnano*, die beide unter dem unmittelbaren Eindruck der revolutionären Ereignisse der Jahre 1848/1849 entstanden. Darüber hinaus sind die beiden Werke durch den Aspekt der nationalen Einheit verbunden – wobei die unterschiedlichen

---

[18] »*Heil deutschem Wort und Sang*«. *Nationalidentität und Gesangskultur in der deutschen Geschichte*, hrsg. von Friedhelm Brusniak und Dietmar Klenke, Augsburg 1995 (= Feuchtwanger Beiträge zur Musikforschung, Bd. 1); Dietmar Klenke, *Der singende »deutsche Mann«. Gesangvereine und deutsches Nationalbewußtsein von Napoleon bis Hitler*, Münster etc. 1998.

[19] *Musique et construction des identités nationales au xixe siècle / Music and the Construction of National Identities in the 19th Century*, hrsg. von Beat Föllmi, Nils Grosch und Mathieu Schneider (Druck in Vorbereitung, erscheint voraussichtlich 2009).

politischen Kontexte sich auch in einer unterschiedlichen Gewichtung des Aspekts der Freiheit niederschlagen. Interessant sind hierbei insbesondere auch die Frauenrollen, die gegensätzliche Konzepte von Weiblichkeit umsetzen. Engelbert Humperdincks Märchenopern stehen im Mittelpunkt des Beitrags von Joachim Veit, der die in der Humperdinck-Rezeption lange Zeit gültige Auffassung hinterfragt, dass der Komponist durch die Verwendung deutscher Märchenstoffe und einer vom deutschen Volkslied geprägten Musik dem italienischen Verismo die Stirn geboten und eine spezifisch deutsche, ja ›ur-deutsche‹ Gattung geschaffen habe.

Zwei weitere Beiträge des Symposions widmeten sich Genderaspekten der Musikkultur, wobei beide Male insbesondere Männlichkeitskonstruktionen thematisiert wurden. Das Referat des Historikers Dietmar Klenke – das hier leider nicht abgedruckt werden kann – stellte die »Sakralisierung deutscher Männlichkeit im Männerchorgesang des 19. Jahrhunderts« dar. In dem Beitrag von Katharina Hottmann über das Musikerpaar Ingeborg und Hans von Bronsart im deutsch-französischen Krieg 1870/71 wird nachvollziehbar, welche Bedeutung der nationale Diskurs nicht nur für künstlerisches Schaffen hatte, sondern auch reale Lebenswelten durchdrang – und dies mit eindeutig genderspezifischer Prägung. In ihrer Studie verbinden sich biographische und musikanalytische Ansätze miteinander. Einer Auswertung von Selbstzeugnissen – z. B. Feldbriefen – wird die Analyse einiger patriotischer Kompositionen Ingeborg von Bronsarts gegenübergestellt, an denen gezeigt wird, wie Musik Ideologien in den emotionalen Bereich transportiert und in ›Nationalgefühl‹ umwandelt.

Die folgenden Texte richten den Blick über die deutschen Grenzen hinaus. Stephan Reinke verweist die verbreitete Vorstellung einer widerstreitenden deutschen und französischen Orgelkultur zwischen 1870 und 1940 in das Reich der Legenden und zeigt, wie groß in Wirklichkeit die Berührungspunkte zwischen Frankreich und Deutschland – selbst in der Epoche der ›Erbfeindschaft‹ – in den Bereichen Orgelbau und Orgelmusik waren. Anhand von Dokumenten aus der Arbeit der niederländischen Gesellschaft zur Förderung der Tonkunst vollzieht Jeroen van Gessel die Diskussion um eine niederländische Nationalmusik nach, die durch Kompositionswettbewerbe gezielt gefördert wurde. Für die Herausbildung eines musikalischen nationalen Selbstverständnisses spielt einerseits die Konstruktion einer niederländischen Musikgeschichte eine zentrale Rolle – eine Konstruktion, die übrigens von der deutschsprachigen Musikgeschichtsschreibung in Gestalt der ›Alten Niederländer‹ getreu übernommen wurde –, auf der anderen Seite aber auch die Auseinandersetzung mit deutschen Vorbildern und Musikauffassungen, die schließlich zum Paradox einer niederländischen Nationalmusik nach deutschen Mustern führte. Einen dritten Beitrag zur Außensicht auf die deutsche Musik steuerte der Historiker Rüdiger Ritter zum Symposion bei, der an den Beispielen von Petr I. Čajkovskij, Stanisław Moniuszko und Antonín Dvořák Zusammenhänge zwischen National- und Genderdiskurs im östlichen Europa darstellte; auch dieser Beitrag muss leider unpubliziert bleiben.

Die beiden letzten Beiträge des Bandes befassen sich mit dem Musikdiskurs. Mit einer Darstellung der Musikauffassung von Philosophen wie Hegel, Schopenhauer und Nietzsche, die keinerlei Interesse an der Projektion nationaler Ideologien auf Musik hatten, tritt Werner Keil der Vorstellung entgegen, die nationalistisch aufgeladene Idee der deutschen Kulturnation sei im 19. Jahrhundert omnipräsent gewesen, problematisiert dabei jedoch zugleich mit Blick auf Thomas Manns Figur des Tonsetzers Adrian Leverkühn die bei deutschen Künstlern und Philosophen verbreitete unpolitische Haltung, die Mann mit für den Untergang der deutschen ›Kulturnation‹ verantwortlich machte. Die Herausgeberin des Bandes setzt sich abschließend mit der für die deutsche Musikgeschichtsschreibung und Repertoirebildung maßgeblichen *idea of serious music* (Celia Applegate) auseinander, die nicht nur für die Konstruktion der deutschen Kulturnation, sondern auch für die deutscher Gender-Identitäten von Bedeutung ist: Mit ihr lässt sich die vermeintliche Überlegenheit der Deutschen ebenso gut beweisen wie die des Mannes.

Ergänzt wurden die Vorträge durch Beiträge von Studierenden, die im Vorfeld der Ringvorlesung eigene Forschungsprojekte konzipierten, welche in der Kürze der Vorbereitungszeit noch nicht zur Publikationsreife gelangen konnten. So befassten sich Franziska Böhme und Daniela Glahn mit der Frage, welche Rolle das ›Deutsche‹ für das künstlerische Selbstverständnis Fanny Hensels spielte, und betrachteten in diesem Zusammenhang sowohl die Bach-Rezeption der Komponistin als auch ihr Liedœuvre, das einen Kanon deutscher Dichtung zu konstruieren scheint. Kerstin Krüger untersuchte unter dem Titel »Zwischen Schlachtfeld und Konzertsaal« die Rezeption von Militärmusik in Deutschland seit dem 19. Jahrhundert und zeigte den Bedeutungswandel auf, den die Militärmusik des 19. Jahrhunderts in ihrer Rezeption durchlief, bis in die Praxis heutiger Blaskapellen hinein. Anna-Luise Oppelt schließlich beschäftigte sich mit der Außenwahrnehmung des ›Deutschen‹ und befragte Detmolder Musikstudierende ausländischer Herkunft in narrativen Interviews über ihre Vorstellungen von deutscher Musik. Allen diesen vielversprechenden Forschungsansätzen ist eine Fortsetzung unbedingt zu wünschen

Abschließend bleibt allen Autorinnen und Autoren des Bandes dafür zu danken, dass sie ihre Texte für die Publikation zur Verfügung stellten. Zu Dank verpflichtet bin ich außerdem den Mitarbeiterinnen und studentischen Hilfskräften des Musikwissenschaftlichen Seminars Detmold/Paderborn, die bei der redaktionellen Betreuung und der technischen Herstellung des Buches behilflich waren, insbesondere Kostadin Delinikolov, Marleen Hoffmann, Sarah Schauberger, Alan Trevor Schelten und Xiao Xiao.

Ganz besonders herzlich danke ich dem Leiter des Allitera-Verlages, Herrn Dr. Wolfram Göbel, der es mir ermöglicht hat, mit diesem Band die Reihe »Beiträge zur Kulturgeschichte der Musik« zu eröffnen – für seine kompetente Beratung bei der Konzeption von Reihe und Band ebenso wie für seine Geduld.

Detmold, den 31. Januar 2009   Rebecca Grotjahn

Nils Grosch
Carl Maria von Webers verwegene Jagd oder Was ist eigentlich so deutsch am *Freischütz*?

1. Das Nationale im *Freischütz* – bloße Akklamation?

Die Frage nach dem Deutschen an oder in der Kultur und ihrer Geschichte ist nicht neu und nicht originell, sie ist im Grunde genommen verstaubt, abgestanden, ja miefig. Sie zu stellen ist zudem in der Gefahr missverstanden zu werden in einer Zeit, in der Debatten um nationale Leitkulturen für Konstruktion von Identitäten und Alteritäten herhalten. Aber umso notwendiger ist es eben heute, diese Frage zu stellen, und zwar unter einer Maßgabe, die ich einleitend nur knapp umreißen möchte anhand der sich schon fast ausschließenden Begriffe »nationale Selbstfindung« versus »Konstruktion von nationaler Identität«. Der Begriff der nationalen Selbstfindung umreißt im Grunde genommen den traditionellen Zugriff der kulturwissenschaftlichen Nationalismusdebatte – nationale Identität scheint immer da gewesen zu sein, man brauchte sie eben nur zu finden. Seit in den 1980er Jahren, insbesondere von britischen Politologen und Historikern ausgehend, Nationen als Konstrukte von Nationalismen, gar als bloß »vorgestellte Gemeinschaften« interpretiert wurden, geriet ein solches Konzept ins Wanken, zumindest dort, wo man jene Argumente, wie sie etwa von Ernest Gellner, Eric Hobsbawm und Benedict Anderson angeführt wurden, überhaupt zur Kenntnis nahm.[1] Denn was als geistige Erfindung verstanden werden kann, in seiner Prozessualität beschreibbar und in seiner Ideologisierung dekonstruierbar erscheint, ist natürlich auch in seiner scheinbaren Naturgegebenheit angreifbar und somit Gegenstand kritischer Untersuchungen.

Anderson hatte 1983 zudem die Bedeutung kultureller Äußerungen und medial gesteuerter Kommunikationssysteme betont, und somit natürlich auch die kulturhistorischen Fächer dazu herausgefordert, die Gegenstände ihrer Forschung auf ihren Beitrag zu national-konstruktiven Diskursen zu befragen.

---

[1] Vgl. Eric J. Hobsbawm, *Nationen und Nationalismus: Mythos und Realität seit 1780*, Frankfurt a.M. 2004. Benedict Anderson, *Die Erfindung der Nation. Zur Karriere eines folgenreichen Konzepts*, Berlin 1998. Zusammenfassend auch: Hans-Ulrich Wehler, *Nationalismus: Geschichte – Formen – Folgen*, München 2001.

In diesem Sinne möchte ich meine folgenden Ausführungen verstanden wissen als Beitrag zu einer bereits lang andauernden und bis heute währenden Diskussion um den Aspekt des Nationalen in Carl Maria von Webers *Freischütz* und in seinem Schaffen generell. Da erst kürzlich von Michael Tusa die Diskussion recht umfassend paraphrasiert wurde,[2] reicht es, wenn ich im Folgenden knapp die wesentlichen Eckpunkte benenne. Die Schlüsselfrage der Debatte lässt sich folgendermaßen zuspitzen: Handelt es sich bei Webers *Freischütz* um eine deutsche Nationaloper – oder ist er erst durch die Rezeption dazu geworden, man könnte sagen: gemacht worden? Carl Dahlhaus antwortete hier eindeutig:

> »Erst die [...] Entscheidung einer Nation [...], ein bestimmtes Werk als musikalischen Ausdruck nationalen Wesens zu akzeptieren, bildet die Voraussetzung dafür, daß ein Stil, der zunächst ein Individualstil ist [...] zum Nationalstil erhoben wird.«[3]

Die entscheidenden Wegmarken einer entsprechend nationalen Rezeption, Richard Wagners Dresdner Grabrede für Weber von 1844 und die umfangreiche, geradezu kämpferisch-apologetische dreibändige Biographie des Sohnes des Komponisten Max Maria von Weber von 1864, mögen hier genügen, um sich zu vergegenwärtigen, wie geschichtsmächtig eine solche Akklamation zur Prägung dieser Zuschreibung beigetragen haben mag.

Jüngst hat Richard Taruskin, im Sinne Dahlhaus', für eine deutliche Trennung von Werk und Rezeption argumentiert:

> »One may even concede that the circumstances of the opera's first production [...] were, at least at the outset, more powerful than the composer's

---

[2] Michael Charles Tusa, «Cosmopolitanism and the National Opera: Weber's *Der Freischutz*», in: *Journal of Interdisciplinary History* 36/3 (2005), S. 483–506. Weiterhin wären einige der Beiträge einer zweiteiligen Tagung zur »Nationalen Selbstfindung in der Musik« aus Anlass der Berliner-Staatsopern-Produktionen von *Freischütz* und *Meistersinger* in den engeren Rahmen der Forschungsdebatte einzubeziehen. Diese Texte, die 2001 von Hermann Danuser und Herfried Münkler als Buch unter dem Titel *Deutsche Meister – böse Geister?* (s. Anm. 5) herausgegeben wurden, hat Tusa nicht zur Kenntnis genommen, obwohl sie zentral den angeschnittenen Fragenkomplex betreffen.

[3] Carl Dahlhaus, *Die Musik des 19. Jahrhunderts* (= Neues Handbuch der Musikwissenschaft 6), Laaber ²1989, S. 55 f.
Problematisch darin ist insbesondere die Vorstellung vom Individualstil: Das Anlegen und Verwenden musikalischer Codes ist durchaus ein auf Rezeption angelegter, kommunikativer Akt, für den der Terminus »Individualstil« eher in die Irre führt.

intentions or even the work's specific contents in creating its aura as an event in the life of the nation. National significance, like historical significance and even artistic significance, is a two-way street. It is the product of an interaction between an object (the work) and its consumers (reception), and arises in the course of a performance history.«[4]

Taruskin greift hier zwar Dahlhaus' Argument auf, ergänzt es aber entscheidend – ohne diese Überlegung hier weiter auszuführen – um den Aspekt der Interaktion zwischen Werk und Wahrnehmung. Problematisch daran erscheint, ein derartiges Rezeptionsphänomen, das ja kommunikative Interaktionsprozesse impliziert, von dem Werk selbst, also der Sphäre von Konzeption und Produktion, selbstverständlich abzutrennen. Immerhin war doch Weber derart theatererfahren, dass er sicher die Bedingungen der Produktion auf und hinter der Bühne ebenso gut kannte wie die Reperkussionen im Parkett und Foyer, und so wusste er zweifelsohne auch in Berlin, dem Uraufführungsort des *Freischütz*, seine Vor- und Fürkämpfer ebenso einzuschätzen wie seine Widersacher.

Gerade im Hinblick auf den Aspekt einer nationalen Oper weist Herfried Münkler darauf hin, dass Opernkomponisten, zumal im Hinblick auf die »Unterscheidung zwischen staatszentrierten und öffentlichkeitszentrierten politischen Akteuren [...] eigentümliche Zwitterwesen« sind, denn

»sie beteiligen sich einerseits, so sie sich denn als politisch verstehen, an den Sinnvermittlungen in einer besonders intensiven Weise und nehmen insofern auch in einer herausgehobenen Rolle am Kampf um kulturelle Hegemonie teil, aber sie sind dabei [...] auf den Zugang zu den administrativen und insbesondere den fiskalischen Ressourcen des Staates angewiesen.«[5]

Hinzuzufügen wäre, dass Komponisten neben den Lenkungsmechanismen des Staates immer auch die Rezeptionsmechanismen der Publikumsnachfrage zu berücksichtigen haben, die wiederum in einer komplexen Beziehung zu Konventionen, Mentalitäten, sozialen Regulativen, Moden etc. stehen. Solche Rückkopplungsvorgänge beeinflussen ohne Zweifel eben gerade die Produktionsästhetik und somit das Werk selbst. Schlüsselmomente in einem solchen Vorgang sind die musikalischen Codes, die ein Komponist wählen muss, und das Kreieren und Verwenden musikalischer Codes ist durchaus ein kommuni-

---

[4] Richard Taruskin, *The Nineteenth Century* (= The Oxford History of Western Music 3), Oxford [u.a.] 2005, S. 194.
[5] Herfried Münkler, »Kunst und Kultur als Stifter politischer Identität. Webers *Freischütz* und Wagners *Meistersinger*«, in: *Deutsche Meister – böse Geister. Nationale Selbstfindung in der Musik*, hrsg. von Hermann Danuser und Herfried Münkler, Schliengen 2001, S. 45–60, hier S. 49 f.

kativer Vorgang. Das Argument, dass der *Freischütz* erst in der Rezeption zur deutschen Nationaloper wurde, legitimiert letztlich nicht eine Trennung von Werk und Wirkung, sondern lässt Ersteres in Letzterer aufgehen.

Kritik an Dahlhaus' Argument scheint mir zudem auch deswegen angebracht, weil sich dahinter ein ästhetischer Legitimierungsdiskurs verbirgt: Schon Theodor W. Adorno hatte betont, dass der *Freischütz* mit größerem Recht als Wagners *Die Meistersinger von Nürnberg* als deutsche Nationaloper zu gelten habe, und zwar gerade deswegen, weil »das deutsche Element […] darin […] sich nicht durch nationalistische Gesinnung« kompromittiere.[6] So ließ sich der nationalistische Diskurs über Weber und den *Freischütz*, wie ihn etwa Richard Wagner und noch später Hans Pfitzner sowie die Interpreten des »Dritten Reichs« geführt hatten, durch einen argumentativen Trick neutralisieren: Hatte doch Weber durchaus keine politische Ansprache eines Hans Sachs, in der die »heil'ge deutsche Kunst« propagiert wurde, in die Oper eingeflochten, so ließ sich auch sein Werk als national, aber nicht nationalistisch, als künstlerisch engagiert, aber nicht politisch kompromittiert etikettieren und somit ästhetisch gegen jene scheinbar erst durch die Rezeptionsgeschichte verantwortete Festlegung rechtfertigen.

Bleibt zu fragen, was denn eigentlich so deutsch ist am *Freischütz*, das so überdeutlich zum Tragen kam in einem aufgeladenen nationalistischen, oder, mit Eric J. Hobsbawm gesprochen, «protonationalistischen« Diskurs, wie er in der Zeit zwischen Befreiungskriegen und Reichsgründung unter ganz besonderen Bedingungen die nationale Befindlichkeit prägte. Dass er eine ganz eigene, ja charakteristische Antwort gab auf die formalen Herausforderungen eines deutschen Musiktheaters zwischen den Vorgaben von französischer Opéra comique, italienischer Oper und deutschem Singspiel, haben Dahlhaus, Wolfgang Michael Wagner und Stephen C. Meyer aus ganz unterschiedlichen Perspektiven diskutiert.[7] Neben einem Libretto über einen als dezidiert deutsch verstandenen Stoff scheinen hier, stärker als formale Aspekte, insbesondere aus dem französischen Musiktheater adaptierte dramaturgische Aspekte für die Wahrnehmung der Oper und ihr Verständnis als national-deutsche Kulturäußerung einflussreich gewesen zu sein – insbesondere erstens die überzeugende Gewinnung einer musi-

---

[6] Theodor W. Adorno, »Bilderwelt des *Freischütz*«, in: Ders., *Musikalische Schriften 4* (=*Gesammelte Schriften* 17), Frankfurt a.M 1982, S. 36–41, hier S.36.

[7] Stephen C. Meyer, *Carl Maria von Weber and the search for a German opera*, Bloomington [u.a.] 2003; Wolfgang Michael Wagner, *Carl Maria von Weber und die deutsche Nationaloper* (=Weber-Studien 2), Mainz [u.a.] 1994.
Nach den jüngeren Studien von Jörg Krämer (*Deutschsprachiges Musiktheater im späten 18. Jahrhundert: Typologie, Dramaturgie und Anthropologie einer populären Gattung.*, 2 Bde., Tübingen 1998) wäre indes das Verhältnis der Weberschen Opern zum deutschsprachigen populären Musiktheater neu zu prüfen.

kalischen Couleur locale und zweitens – damit einhergehend – die Einbindung einer volkstümlichen Idiomatik. In der populären Wahrnehmung blieben gerade jene Elemente, die der neuartigen Couleur locale besonders plakativ zuzuordnen waren – das Lied vom Jungfernkranz (von Weber als »Volkslied« überschrieben) auf der einen, der »Jägerchor« auf der anderen Seite – im Bewusstsein haften.

Warum aber, so wäre zu fragen, konnten diese Elemente dazu führen, dass die Oper als deutsche Nationaloper akklamiert werden konnte? Wald, Jäger, Jungfern und ländliche Hochzeitsbräuche gab es schließlich nicht nur in Deutschland. Immerhin dürfen wir hier doch davon ausgehen, dass die Formen und Inhalte, die in einem solchen Zuweisungsvorgang der Vorstellung vom Deutschen und dem Repertoire nationaler Zeichen zugeführt wurden, von prägender Wirkung waren, zumal in einer für die nationale Identitätskonstruktion ganz wesentlichen Phase. Und dies impliziert die These, dass ein – zumal so einflussreicher – Komponist wie Weber nicht nur auf ein bereits funktionierendes Repertoire nationaler Symbole zurückgegriffen hat, sondern sich bewusst aktiv an der Konstruktion solcher Symbole beteiligte.

2. Webers »wilde Jagd« nach nationalen Symbolen

In dem Jahrhundert vor der Staatsgründung blieb die deutsche Nation »schwer zu orten, sie war mehr Stimmung als Programm«.[8] Zu einer extremen Aufheizung der nationalen Stimmung kam es während der so genannten Befreiungskriege gegen Frankreich (1813–15). Gezielt hatte die preußische Regierung 1813 die Zensur aufgehoben, eine »Flutwelle nationalistischer Zweckdichtung ergoß sich über Deutschland«[9] und insbesondere unter dem Bildungsbürgertum und den Handwerkern wuchs nicht nur die Überzeugung für die deutsche Sache bzw. das, was als solche propagiert wurde, sondern auch die Bereitschaft, dafür in den Krieg zu ziehen.[10] In einer viel sagenden Formulierung bezeichnete der Historiker Hagen Schulze die »in Liedform gefasste Lyrik« als »das entscheidende Ausdrucksmittel dieser Freiwilligen«.[11] In dieser entscheidenden Phase der Entstehung einer »nationalen Befindlichkeit« war die nationale Propaganda vor allem Kriegspropaganda.

Wie kaum ein anderes Werk der Kriegsliteratur verbreitete sich seinerzeit Theodor Körners Sammlung *Leyer & Schwerdt* wie ein Lauffeuer und wurde

---

[8] Hagen Schulze, *Der Weg zum Nationalstaat: Die deutsche Nationalbewegung vom 18. Jahrhundert bis zur Reichsgründung*. München 1985, S. 7.
[9] Ebd., S. 66.
[10] Ebd., S. 67–69.
[11] Ebd., S. 68.

zum literarischen Ausdruck des kämpferischen Patriotismus schlechthin. Der Dichter selbst hatte im Krieg im berühmten Freicorps des Generals Ludwig Adolf Wilhelm von Lützow – einer vor allem zu propagandistischen Zwecken rekrutierten Armeeeinheit mit einem hohen Anteil freiwilliger kriegsbegeisterter Intellektueller – gedient, und war hier im August 1813 gefallen. Über die aus insgesamt 36 Gedichten bestehende Sammlung und ihre Entstehung quasi im patriotischen Kampfe kursierten alsbald die heroischsten Geschichten, und ihr Autor wurde zum Märtyrer der Befreiungskriege und »Heldenjüngling« stilisiert, »der für teutsche Art und Kunst viel« geleistet habe.[12]

Als der Zyklus 1814 parallel in Berlin und Wien erschein, berief sich die Ausgabe als »Einzig rechtmäßige, von dem Vater des Dichters veranstaltete«; offenbar musste man sich gegen eine wilde und unkontrollierbar einsetzende Publikations- und Rezeptionsgeschichte schützen. Dazu gehörte sicherlich an erster Stelle das Erscheinen einzelner Gedichte aus *Leyer & Schwerdt* in Liedflugschriften.[13] Bereits unmittelbar nach Körners Tod erschien eine erste Vertonung, und zwar in einer Kompilation von Klavierliedern unter dem Titel »Kriegslieder der Teutschen«, die in Breslau »Zum Besten verwundeter Vaterlands-Vertheidiger« erschien und Friedrich Wilhelm von Preußen gewidmet war. Der Komponist war Friedrich Heinrich Himmel; die Ausgabe selbst betitelte ihn hier als »königlich Preußischen Kapellmeister« und war somit als Projekt auch im Sinne der offiziellen preußischen Kulturpolitik markiert. Eine beeindruckende Anzahl von Ausgaben, überwiegend undatiert, folgte in den kommenden Jahren, darunter einige mit Musik. So erschienen allein um 1815 vier Sammlungen mit einer Auswahl des Körnerschen Zyklus, die sich des Zyklustitels bedienten: Anton Felix Bečzwaržowsky brachte seine Vertonungen *Leyer & Schwerdt* 1815 (bei Gayl in Frankfurt am Main) heraus, nicht datiert, aber etwa gleichzeitig erschienen diejenigen von Gottfried Weber (bei Simrock in Köln/Bonn), Johann Heinrich Carl Bornhardts (bei Spehr in Braunschweig) und Carl Maria von Webers (bei Schlesinger in Berlin).[14]

---

[12] Friedrich Heinrich Himmel, *Kriegslieder der Teutschen,* Breslau 1813, S. 1 [Vorwort des Verlegers].

[13] Davon sind, etwa mit dem Gedicht *Lützows wilde Jagd* als dem größten Schlager der Sammlung, allein 26 überwiegend undatiert im Deutschen Volksliedarchiv (im Folgenden: DVA) erhalten.

[14] Auch Franz Schubert komponierte »Lützow's wilde Jagd. Körner. für 2 Stimmen oder 2 Waldhörner«, das Autograph ist datiert 25. Mai 1815. Vgl. Otto Erich Deutsch, *Franz Schubert: Thematisches Verzeichnis seiner Werke in chronologischer Folge,* Kassel [u. a.] 1978, S. 138, D 205; Franz Schubert: *Mehrstimmige Gesänge für gleiche Stimmen ohne Begleitung* (=Werke S. 3 Bd. 4), Kassel 1974, S. 46 f.

Erheblich deutlicheres Medium (und Indiz) einer erfolgreichen Distribution – konzentrieren wir uns im Folgenden auf *Lützows wilde Jagd* – war die Aufnahme in populäre Liederbücher. Diese setzte bereits in der Mitte der 1810er-Jahre ein, die im Deutschen Volksliedarchiv nachweisbaren Liedbelege in Gebrauchsliederbüchern zählen allein für die Jahre bis 1830 über 20 solcher Abdrucke. Das Lied findet sich dort überwiegend in einer seit den »Befreiungskriegen« neu in dieses Veröffentlichungsgenre eingetretenen Rubrik »Vaterländische Gesänge«, dort wiederum meistens zwar mit Angabe des Textautors, auf einen Abdruck der Melodie wird hingegen oft verzichtet. Stattdessen findet sich die Tonangabe »nach der bekannten Melodie« – so in der Sammlung *Der Deutsche Sänger* (vgl. Abbildung 1).[15] Nun existierten bis dahin schon sechs Vertonungen des Liedes. Für welche davon bereits 1821 eine derartige Bekanntheit proklamiert werden konnte, verrät etwa die Edition des Liedes in *Deutsche Lieder für Jung und Alt*[16]: Schon 1818 galt die Vertonung Carl Maria von Webers, genauer gesagt die darin enthaltene Melodie als musikalischer Referenzpunkt des Liedes und blieb es durch dessen reiche, in dichter Folge sich über das ganze 19. Jahrhundert erstreckende Publikationsgeschichte hindurch. Noch während der Befreiungskriege war beispielsweise in Schlesien das Lied unmittelbar in das Repertoire Karl von Holteis eingegangen:

> »Meine Guitarre und die allerlei Lieder, die ich zu ihrer Begleitung singen gelernt, spielten jetzt eine wichtige Rolle. Es waren die Körner'schen Lieder mit Melodien von Karl Maria von Weber und anderen geringeren Komponisten durch Bornhardt für den sechssaitigen Klimperkasten arrangiert worden und hatten mich zum fleißigsten Studium angetrieben.«[17]

In einem solchen Lied mit stilisierten Jagdsignalen zu arbeiten, zumal in der prägenden Form, wie es Weber in seinem vierstimmigen Männerchorlied

---

[15] *Der Deutsche Sänger: oder das fünffache Liederbuch für frohe Gesellschaften enthaltend die beliebtesten deutschen Gesänge nach bekannten Melodien zur Erhöhung und Belebung geselliger Freuden*, Helmstedt 1821, DVA V3/2855, S. 61f.
[16] *Deutsche Lieder für Jung und Alt*, Berlin 1818, S. 67f. DVA V3/2725.
[17] Karl Holtei, *Vierzig Jahre,* hrsg. von Max Grube, Schweidnitz ⁴1898, 199. Für Holtei, der, wie er selbst in seinen Erinnerungen notierte, als Jugendlicher Körner in Breslau erlebt hatte, waren dessen Kriegslieder, insbesondere *Lützows verwegene Jagd* in Webers Vertonung, von großer identitätsstiftender Bedeutung (vgl. ebd. S. 199 und S. 231). Herzlichen Dank an Waltraud Linder-Beroud vom DVA für den Hinweis auf Holteis Rezeption des Liedes.

> und dich an Trillern und Laufern ergötzen. Bist doch ein ꝛc. ꝛc.
>
> Wenn die Glut des Ta=
> g's versengend drückt,
> und uns kaum ein Tro=
> pfen Wasser erquickt,
> kannst du Champagner
> springen lassen, kannst du
> bei brechenden Tafeln präs=
> sen. Bist doch ein ꝛc. ꝛc.
>
> Wenn wir vor'm Drange
> der würgenden Schlacht'
> zum Abschied an's fer=
> ne Treuliebchen gedacht,
> magst du zu deinen Mai=
> tressen laufen, und dir
> mit Golde die Lust erkau=
> fen. Bist doch ein ꝛc. ꝛc.
>
> Wenn die Kugel pfeift,
> wenn die Lanze saus't,
> wenn der Tod uns in tau=
> send Gestalten umbraus't,
> kannst du am Spieltisch
> dein Septleva brechen,
> und mit der Spadille die
> Könige stechen. Bist doch
> ein ꝛc. ꝛc.
>
> Und schlägt unser Stünd=
> lein im Schlachtenroth,
> willkommen dann seel'ger
> Soldatentod! — Du
> verkriechst dich in seidene
> Decken, winselnd vor
> der Vernichtung Schre=
> cken. Stirbst als ein ehrlos
> erbärmlicher Wicht! Ein
> deutsches Mädchen beweint
> dich nicht, ein deutsches
> Lied besingt dich nicht,
> und deutsche Becher klin=
> gen dir nicht. Stoßt mit
> an, Mann für Mann,
> wer den Flamberg schwin=
> gen kann!
>
> Th. Körner.
>
> **66.**
>
> *Lützow's wilde Jagd.*
>
> Bekannte Melodie.
>
> Was glänzt dort vom
> Walde im Sonnenschein?
> Hört's näher und näher
> brausen; es zieht sich her=
> unter in düsteren Reih'n,
> und gellende Hörner schal=
> len darein, und erfüllen
> die Seele mit Grausen.
> Und wenn ihr die schwar=
> zen Gesellen fragt, das
> ist Lützow's wilde, verwe=
> gene Jagd.:,:
>
> Was zieht dort rasch
> durch den finsteren Wald,
> und streift von Bergen
> zu Bergen? Es legt sich
> in nächtlichen Hinterhalt;
> das Hurrah jauchzt, und
> die Büchse knallt, es fal=

Abbildung 1: *Der Deutsche Sänger* (1821), S. 61.

(J 168) unternimmt, erscheint im Nachhinein nahe liegend, war aber zu Webers Zeit keine Selbstverständlichkeit. Friedrich Heinrich Himmel hatte sich für die Gestaltung seines Klavierliedes über denselben Text im Wesentlichen auf die klassische Quadratur im musikalischen Phrasenbau und der Gestaltung von Melodie und Begleitung gestützt. Weber hingegen gelangt zu einer asymmetrischen Form, die er vor allem auf ein melodisches Motiv baut, das Jagdmotiven wie dem *Halali* oder dem *Sammeln der Jäger* nachempfunden ist.

Notenbeispiel 1: Carl Maria von Weber: *Lützows wilde Jagd* (1. Stimme, Beginn)[18]

Notenbeispiel 2: *Halali* (1. Stimme, Beginn)[19]

Notenbeispiel 3: *Sammeln der Jäger*[20]

In einem aufschlussreichen Essay über seine eigene Kantate *Kampf und Sieg* hat Weber selbst eine derartige Praxis der kulturellen Codierung erläutert. Die Kantate entstand 1816 unmittelbar nach Kriegsende und hatte für Weber den Zweck, den »Stufengang der […] Gefühle als die gewiss damals allgemein herrschenden in künftiger Zeit dem Hörer wieder vor die Seele führen, ihn gleichsam jene Epoche in gedrängtem Überblick nochmals durchleben lassen zu können.«[21] Weber war es also gewissermaßen daran gelegen, den Gemüts-

---

[18] Nach der Ausgabe Theodor Körner, *Leyer und Schwerdt. In Musik gesetzt mit Begleitung des Pianoforte von Carl Maria von Weber*, II. Heft, Berlin ca. 1815, Exemplar der Bayerischen Staatsbibliothek München (enthält 6 Gesänge für 4 Männerstimmen), Abdruck erfolgt mit freundlicher Genehmigung. An dieser Stelle sei den Mitarbeitern der Staatsbibliothek für ihre Unterstützung bei den Recherchen herzlich gedankt.

[19] Nach: *Die Jagdsignale: Vollständige Sammlung aller offiziellen Jagdsignale*, hrsg. vom Deutschen Jagdschutz-Verband e. V., Hamburg [u. a.], ⁵1987, S. 20: Nr. 6.; vgl. auch: *Jagdsignale*. Dessau 1912, S. 12 f.: Nr. 19.

[20] Nach: Jagdschutzverband, *Jagdsignale*, S. 23: Nr. 20.

[21] Carl Maria von Weber, »Ansichten bei Komposition der Wohlbrückschen Kantate ›Kampf und Sieg‹: für meine Freunde niedergeschrieben« [26.1.1816], in: Carl Maria von Weber, *Kunstansichten. Ausgewählte Schriften*. Wilhelmshaven 1978, S. 93–111. Auch in: Max Maria von Weber, *Carl Maria von Weber: Ein Lebensbild*, Bd. 3. Leipzig 1866, S. 94–99.

zustand der »Nation« oder doch zumindest einer Gruppe, die man für die gerade abgeschlossene Epoche verbindlich einer kriegerisch-patriotischen Haltung, geradezu eines Kampfgeistes zurechnen konnte, mit der musikalischen Fixierung zu konservieren und somit am Leben zu halten. Damit musste dann aber natürlich eine Transformation dieser emotionalen Befindlichkeit in eine neue Form nationaler Populärkunst, ein Medienwechsel also, einhergehen.

Wie für viele Intellektuelle bedeutete auch für Weber der Sieg über Frankreich einen großen Schritt in Richtung einer schon längst propagierten deutschen Staatsgründung, und die Identifikation mit einer wie auch immer vorgestellten deutschen Nation war natürlich durch das Kriegserlebnis nicht nur gestärkt worden, sondern der Krieg hatte die Patrioten auch mit einer Reihe von kulturellen Ikonen ausgestattet, die sich in Friedenszeiten zu nationalen Symbolen umfunktionieren ließen und somit die kulturell konstituierte Nationalismus-Idee markieren sollten. Für Weber war ganz offenbar bei der Komposition der Kantate – die sich in Form und Ausdruck bewusst von der Gattung in Richtung des Dramatischen entfernt[22] – wesentliches (und für das Werk als Ganzes prägendes) Gestaltungsmerkmal, solche Symbole, insbesondere nationale, wirkungsvoll zu inszenieren. Weber beschreibt diesen Vorgang so:

> »Die Gefühle der menschlichen Natur bei einer so großen Begebenheit durch Melodien, die, als jeder Nation rein angehörig, in aller Mund und Ohren sind, die einzelnen Völker so treffend und schnell verständlich als möglich zu bezeichnen, war nächstdem mein Hauptaugenmerk.«[23]

Der Vorgang eines derartigen »Bezeichnens« zeigte sich insbesondere im Zitieren von national konnotierten Liedern und Hymnen (etwa *Ça ira* oder *Heil dir im Siegerkranz*), aber auch charakteristischer Hornsignale. Weber selbst gibt Beispiele solcher Signale, die eindeutig militärischer Natur sind: »›Feind entdeckt – Avantgarde vor – Masse formiert – Angriff‹ usw.«[24], nennt diese, offenbar versehentlich, nichtsdestoweniger vielsagend »echte preußische Jägersignale.«[25] Die Ineinssetzung ist aber bei Weber kein Zufall, man könnte meinen, sie sei Programm: Schon in *Lützows wilde Jagd* hatte er die Sprache der Jagdsignale zur fast ausschließlichen musikalischen Materialbasis genutzt. Dabei handelte es sich ja durchaus nicht um ein Jagd- sondern um ein Kriegs-

---

[22] Vgl. hierzu detailliert Stefanie Steiner, *Zwischen Kirche, Bühne und Konzertsaal: Vokalmusik von Haydns »Schöpfung« bis zu Beethovens »Neunter«*, Kassel [u.a.] 2001, S. 202–208.
[23] Weber, *Ansichten*, S. 94.
[24] Ebd., S. 99.
[25] ebd.

lied, und um ein ausnehmend aggressives dazu. Schon Körner hatte – dem Ausdruck der »schwarzen Jäger« (die damalige Bezeichnung für das Lützowsche Freicorps) folgend – das Jagdmotiv zur Grundlage seines propagandistischen Gedichts gemacht, das gemeinsam mit Webers verbreiteter Vertonung dem Stereotyp vom jagenden Krieger zu ungeheurer Popularität verhalf, ja dieses möglicherweise erst aus der Taufe hob. Noch in *Kampf und Sieg* zitierte dann Weber nicht nur Körners *Gebet vor der Schlacht*, sondern auch zu den Worten »O Himmelslust in Todesdrang, das ist Freundes mutiger Schlachtengesang« sein eigenes Lied.

Notenbeispiel 4: Carl Maria von Weber: *Kampf und Sieg*, Nr. 8: Schluss.[26]

[26] Nach der Ausgabe Berlin: Schlesinger, 1870, S. 36f.

Notenbeispiel 5: Carl Maria von Weber: *Lützows wilde Jagd* (1. Stimme, Schluss)[27]

Es ging Weber hier darum, eine Matrix von kulturellen Codes zu entwickeln, die leicht decodierbar und dabei in der Lage waren, die geschilderten Ereignisse über die Kriegszeit hinaus zu emotionalisieren.

Schon die ersten Rezensenten erkannten diese Strategie: »Es scheint offenbar des Componisten Absicht gewesen zu seyn, die gewöhnliche Cantatenform ganz zu beseitigen, und von den hier besungenen Ereignissen selbst, soweit das durch Töne möglich, ein geistiges Bild vorzuführen, aber bey jeder Hauptscene desselben zugleich die Gefühle anzusprechen, welche sie erregen sollte.« Und so bescheinigte man dem Komponisten: »Diese Vereinigung war schwer, verlangte einen denkenden Meister; und dass sie Hrn. von W. so gut gelungen, ist vielleicht eben das Verdienst, das ihm am höchsten anzurechnen ist«.[28]

[27] Nach Weber, *Leyer und Schwerdt*, wie Anm. 17, S. 4.
[28] *Allgemeine musikalische Zeitung* vom 6.3.1816, 154. Zur Rezeption der Kantate siehe Steiner, *Zwischen Kirche, Bühne und Konzertsaal*, S. 202.

3. Die Oper des Sängers der Körnerschen Lieder

Hatte Weber noch 1816 mit einer solchen Leistung eine preußisch-königliche Auszeichnung gewinnen können[29], so musste er fünf Jahre später bei der Konzeption und Komposition des *Freischütz* wesentlich subtiler vorgehen. Die dem Wiener Kongress folgende Restaurationsphase bedeutete ein massives Zurückdrängen der nur kurze Zeit erlaubten nationalen Erhebung, und deren kulturelle Äußerungsformen erhielten somit gewissermaßen die Funktion einer Subkultur. Im Krieg populär gewordene Lieder wurden zu nationalen Symbolen rekontextualisiert, und als Komponist mancher der populärsten jener Lieder war Weber, wenn auch noch nicht als Schöpfer der nationalen Oper, doch zweifelsohne als national gesinnter Komponist zu identifizieren: Im ganzen 19. Jahrhundert dürfte seine Vertonung von *Lützows wilde Jagd* populärer gewesen sein als selbst der *Freischütz*. Noch in der von Richard Wagner theatralisch inszenierten Umbettung des Weberschen Leichnams nach Dresden wurde Weber durch seinen ›selbsternannten Thronfolger‹ Richard Wagner als »Sänger der Körnerschen Lieder« bezeichnet.[30]

Wem bei der spektakulären und lang erwarteten Berliner Uraufführung des *Freischütz* am 18. Juni 1821 dieser Zusammenhang immer noch nicht vor Augen stand, dem konnte geholfen werden. In seiner Biografie berichtet Max Maria von Weber, dem Vater seien, als er nach dem Schlussvorhang die Bühne betreten habe, »Kränze, [...] Lieder und Gedichte« entgegengeflogen. Da ja – wie auch noch heute – in Konzert- und Opernhäusern weder Blumen wachsen noch Gedichte gedruckt werden, ist darin zweifelsohne keine spontane Begeisterungsbezeugung zu sehen, sondern ein wohlvorbereiteter Reklame-Akt.[31] Dies bestätigt der Text des folgenden aufschlussreichen Gedichtes, dessen 12 Zeilen lauten:

> Das Hurra jauchzet, die Büchse knallt,
> Willkommen, Du Freischütz, im duftenden Wald!
> Wir winden zum Kranz das grüne Reis
> Und reichen Dir freudig den rühmlichen Preis.

---

[29] Der König hatte ihm für seine Kantate die »Große Goldene Medaille« verliehen; vgl. Steiner, *Zwischen Kirche, Bühne und Konzertsaal*, S. 202.

[30] Vgl. etwa Richard Wagner, »Bericht über die Heimbringung der sterblichen Überreste Carl Maria von Webers aus London«, in: Richard Wagner, *Gesammelte Schriften und Dichtungen*, Bd. 2, Leipzig ³1897, S. 46–53.

[31] Joachim Veit und Frank Ziegler, *Carl Maria von Weber: ... wenn ich keine Oper unter den Fäusten habe ist mir nicht wohl: Eine Dokumentation zum Opernschaffen*, Wiesbaden 2001, S. 124 f.

> Du sangst uns Lützows verwegene Jagd,
> Da haben wir immer nach Dir gefragt.
> Willkommen! Willkommen in unserem Hain,
> Du sollst uns der treffliche Jäger sein.
> So laß Dir‹s gefallen auf unserm Revier
> ›Hierbleiben‹, so rufen, so bitten wir;
> Und wenn es auch keinen Elefanten gilt,
> Du jagst wohl nach anderem, edlerem Wild.[32]

Der Autor Friedrich Förster[33], dem offenbar neben den Jagd- und Jungfernkranzmotiven wenig von Webers Oper bekannt war, spricht als »Freischützen« den Komponisten direkt an, er selbst wird hier als Jäger adressiert und wiederum als Sänger des Körnerschen Liedes. Um die Herstellung dieser Assoziation, die schon durch das Zitat in der Anfangszeile hervorgerufen wird,[34] war man offenbar besonders bemüht. Aber zugleich ging es auch darum, das Bühnenwerk gegen die kurz zuvor in Berlin erstaufgeführte Oper Spontinis, *Olympia*, auszuspielen, bei der das Erscheinen eines lebenden Elefanten auf der Bühne eine der Hauptattraktionen gewesen war. Hinter der Metapher des »edleren Wildes« am Schluss verbirgt sich eine für den Diskurs um die deutsche Oper (und deren Ausspielen gegen die französische, insbesondere die Grand Opéra) prägende Denkfigur, und die Attacke soll Spontini nachhaltig verärgert haben.[35] Dabei wird durchaus nicht angedeutet, was nun am *Freischütz* im Vergleich zur *Olympia* edler sein solle, zumal der Autor der Zeilen wie gesagt das Werk vermutlich gar nicht kannte.

Im Wesentlichen ging es doch wohl darum, Weber, dem kurz zuvor bei der Besetzung der Stelle des Berliner Opernchefs, trotz seiner zahlreichen Befürworter in Berlin, Spontini vorgezogen worden war, als den Besseren zu empfehlen, und zwar weniger wegen seiner Oper als vielmehr wegen seiner Gesinnung, die sich in Berlin zweifelsohne in den Körnerschen Liedern weitaus deutlicher zeigte. Für Weber, der sich durchaus mit dem *Freischütz* als Opernmitarbeiter empfahl, und dabei zweifellos nicht nur die ihm ohnehin freundlich gestimmte, national gesinnte intellektuelle Berliner Elite, sondern insbesondere den König und dessen restriktiv-restaurative Kulturpolitik zu beachten hatte, erschien gerade dieses indirekte Argument des Gedichtes, das als Flugschrift vervielfältigt bei der Premiere auslag, strategisch derartig ungünstig, dass er es am nächsten Tag durch

---

[32] Zitiert nach Weber, *Carl Maria von Weber,* Bd. 2. Leipzig 1864, S. 320.
[33] Zur Autorschaft Försters und dem Hintergrund dieses Gedichtes siehe Veit/Ziegler, *Carl Maria von Weber,* S. 124 f.
[34] Die Zeile »Das Hurra jauchzet, die Büchse knallt« zitiert wörtlich die vierte Zeile der zweiten Strophe von Körners Gedicht.
[35] Vgl. ebd., S. 125.

eine in der Presse gedruckte Dankesbezeugung zu relativieren suchte. Trotzdem mündete die Debatte darum in eine öffentliche Auseinandersetzung, die Heinrich Heine zwar nicht als politische, aber in ihrer Heftigkeit und Struktur einer politischen vergleichbar geschildert hat, und die weniger an Gattungen als vor allem an Personen festgemacht wird (Heine spricht von einem »Parteikampf in der Musik« und einer »antispontinischen Partei«[36]).

4. Deutsche Jagd und deutscher Wald im *Freischütz*

So ließ sich der offenkundig nationale Schwung, der dem *Freischütz* zum Erfolg verhalf, nur schwer wegdiskutieren oder gar kaschieren – zumal der Schöpfer des in Gassen und Liedertafeln gesungenen Kriegsliedes nur schwer von dessen patriotischem Gehalt freizusprechen war. Zudem muss man fragen, ob denn wirklich, wie Adorno, Dahlhaus und letztlich auch Taruskin suggerieren, der *Freischütz* als Werk selbst sich wirklich »nicht durch nationalistische Gesinnung« kompromittiert.

Wichtig hierfür scheint die Frage der Konnotation der Elemente Wald und Jagd im Verständnis jener Jahre. Auf der Bühne und im Konzert waren diese Elemente ja nun nichts Neues. Und doch hat Elmar Budde Weber nachgesagt, er scheine

> »in der Tat der erste Komponist gewesen zu sein, der in seiner Musik einen Ton getroffen hatte, der im Hörer Assoziationen auslöste, die ihm Natur und Wald scheinbar unmittelbar ›empfindlich‹ machten. Es bedurfte nicht mehr des Bildes oder des erzählenden Wortes; man glaubte, die Luft des Waldes zu spüren, das Rauschen der Bäume zu hören.«[37]

Vergleichbar hierzu ist die von Adorno aus der *Freischütz*-Partitur herausgehörte »Frische, die sie ohne viel Tonmalerei zur imaginären Sprache des Waldes macht«. Adorno assoziierte auch erstmals Webers Oper mit dem, was Elias Canetti 1960 als »Massensymbol der Deutschen« charakterisierte: das Heer als »der marschierende Wald«[38]. Diese Verbindung prägt seither zahlreiche *Freischütz*-Interpretationen und letztlich auch die Inszenierungen auf der Bühne.[39] Hier darf das Klischee vom nationalen deutschen Wald, das durch Autoren wie Wilhelm Heinrich Riehl erst im mittleren 19. Jahrhundert

---

36 Heinrich Heine, *Briefe aus Berlin. 2. Brief*, in: Heinrich Heine, *Sämtliche Schriften*, Bd. 2, München 1969. S. 29–31.
37 Elmar Budde, »Der Wald in der Musik des 19. Jahrhunderts. Eine historische Skizze«, in: *Waldungen. Die Deutschen und ihr Wald* (Akademie-Katalog/Akademie der Künste 149), hrsg. von Bernd Weyergraf, Berlin 1987, S. 46–61, hier S. 49f.
38 *Elias* Canetti, *Masse und Macht*, Frankfurt a. M. 1980, S. 190.
39 Vgl. Münkler, *Kunst und Kultur*.

aufgebaut, im »Dritten Reich« ideologisch zementiert und in eine brutale, rassistische Kriegsrhetorik überführt wurde[40], nicht auf Webers Zeit übertragen werden (auch das Bild vom Teutoburger Wald als deutscher Landschaft hat sich erst im Verlauf des 19. Jahrhunderts durchgesetzt, »vorher war sie viel weniger deutlich«[41]).

Im *Freischütz* wird der folkloristische Blick auf das dörfliche Leben eröffnet, und es wird mit dieser Brille – immerhin noch in der Frühphase der romantischen Verklärung von Volk und Natur – für ein großstädtisches Publikum inszeniert. Der Wald im *Freischütz* ist nicht nur einer der unheimlichen Gefahren, böser Geister und Zauber, sondern er ist auch, und darin liegt der dramaturgische und insbesondere musikdramaturgische Schlüssel des Werkes, einer der Männer und der Jagd. »Beim Klange der Hörner im Grünen zu liegen, den Hirsch zu verfolgen durch Dickicht und Teich,« war im frühen 19. Jahrhundert »fürstliche Freude« und »männlich Verlangen«, wie Friedrich Kind im *Freischütz*-Libretto dichtete und somit auch die geschlechtliche und gesellschaftliche Zuordnung dieses Vergnügens stereotyp fixierte. Es war aber zugleich in jener Phase umstrittenes Politikum, stellte doch das Jagen ein »prestigeträchtiges Vergnügen« dar, »das ausschließlich den Landesherren sowie dem privilegierten Adel vorbehalten«[42] und gerade als verschwenderisches Machtsymbol des Adels soweit politisch umstritten war, dass man den Wilderer mit dem sozialen Rebellen identifizierte.[43] Als Gegenbild dazu verband man, zumal im Preußen der Nachkriegsjahre, mit der Figur des Jägers den Kämpfer für eine gute Sache, und wenn gerade Weber, der Sänger der Lieder jener »schwarzen Jäger«, das Jagd-Sujet aufgriff, so wird sich die militärische Assoziation unmittelbar eingestellt haben. Was mochte ein großstädtisches Publikum, dem das Sujet des Jagens in folkloristischen Betrachtungen vor Augen gewesen sein dürfte, ein Publikum, das noch durchdrungen war von dem noch keine sechs Jahre zurückliegenden Krieg, bei einer Oper assoziiert haben, die mit einem Schuss und einem lauten »Victoria!« begann? Wel-

---

[40] Vgl. hierzu Johannes Zechner, *Ewiger Wald und ewiges Volk. Die Ideologisierung des deutschen Waldes im Nationalsozialismus*, Freising 2006. Für wichtige Hinweise zur Wertungsgeschichte des Waldes in Deutschland danke ich Uwe Eduard Schmidt vom Institut für Forst- und Umweltpolitik der Universität Freiburg.

[41] Hermann Bausinger, *Typisch deutsch: Wie deutsch sind die Deutschen?*, München 2000, S. 121.

[42] Hubertus Hiller, *Jäger und Jagd: Zur Entwicklung des Jagdwesens in Deutschland zwischen 1848 und 1914* (= Kieler Studien zur Volkskunde und Kulturgeschichte 2), Münster [u.a.] 2003, S. 27.

[43] Ebd., 164f., S. 19.

che Assoziationen mochten sich ihm einstellen, wenn der Sänger der Lieder jener einst bejubelten und zugleich gefürchteten schwarzen Jäger nun einen »schwarzen Jäger« als Gruselfigur inszenierte?

Weber, der, wie am Beispiel von *Kampf und Sieg* deutlich wurde, die kommunikativen Codes zum Bezeichnen dramaturgischer Elemente bewusst konstruierte und bekannte musikalische Motive zu gezielten dramaturgischen Markierungen nutzte, soll in einem Interview ausgeführt haben,[44] für ihn sei es bei der *Freischütz*-Arbeit ein primärer kompositorischer Schritt gewesen, für jedes der beiden dramaturgischen Hauptelemente der Oper, »Jägerleben und das Walten dämonischer Mächte«, »die bezeichnendsten Ton- und Klangfarben« zu suchen. Auch hier spielt also der Akt des »Bezeichnens« eine entscheidende Rolle, konzentriert sich aber angesichts des Operngenres und zumal des Wunsches der Konstruktion einer charakteristischen Couleur locale weniger auf musikalische Signale sondern vor allem auf Klangliches. Ein Zeitgenosse legte Weber den Ausspruch in den Mund, er habe sich zu diesem Zweck »unter den Volksmelodien« umgesehen und sich »sogar nicht gescheut, Einzelnes aus solchen Melodien – soll ich sagen: notlich? [d.i. eine Anspielung auf »wörtlich«, NG] – zu benutzen«. Im apologetischen Kontext des Biografen, der Weber gegen Plagiatsvorwürfe präventiv zu verteidigen suchte, hat Jähns später die Idee von »Entlehnungen« und Zitaten im *Freischütz* verneint.[45]

Der Jägerchor – ohne Zweifel eine der Kernreferenzen jener neuartigen Couleur locale – zitiert nun, wenngleich, wie Weber meinte »versteckt«[46], eines der seinerzeit populärsten Lieder, und, wie könnte es anders sein, ein Kriegslied: *Marlborough s'en va-t-en guerre*. Dieses Lied, das selbst Napoleon »in bedeutenden Augenblicken, z. B. wenn er in die Schlacht ritt«, gesummt haben soll[47], hatte nach seiner deutschen Erstpublikation 1783 im *Leipziger Frauenalmanach* in Deutschland um die Jahrhundertwende eine rege Rezeptions- und Publikationsgeschichte, insbesondere in Liedflugschriften erlebt,

---

44 Johann Christian Lobe, »Gespräche mit Carl Maria von Weber«, in: *Carl Maria von Weber: Der Freischütz: Texte, Materialien, Kommentare*, hrsg. von Attila Csampai und Dietmar Holland, Reinbek bei Hamburg 1981, S. 149–62, hier S. 153. Zahlreiche Hinweise deuten darauf hin, dass Lobe das Gespräch gefälscht hat.

45 Friedrich Wilhelm Jähns, *Carl Maria von Weber in seinen Werken: Chronologisch-thematisches Verzeichniss seiner sämmtlichen Compositionen*, Berlin 1871, S. 320–322.

46 In Lobe, Gespräche, S. 153.

47 Max Friedlaender: »Das Lied von Marlborough«. Sonderdruck aus: *Zeitschrift für Musikwissenschaft* 6 (1928), S. 2–28, hier S. 2.

und zwar in recht wörtlicher Übersetzung vom Herrn Marlbrock, der zu Kriege auszieht (und nicht zurückkehrt).[48] Hatte also Weber, der das Zitat in einen 4/4-Takt einpasste und an relativ unauffälliger Stelle inmitten des Jägerchors – umrahmt von stilisierten Hornmotiven – platzierte, seine Verweisfunktion – im Vergleich zum Lützow-Zitat in *Kampf und Sieg* – äußerlich abgeschwächt, so verwies die »Farbe«, durch die er »bezeichnet« wurde, zugleich unfehlbar auf den militärischen Subtext. Wie in *Lützows wilde Jagd* noch die Jagdsignale musikalisch-militärisch umgedeutet wurden, so spielte Weber hier zur Markierung der männlichen Sphäre von Jagd und Natur auf ein Kriegslied an. Hätte der Komponist in populären Liededitionen nach authentischen Jägerliedern suchen wollen, so wäre er vermutlich auch gar nicht fündig geworden, scheint doch das gemeinsame Singen kein Brauch der Jäger und das Musizieren in repräsentativen adeligen Jagdinszenierungen ein instrumentales gewesen zu sein. Aus der musikdramaturgischen Notwendigkeit, den Wald mit einer musikalischen Markierung zu versehen, konstruierte Weber so eine Couleur locale, deren Hauptbestandteile Kriegslieder und Jagdsignale, die wiederum nicht zuletzt durch seine eigenen, in der populären Distribution schon längst als »vaterländisch« rubrizierten Arbeiten, mit der Soldatensphäre eng verknüpft waren.

Eine derartige musikalisch-folkloristische »Einfärbung« hat Weber übrigens auch für die vorausgehende Szene vorgenommen, die gewissermaßen aus dem Kontrast die Markierung des Jägerchors umso schärfer hervortreten lässt. Es handelt sich dabei um die Anfangsszene des 3. Aktes, die in »Agathes Stübchen« spielt, und in der am Schluss die Brautjungfern das Jungfernkranzlied singen. Weber hat die Melodie der Strophen der Musik an den seinerzeit sehr verbreiteten norddeutschen, eigentlich von Paaren getanzten Volkstanz »Windmüller« angelehnt[49], die Jungfern sollen nun während des Refrains »einen Ringelreihn um Agathe« tanzen. So entsteht eine Inszenierung von folkloristischem Brauchtum, die Weber zudem mit dem Etikett »Volkslied« versieht und der häuslichen Welt der Frauen zuordnet (er trennt ja die beiden Sphären hier überhaupt recht streng voneinander).

---

[48] Ebd., S. 22.
[49] Vgl. Abbildung 7. Der Hinweis auf den *Windmüller* findet sich schon (ohne Quellenangabe) bei John Warrack, *Carl Maria von Weber: Eine Biographie*, Hamburg und Düsseldorf 1972. Zum *Windmüller* vgl. auch den Stichworteintrag in Otto Schneider, *Tanz-Lexikon: Volkstanz, Kulttanz, Gesellschaftstanz, Kunsttanz, Ballett, Tänzer, Tänzerinnen, Choreographen, Tanz- u. Ballettkomponisten von den Anfängen bis zur Gegenwart*, Mainz [u. a.]: Schott, 1985, S. 604.

Notenbeispiel 6: *Windmüller.*⁵⁰

5. Nichts geborgt – alles echt (deutsch)?

Richard Taruskin hat für seine *Freischütz*-Deutung einen namentlich nicht genannten englischen Zeitgenossen Webers zitiert, der 1824 durch Deutschland gereist sein und den berührt haben soll, wie Webers »beautiful national melodies« von allen Klassen bis hinunter zu den Bauern, Jägern und Arbeitern gesungen worden seien. Er vermutete, Weber habe aus Mangel an melodischen Einfällen seine Oper mit Volksliedern angefüllt. Taruskin erwidert:

> »In fact, Weber borrowed nothing, not even the bridal chorus expressly subtitled ›Volkslied‹ […]. Yet by 1824, according to the English writer's testimony, the song (and many others from the opera) had become a Volkslied. It had entered the popular oral tradition. Sung by actual hunters and peasants who did not know the opera, it had gained acceptance not just as volkstümliches Lied, a ›song in folk style‹, but as an actual folk song.«

---

50 Wilhelm Stahl, *Niederdeutsche Volkstänze*, Bd. 1, Hamburg 1921. Stahl gibt hier keine detaillierte Quellenangabe, beruft sich aber bei seinen Reproduktionen auf handschriftliche »Fichtelbücher« aus dem frühen-mittleren 19. Jahrhundert als Hauptquelle, sowie einige Aufzeichnungen aus mündlicher Überlieferung (Vorwort).

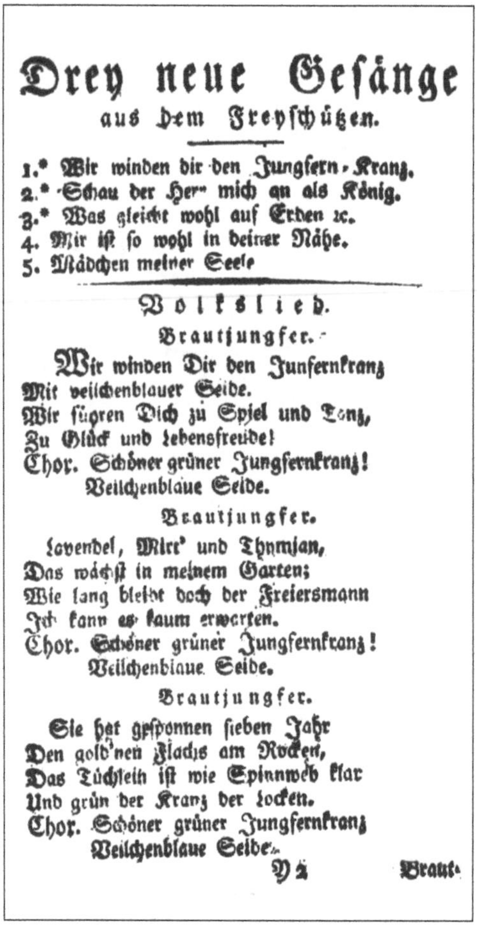
Drey neue Gesänge
aus dem Freyschützen.

1.* Wir winden dir den Jungfern-Kranz.
2.* Schau der Herr mich an als König.
3.* Was gleicht wohl auf Erden rc.
4. Mir ist so wohl in deiner Nähe.
5. Mädchen meiner Seele

Volkslied.

Brautjungfer.

Wir winden Dir den Junfernkranz
Mit veilchenblauer Seide.
Wir führen Dich zu Spiel und Tanz,
Zu Glück und Lebensfreude!
Chor. Schöner grüner Jungfernkranz!
Veilchenblaue Seide.

Brautjungfer.

Lavendel, Mirt' und Thymian,
Das wächst in meinem Garten;
Wie lang bleibt doch der Freiersmann
Ich kann es kaum erwarten.
Chor. Schöner grüner Jungfernkranz!
Veilchenblaue Seide.

Brautjungfer.

Sie hat gesponnen sieben Jahr
Den gold'nen Flachs am Rocken,
Das Tüchlein ist wie Spinnweb klar
Und grün der Kranz der Locken.
Chor. Schöner grüner Jungfernkranz
Veilchenblaue Seide.

Y 2 Braut-

Abbildung 2: Vorderseite einer zeitgenössischen Liedflugschrift (undatiert), Quelle: DVA Bl 7029.

Vergleichbare, in der Tendenz despektierliche Berichte von Carl Friedrich Zelter und Heinrich Heine zeigen, dass insbesondere das Jungfernkranzlied schon bald nach der Premiere von Personen, die eindeutig der städtischen Unterschicht angehörten und somit keine Operngänger waren, nachgesungen wurde. Dies ist allerdings zweifelsohne weder Anzeichen einer Akzeptanz als Volkslied – nach Herderscher Begrifflichkeit müsste es sich hier vielmehr um ein Gassenlied handeln, das gerade von der Volksliedkategorie auszuschließen wäre – noch für mündliche Überlieferung. Denn nicht Oralität verband in den Theatermetropolen des frühen 19. Jahrhunderts das Musiktheater mit der Musik des öffentlichen Raums, sondern das kommerzielle Gewerbe von Liedflugschriftendruck[51] (vgl. Abbildung 2), mobilen Sängern und Drehorgel[52], so dass wir eher von einer durch die Musikindustrie gestützten Distribution als populäres Lied sprechen sollten.

51 Lieder wie *Wir winden Dir den Jungfernkranz* und *Was gleicht wohl auf Erden* gingen, offenbar schon im Laufe der 1820er Jahre, in das Repertoire der gedruckten Liedflugschriften und damit vermutlich auch in das der Drehorgelspieler ein. Vgl. hier die Flugschriftennachweise in DVA Bl. 6476, Bl. 8552, Bl. 5481, Bl. 13, Bl. 323, Bl. 7594a, Bl. 7694, Bl. 6778, Bl. 5439, Bl. 7029, Bl. 1721 und weiteren.

52 Vgl. hierzu vom Verfasser: *19th Century Popular Music and its Mechanical Reproduction*, Vortrag gehalten auf der 14th Biennial Conference International Association for the Studies of Popular Music (IASPM) in Mexico City *»¡Que viva la música popular!«*, 2007.

«It was the nation, not Weber, who made his ghost-story a national opera. Its significance for German nationalists of a later time rested on that prior acceptance by the nation at large. It was then that the opera picked up its freight of ideology.«[53]

Nicht unproblematisch ist dabei die Vorstellung von einer deutschen »Nation«, die auf dem Wege der Rezeption den *Freischütz* zur Nationaloper gemacht habe – eine Zuschreibung wiederum, die mit derjenigen späterer Nationalisten nichts mehr zu tun hat, die sich hierdurch von dem negativ besetzten Begriffsfeld der »Ideologie« abtrennen zu lassen scheint und somit zu einer »ideologischen« Neutralisierung des Werkes und einer Uminterpretation selbst seiner semantischen Bewertung der Frühphase herhalten soll. Dies geht zusammen mit der Wertung des Biographen John Warrack, Weber sei »an Politik nur aus romantischer Sicht interessiert«[54] gewesen. Solche Aussagen, die nur zum Schein den Wert von ›Meister‹ und ›Werk‹ aufwerten, unterschätzen nicht nur den politischen Subtext des Romantischen, sondern auch den Umgang Webers mit musikalischen Zeichen. Sie gehen von falschen Voraussetzungen aus und reproduzieren zudem unhinterfragt die überholte Vorstellung von ›Volksliedern‹ quasi als bedingungslosen »Selbstläufern« mündlicher Überlieferung und kulturellen (und somit ideologiefreien) Gewährsobjekten der »Nation«.

Immerhin war es doch Weber selbst gewesen, der Körners schwarzen Jägern den grünen Anzug verpasst und ihnen ein Kriegslied auf die Lippen gelegt hatte, um sich, den »Sänger der Körnerschen Lieder«, einer Berliner Kulturszene zu empfehlen, die nach gewonnenem Krieg in politisch (freilich auch ideologisch) aufgeladener Restaurations-Atmosphäre gezwungen war, ihren Nationalismus in Kultur zu transformieren. Dass Weber die Jagd zum Anlass für die Konstruktion einer spezifisch deutschen musikalischen Nationalfarbe wählte und diese zudem als eine latent kriegerische inszenierte, machte den *Freischütz* vielleicht noch nicht zur Nationaloper, sicherlich aber zur nationalistischen Oper.

---

[53] Richard Taruskin, *The nineteenth century*, S. 194.
[54] John Warrack, *Carl Maria von Weber*, S. 162.

Irmlind Capelle

Die Idee des Nationalen in den »Revolutionsopern« (1848) von Albert Lortzing und Giuseppe Verdi

> Wenn jeder erglühte für Wahrheit und Recht,
> Wenn Hader und Zwietracht nicht wär',
> Wenn treu alle Frauen, der Wein immer echt,
> Wenn Herzen und Beutel nie leer,
> Wenn jedes bereit wär' mit tapferer Hand
> Zu fechten in Not für das Vaterland,
> In Sachen des Glaubens kein Streit –
> Das wär' eine köstliche Zeit![1]

Wahrheit, Recht, Frauen, Wein, Glauben, Vaterland – so bunt gemischt wie Lortzing seinen Waffenschmied Stadinger Wünsche und Träume formulieren lässt, so vielfältig waren auch die sog. Märzforderungen 1848: Standen dabei Versammlungs-, Rede- und Pressefreiheit an oberster Stelle, so war doch neben der Stärkung der gewählten Kammern immer auch die Einberufung eines deutschen Nationalparlaments eine Grundforderung.[2] Und wenn sich auch die revolutionäre Bewegung erst nach und nach durch die deutschen Länder verbreitete, so war man sich dennoch von Anfang an sicher, dass man nicht nur für lokale Veränderungen kämpfte: »Wir stehen für dieselben [die Forderungen, I. C.] mit Gut und Blut ein, und mit uns, davon sind wir durchdrungen, das ganze deutsche Volk«, heißt es in der Adresse der Mannheimer Volksversammlung vom 27. Februar 1848.[3] D. h. bei allen revolutionären Be-

---

[1] 4. Strophe des Liedes des Stadinger aus: *Der Waffenschmied. Komische Oper in drei Aufzügen von Albert Lortzing.* Vollständiges Buch hrsg. und eingeleitet von Georg Richard Kruse, Leipzig, 3. Auflage 1914 [Reclam Nr. 2569], S. 81–83. Eine kritische Edition der Libretti von Albert Lortzing ist nach wie vor ein Desiderat der Lortzing-Forschung. Bis dahin müssen die »alten« Reclam-Ausgaben (meist herausgegeben von Georg Richard Kruse oder den Brüdern Carl Friedrich und Hermann Wittmann) als beste Quellen gelten.
[2] Frank Lorenz Müller, *Die Revolution von 1848/1849* (= Geschichte kompakt/Neuzeit), Darmstadt 2002, S. 41.
[3] Zitiert nach ebd. S. 43.

strebungen 1848 war zusammen mit der »Freiheit« immer auch die nationale Einheit Deutschlands gefordert.

Zunächst wirkte sich aber die neue Freiheit aus und ermöglichte auch in der Kunst Neues: Sobald die Pressefreiheit garantiert war, erschienen in den Zeitungen Gedichte, die sonst die Zensur nicht passiert hätten,[4] und sehr bald wurden auch etliche von ihnen vertont, denn bei den zahlreichen Versammlungen, die die für die Ereignisse so wichtigen Vereine und Gruppierungen (vor allem Studenten) durchführten, wurde mit Hilfe solcher Gesänge Agitation betrieben: Die Reden vermittelten die notwendigen Inhalte, die Gesänge weckten die notwendigen Emotionen.[5] Lortzing komponierte mehrere solcher Texte für die Wiener Studenten.[6] Dass aber auch den Theatern in dieser Zeit eine besondere Rolle zufiel, zeigen z. B. die Berichte von Aufführungen am Theater an der Wien[7], aber auch der Hinweis in der Anzeige zu Lortzings Vertonung von Karl Herloßsohns Text »Sieg der Freiheit oder Tod«, bei dem gefordert wurde, diese Komposition mit allen Mitwirkenden im Zwischenakt singen zu lassen.[8]

Wie stark übrigens der Freiheitsbegriff mit der Idee des Nationalen verbunden ist, zeigt auch dieses Lied deutlich:[9] Es besingt, wie der Titel schon sagt, vor allem die Freiheit – so heißt es im Refrain »Jede Fessel woll'n wir

---

[4] Vgl. hierzu z. B. für die Wiener Presse: Joseph Alexander Freiherr von Helfert, *Der Wiener Parnaß im Jahre 1848*. Wien 1882 (Reprint Hildesheim 1977).

[5] Hagen Schulze, *Der Weg zum Nationalstaat. Die deutsche Nationalbewegung vom 18. Jahrhundert bis zur Reichsgründung*. (= Deutsche Geschichte der neuesten Zeit vom 19. Jahrhundert bis zur Gegenwart), München 1985, hier bes. das Kapitel »Von der Rheinkrise zur Revolution« und insbes. die S. 81–83.

[6] Vgl. hierzu von der Verf.: »›… eine interessante Epoche haben wir hier durchlebt‹ – Albert Lortzing und die Revolution 1848/1849«, in: *Forum Vormärz Forschung* 4, 1998, S. 265–280 (mit Edition von zwei Kompositionen für vier Männerstimmen von Albert Lortzing).

[7] So fanden im April 1848 dreißig Aufführungen von Nestroys *Freiheit in Krähwinkel* statt. Zu den Details vgl. das Vorwort der Verf. zur Neuausgabe von Lortzings Oper *Regina* LoWV 83 (Partitur), München 1990, bes. S. VIII–X.

[8] In der Anzeige von Julius Koffka heißt es: »Indem ich mir erlaube, die geehrten Bühnenvorstände auf diese neue Schöpfung des beliebten Componisten aufmerksam zu machen, füge ich die Bemerkung hinzu, *daß es von der erhebendsten Wirkung sein dürfte, wenn dieses Lied von dem gesammten Sänger- und Chorpersonal, etwa im Zwischenakte, vorgetragen würde.*« Allgemeine Theater-Chronik 17. Jg., 1848, Nr. 48 (14. 4. 1848), S. 192. Hervorhebung im Original (gesperrt).

[9] *Sieg der Freiheit oder Tod*. Quartett für vier Männerstimmen LoWV 82. 1848. Zu Details vgl. den Eintrag im Werkverzeichnis: Irmlind Capelle, *Chronologisch-Thematisches Verzeichnis der Werke von Gustav Albert Lortzing*, Köln 1994 (im folgenden: LoWV).

brechen,/Jede Unbill woll'n wir rächen,/Frei das Gottesurtheil sprechen:/Sieg der Freiheit oder Tod!« – doch es ist auf dem Titelblatt des Erstdrucks als »Volkslied der vereinigten grossen deutschen Nation« bezeichnet.

Auch Giuseppe Verdi komponierte 1848 auf Anregung von Giuseppe Mazzini ein »Inno popolare« für 2 Tenöre und Bass auf einen Text von Goffredo Mameli »Suono la tromba« mit dem Refrain: »Non deporrem la spada, finchè non sia l'Italia una dall' Alpi al mar.«[10]

Neben diesen zahlreichen und noch längst nicht vollständig erschlossenen Gelegenheitswerken zu den Ereignissen 1848 gibt es – nach bisheriger Kenntnis – zwei Opern, die während der Revolution geschrieben wurden und darüber hinaus die Ziele der Revolution zum Thema machen: Lortzings Oper *Regina*, komponiert von Mai bis Oktober 1848 und zu seinen Lebzeiten nicht aufgeführt,[11] sowie Verdis *La Battaglia di Legnano*, die im Januar 1849 ihre Uraufführung in Rom erlebte.[12] Um beide Werke in ihrem historischen Kontext verstehen zu können, sind einige weitere Hinweise auf die historischen Ereignisse – vor allem auf die Unterschiede in Deutschland und Italien – notwendig.

Italien war nach dem Wiener Kongress[13] ein weiterhin geteiltes und im wesentlichen fremdbeherrschtes Land: Neben dem in Mittelitalien herrschenden Kirchenstaat und dem Königreich beider Sizilien sowie dem Königreich Sardinien-Piemont existierten in habsburgischer Abhängigkeit die Toskana, Modena und Parma sowie das Lombardisch-Venezianische Königreich. Diese einzelnen Länder waren sprachlich, wirtschaftlich und kulturell sehr verschieden, weshalb Probleme eigentlich immer kriegerisch gelöst worden waren. In der Zeit des Risorgimento, also der Zeit zwischen dem Wiener Kongress und der Entstehung des Königreichs Italien 1876, entstand eine intellektuelle Bewegung vor allem um Giuseppe Mazzini (1805–1872), die die Einheit Italiens und eine republikanische Staatsordnung forderte. Ein Problem bei der Verbreitung der Ideen Mazzinis war jedoch die große Armut weiter Teile der Bevölkerung

---

[10] Giuseppe Verdi, *Inno popolare*, Mailand: De Giorgi Nr. 144 [1848].
[11] Vgl. LoWV 83.
[12] Zu den bibliographischen Angaben vgl. Martina Grempler, »*La Battaglia di Legnano*«, in: *Verdi-Handbuch*, hrsg. von Anselm Gerhard und Uwe Schweikert, Kassel/Stuttgart 2001, S. 367–373.
[13] Die folgenden Ausführungen nach Wolfgang Altgeld, »Das Risorgimento«, in: *Kleine italienische Geschichte*, hrsg. von Wolfgang Altgeld und Rudolf Lill, Stuttgart 2004, S. 257–324. Vgl. auch Martina Grempler, »Italien zwischen Restauration, Risorgimento und nationaler Einheit«, in: *Verdi Handbuch*, a.a.O., S. 26–37.

Italiens und damit verbunden deren geringer Bildungsstand[14] sowie die fehlende Industrialisierung, wodurch sich die Ideen nicht dauerhaft in der breiten Masse durchsetzen konnten. In Italien waren deshalb soziale Fragen für die revolutionären Ereignisse 1848/1849 wenig bestimmend. Wichtig war der gemeinsame Kampf gegen die verhassten Österreicher oder in den nicht-österreichischen Gebieten gegen die für alle Probleme verantwortlich gemachten Herrscher.

So waren die Anfang 1848 in Italien erreichten revolutionären Veränderungen (Vertreibung der Herrschenden, neue »demokratische« Regierungen) nur von kurzer Dauer. Die Österreicher eroberten schon im Sommer 1848 unter dem alten Feldmarschall Radetzky alle ihre Gebiete zurück und führten die alten Ordnungen wieder ein.

In Mittelitalien waren die legitimen Herrscher anfänglich auf die liberalen Forderungen eingegangen, doch wurden diese gemäßigten Regierungen gestürzt und konnten sich dort Anfang 1849 Demokraten durchsetzen. Man rief am 16. Januar 1849 zur Beschickung einer verfassungsgebenden italienischen Nationalversammlung auf und proklamierte im Februar 1849 die Römische Republik u. a. unter Führung Mazzinis. Ab April 1849 versuchten verschiedene Truppen (Österreich, Sizilien etc.) diese demokratischen Umtriebe niederzuschlagen. Unter dem Oberbefehl von Giuseppe Garibaldi konnte sich Rom bis zum 3. Juli 1849 wehren und als letzte Stadt musste dann am 24. August 1849 Venedig (am 22.3.1848 zur Republik erklärt) kapitulieren.

Giuseppe Verdi verhielt sich anfangs politisch uninteressiert, doch seit seiner Mailänder Zeit um 1840 verfolgte er die Ideen des Risorgimento mit großem Interesse und diskutierte u. a. über politische Fragen in den fortschrittlichsten Salons.[15]

1848/1849 hielt sich der Komponist überwiegend in Paris auf, verfolgte aber von dort mit großem Interesse die Aktivitäten in Italien. Da auf Grund der politischen Ereignisse an der Oper in Neapel Schwierigkeiten auftraten, musste Verdi einen mit diesem Hause geschlossenen Vertrag nicht erfüllen, sondern

---

[14] 1848 waren wohl nur 25 % der Italiener alphabetisiert, »das hochsprachliche Italienisch [wurde] vielleicht gar nur von 2 % der Bevölkerung beherrscht« (vgl. Altgeld, S. 280/281). In Deutschland hatte dagegen schon vor 1800 eine große Alphabetisierung eingesetzt, die den Anteil der lesenden Bevölkerung von 15 % 1770 auf 40 % 1830 anhob. Darüber hinaus wurde über Leseclubs und zahlreiche Vereine (u. a. Arbeiter-Bildungsvereine) das politische Bildungsniveau deutlich gehoben. Vgl. Schulze, *Der Weg zum Nationalstaat*, bes. S. 75.

[15] Angaben nach Fabrizio della Seta, »Giuseppe Verdi«, in: *MGG* 2, Bd. 16, Sp. 1437–1483, hier Sp. 1441.

konnte einem Wunsch seines Verlegers Ricordi gemäß eine Oper schreiben, zu der dieser dann das passende Uraufführungs-Theater suchen wollte.[16] Das Libretto hierzu schrieb erneut Salvadore Cammarano, der Verdis erste Idee, als Sujet »Cola di Rienzi« zu wählen, abgelehnt hatte. Im Juli 1848 erwähnte Verdi gegenüber seinem anderen Librettisten Francesco Maria Piave die Suche nach einem »italienischen und freiheitlichen Sujet«.[17] Wann die Entscheidung für den historischen Stoff um die Schlacht bei Legnano gefallen ist, ist nicht belegt. Wir haben es hier auf jeden Fall mit dem erstaunlichen Phänomen zu tun, dass eine aktuelle Situation mit einem Ereignis aus der Geschichte parallelisiert wird, wobei die literarische Vorlage wiederum auf ein anderes historisches Ereignis verweist: *La Battaglia di Legnano* wählt als historisches Ereignis den Aufstand des lombardischen Städtebundes gegen Kaiser Friedrich I. Barbarossa im Jahre 1176. Dieses in Italien so wichtige Ereignis passt sehr gut zu den frühen revolutionären Ereignissen von 1848, denn im März hatte Mailand erfolgreich die österreichische Herrschaft in die Flucht geschlagen.[18] Verblüffend ist nur, dass Cammarano ein französisches Drama mit dem Titel »La Bataille de Toulouse« von Fr. J. Méry zur Vorlage wählte, das in der Zeit der napoleonischen Kriege 1813 spielt.[19] Dennoch fand er in diesem in Italien zu dieser Zeit sehr beliebten Stück[20] die gewünschte Mischung von privater und historischer Handlung.[21]

Verdi gliedert die Oper in vier Akte, die jeweils Titel tragen: 1. Akt: »Egli vive!«, 2. Akt »Barbarossa!«, 3. Akt: »L'infamia!« und 4. Akt »Morire per la Patria!«[22]

[16] Vgl. Martina Grempler, »La battaglia«, S. 368.
[17] Vgl. ebd., S. 369.
[18] Zu diesen sog. »Cinque Giornati« vgl. Altgeld, »Das Risorgimento«, S. 284.
[19] Das französische Schauspiel spielt vor dem Hintergrund der Schlacht gegen Wellington; vgl. Grempler, »La battaglia«, S. 370, und Julian Budden, »*La Battaglia di Legnano*«, in: Julian Budden, *The Operas of Verdi*. Bd. 1: *From Oberto to Rigoletto*, New York 1973, S. 387–416, insbes. S. 390.
[20] Nach Julian Budden, ›*La Battaglia di Legnano*‹. Its unique character with special reference to the finale of act 1«, in: *Atti del III° Congresso Internationale di Studi Verdiani. Congresso Internazionale di Studi Verdiani* [3, 1972, Milano], Parma 1972, S. 71–80, bes. S. 72/73, ist lange Zeit übersehen worden, dass Verdi dieses Schauspiel wohl nicht persönlich gekannt hat.
[21] Nach Grempler (»La battaglia«) sind jedoch gerade die patriotischen Szenen der Oper von Cammarano und Verdi neu gestaltet. Zum Verhältnis des französischen Schauspiels zu Verdis Libretto vgl. Raffaele Mellace, »*La Battaglia di Legnano*. Metamorfosi ideologiche dal dramma borghese all' opera patriottica«, in: *Dal libro al libretto*, hrsg. von Mariasilvia Tatti, Rom 2005, S. 131–143.
[22] Zum Inhalt von *La Battaglia di Legnano* vgl. Grempler, »La battaglia«, S. 368–369 oder Rein A. Zondergeld, »*La Battaglia di Legnano*«, in: *Pipers Enzyklopädie des Musiktheaters*, hrsg. von Carl Dahlhaus und dem Forschungsinstitut für Musiktheater der Universität Bayreuth unter Leitung von Sieghart Döhring, München

Nach einer Auftritts-Marschmusik[23] beginnt *La Battaglia di Legnano* mit einem Chor der Kämpfer: »Viva Italia«.[24] Es ist ein kurzer, knapper Chor mit einem sehr markanten Motiv, das auch schon die Ouvertüre bestimmt hat und im Verlauf der Oper immer wieder als Erinnerungsmotiv anklingt.[25] Die Veroneser Krieger singen *a cappella* im 4/4-Takt, wodurch der Charakter einer echten Kriegshymne ebenso betont wird wie durch die schlichte A-B-A-Form; der doppelt punktierte Rhythmus verstärkt den kämpferischen Duktus und damit die Bedeutung als »Schlachtgesang«. Im Schluss dieses Chores stimmen die umstehenden BürgerInnen in das »Viva Italia« ein, wodurch der Klang um die hohen Stimmen erweitert wird.[26] Es folgen Auftrittsszene und -arie von Arrigo, anschließend eine verkürzte Wiederholung des »Viva-Italia«-Chores. Nach der Wiedererkennungsszene von Rolando und Arrigo schließt diese erste Szene mit einem großen Schwur: Dieser Chor[27] – wiederum *a cappella* – steht im 3/4-Takt, behält aber die charakteristische Punktierung bei, so dass auch hier die Entschlossenheit der Kämpfer deutlich wird. Wie bei Schwurchören üblich, singt ein Solist vor und die anderen wiederholen bzw. bestätigen dann im Tutti. Dieser Chor ist motivisch und harmonisch deutlich komplexer als der Losungs-Chor der Veroneser und er mündet in einen orchesterbegleiteten Schluss:[28] »Domandan vendetta gli altari spongliati,/Le donne, i fanciulli dall'empio svenati .../Sull'Istro natio cacciam queste fiere,/sian libere e nostre le nostre città.«.

1997, Bd. 6, S. 422–424, insbes. S. 423, sowie Tino Drenger, *Liebe und Tod in Verdis Musikdramatik. Semiotische Studien zu ausgewählten Opern* (= Hamburger Beiträge zur Musikwissenschaft Bd. 45), Eisenach 1996, S. 189–218, bes. S. 196f.

[23] Die Belege zur folgenden Analyse nach dem Klavierauszug, hrsg. von Mario Parenti, Mailand 1961. Die Verweise geben die Seitenzahl des Klavierauszuges an, aber auch die aktweise gezählten Studierziffern, so dass die Stellen auch in der Partitur einfach gefunden werden können. Die Analyse zielt vor allem auf die »patriotischen« Abschnitte, während sich Tino Drenger (*Liebe und Tod*) seinem Gesamtthema gemäß vor allem für die Liebesszenen und die Sterbeszene interessiert.

[24] Klavierauszug S. 16–18 (1. Akt Ziffer 3).

[25] Z.B. beim Auftritt Arrigos und Ronaldos im 2. Akt: Scena e Duetto, S. 97 (6 Takte nach Ziffer 6).

[26] Verdi muss hier zu einem szenischen Trick greifen und die Frauen, die eigentlich an der Handlung nicht beteiligt sind, auf die Balkone stellen, so dass sie in diesen Ruf einstimmen können. Aufgrund der Handlung ist diese Oper stark von Männerstimmen bestimmt (Soli und Chor). Beim Szenenwechsel im 1. Akt wird deshalb als Gegengewicht zu den Männerstimmen ein Chor der Mädchen, der in die Frauenwelt einführt, vorangestellt. Nur im 4. Akt ist das Volk vollständig anwesend, so dass hier den gemischten Soli auch der gemischte Chor gegenübersteht.

[27] Klavierauszug S. 31–48, Ziffer 14–17.

[28] Klavierauszug S. 37ff, Ziffer 15 ff.

Dieser Schluss beginnt unisono im piano und baut dann eines der typischen »italienischen« Crescendi auf, wobei im Schluss mehrfach wiederholt wird: »le nostre città. Giuriam«.[29]

Diese Eingangsszene ist textlich und musikalisch sehr »revolutionär« gestimmt: Die Befreiung von österreichischer Fremdherrschaft ist zu erreichen, wenn man gemeinsam dafür kämpft. Diese Botschaft wurde im Januar 1849, kurz vor der Republikgründung, in Rom unmittelbar verstanden. Für heutige Ohren ist allerdings die Ausdrucksweise sehr blutrünstig: Wichtiger als das Vokabular und die darin angesprochenen Mittel war aber wohl für die Italiener die Erinnerung an das historische Vorbild.

Der vielleicht ungewöhnlichste und am deutlichsten von »revolutionärem« Geist bestimmte Abschnitt dieser Oper Verdis ist der 2. Akt »Barbarossa!«[30] Zu Beginn drücken die Comer Heerführer und Beamten ihre traditionelle Abneigung gegen die Mailänder aus. Dann fordern Arrigo und Rolando sie auf, den alten Streit zu vergessen und gemeinsam für die Befreiung Italiens – und das heißt: gegen Friedrich Barbarossa – zu kämpfen. Es werden kurz Argumente ausgetauscht, dann versuchen Arrigo und Rolando in einem appellierenden Duett die Comer zu überzeugen. Als sie anschließend wissen wollen, welche Nachricht sie der lombardischen Liga überbringen sollen, tritt Barbarossa auf und verspricht Antwort zu geben. Arrigo und Rolando lehnen sofort jeden weiteren Wortwechsel mit Barbarossa ab: nur der bewaffnete Kampf soll entscheiden. Barbarossa präsentiert sein gewaltiges Heer, doch Arrigo und Ronaldo lassen sich von ihrer Überzeugung, dass sie im Kampf siegen werden, nicht abbringen. Der Akt endet mit einem allgemeinen Aufruf zum Krieg.

Verdi gestaltet die Szene ab Barbarossas Auftritt als großes dreiteiliges Finale:[31] Im ersten Ensemble (Ziffer 15–19) sind dabei die rivalisierenden Parteien auch musikalisch deutlich gegeneinander abgesetzt, wenn auch Barbarossa sich in seiner Melodiebildung z. T. eng an Arrigo und Ronaldo anlehnt. Im 2. Ensemble (immer wieder aufbauend von den Soli bis zum Tutti) (Ziffer 20–24) vereinheitlicht er jedoch im Tutti die Motivik trotz der unterschiedlichen Texte so sehr, dass die verschiedenen Meinungen nicht mehr wahrnehmbar sind. Das 3. Ensemble (Ziffer 25–30) mündet dann in den einhelligen Ruf: »Guerra a morte« und auf Grund dieser identischen Gesinnung sind auch

---

[29] Bei diesem Chor wird in der Literatur häufig als Vorbild auf die Schwur-Szene im *Wilhelm Tell* von Rossini verwiesen; vgl. z. B. Grempler, »La battaglia«, S. 371.
[30] Da hier die Verteidigung des Vaterlandes Gegenstand ist, wird dieser Akt ausschließlich von Männerstimmen gesungen.
[31] Klavierauszug S. 104–137, Ziffer 13 ff.

in der Musik die feindlichen Parteien nicht mehr zu unterscheiden. Dieses sehr traditionell gestaltete Finale mit einer Cabaletta am Schluss überdeckt das Konfliktpotential dieser Szene. Andererseits dürfte der stark aufrufende Charakter der Schluss-Cabaletta seine Wirkung im Publikum nicht verfehlt haben.[32]

Direkt auf diesen »politischen« Männer-Akt folgt mit der Szene der Ritter des Todes ein weiteres reines Männer-Bild. Natürlich wird auch beim Schwur der Ritter die Verteidigung des Vaterlandes betont, doch steht der Ehrenkodex der Ritter und nicht die nationale Einheit deutlich im Vordergrund.

Von jetzt an tritt in *La Battaglia di Legnano* der nationale Aspekt zurück und rückt der private Konflikt in den Vordergrund. Zwar erklärt Lida, nachdem sie von Arrigos Rettung gehört hat »Voto d'un popolo è il voto mio!/Amor di patria favella in me!«, doch es folgt dann im 4. Akt nur ein kurzer Siegeschor (»Dall'Alpi a Cariddi/Echeggi vittoria!/Vittoria risponda/L'Adriaco al Tirreno!/Italia risorge/Vestita di gloria!/Invitta e regina/Qual era sarà!«),[33] während der Schluss der Oper der Versöhnung von Rolando und Arrigo gewidmet ist: Arrigo beteuert Lidas Unschuld und bestätigt seine Glaubwürdigkeit mit dem Satz: »error nefando/Sarià mentir ... spirando«, was dann bekräftigt wird durch die Behauptung: »Chi muore per la patria/Alma sì rea non ha!« Nach der gelungenen Versöhnung lässt sich Arrigo die Fahne reichen, küsst sie und fällt zu Boden: natürlich ein patriotisches Bild, aber doch sehr fixiert auf den kriegerischen Helden – und so stimmen die Umstehenden als Schlusschor auch kein vaterländisches Lied an (z. B. eine Wiederholung des Eingangschores), sondern singen über dem Te Deum, das aus der Kirche erklingt, das Gebet: »Apri, Signor, l'Empiro/Al tuo guerrier fedel.« D. h. dieser Schluss ist religiös-patriotisch, aber nicht kämpferisch – und auch nicht feierlich-bekenntnishaft national.[34]

---

[32] Zur politischen Wirkung dieser Oper vgl. Birgit Pauls, *Giuseppe Verdi und das Risorgimento. Ein politischer Mythos im Prozeß der Nationenbildung*, Berlin 1996, bes. S. 202–206. Als Beispiel dafür, wie stark Musik politisch wirken kann, wird immer wieder das Beispiel von D. F. E. Aubers Oper *Die Stumme von Portici* genannt, dessen Aufführung 1830 in Brüssel die belgische Revolution auslöste. Vgl. Ludwig Finscher, »La Muette de Portici«, in: *Pipers Enzyklopädie des Musiktheaters*, Bd. 1, S. 100–102, bes. 100.

[33] Klavierauszug S. 215–219, Ziffer 3.

[34] Tino Drenger betont dagegen – aus seiner Sicht verständlich – die Ähnlichkeit der musikalischen Darstellung von Vaterlandsliebe und menschlicher Liebe: »Wie auch am Schluß verwendet Verdi zur Darstellung der Vaterlandsliebe eine Musik, die er sonst für Liebesverklärungen einsetzt. Die Vaterlandsliebe und die Liebe zweier Menschen, die in dieser Oper miteinander verschmelzen, verbindet Verdi dadurch auch auf der musikalischen Ebene.« (Drenger, *Liebe und Tod*, S. 215)

Albert Lortzing erlebte die Revolution in Wien (13.–17. März) und behauptete: »Und an keinem Ort der Welt können die politischen Ereignisse eine solche Umwälzung hervorgebracht und so grell effektuiert haben, wie gerade hier.«[35] In der Tat waren die Veränderungen in Wien besonders groß, da Metternich nach England und der Hof nach Innsbruck geflohen waren und sich so radikal demokratische Kräfte durchsetzen konnten. Vor allem die Zensurfreiheit verschaffte den Theatern und Schriftstellern neue Freiräume, die umgehend genutzt wurden.[36]

Nachdem sich die erste Aufregung gelegt hatte, versuchte Lortzing wieder ›normal‹ zu arbeiten und Geld zu verdienen. Um das Auskommen seiner Familie zu sichern, musste er jedes Jahr eine Oper schreiben, denn mit deren Verkauf an die Theater konnte er ein bürgerliches Leben führen, während seine Gage als Kapellmeister nur die Existenz sicherte.[37] Da aber seine letzte Oper *Zum Großadmiral* nicht erfolgreich gewesen war, wurden ihm 1848 die Mittel knapp.[38] Es lag also nahe, eine neue Oper in Angriff zu nehmen, und weil jetzt auch an der Hofoper deutsche Werke gegeben werden konnten,[39] plante er diese Oper für die musikalischen Ansprüche dieses Hauses und nicht für das Theater an der Wien, an dem er beschäftigt war.

Lortzing nutzte die Zensurfreiheit und wählte nicht wie Verdi ein nationales historisches Thema zur Grundlage seines Librettos, sondern gestaltete es frei »nach vorhandenen Stoffen«[40]. Auch wenn mittelalterliche Stoffe für

---

[35] Brief an Georg Meisinger vom 31. Juli 1848 in: Albert Lortzing, *Sämtliche Briefe. Historisch-kritische Ausgabe*, hrsg. von Irmlind Capelle, Kassel 1995, VN 346, Z. 75–77. Im folgenden: Lortzing, *Sämtliche Briefe*.

[36] Zu den Details der Auswirkungen auf das Theater vgl. Verf., »Regina 1848« in: Programmheft zu *Albert Lortzing, Regina. Oper in drei Akten. Text und Musik vom Komponisten – Uraufführung des Originals*, Gelsenkirchen 1998, S. 8–14.

[37] Vgl. hierzu die Briefe der Zeit (Lortzing, *Sämtliche Briefe*). Das Tantiemewesen hat Lortzing erst in seinen letzten Lebensjahren vereinzelt kennen gelernt.

[38] Die Briefe der Zeit sind voll von Klagen über die finanzielle Lage, zumal das Opernpersonal des Theater an der Wien zum 1. September 1848 gekündigt worden war und schon vorher die Gagen nicht mehr regelmäßig gezahlt wurden.

[39] Lortzing schreibt in dem bereits erwähnten Brief an Georg Meisinger (Anm. 37): »*Staudigl* ist *Chef* der Oper am Kärnthnerthore, denn *Ballochino* mußte bekanntlich noch in den *März* Tagen abtreten, weil man keinen Italiener mehr wollte. Die italienische Oper war bereits angekündigt, da drohte man das Haus in Brand zu stecken, die Italiener mußten abziehen und das Theater wurde einen Monat geschloßen.« (Lortzing, *Sämtliche Briefe*, VN 346, Z. 28–31).

[40] Der Titel der autographen Partitur lautet: »Oper in drei Akten, der Text nach vorhandenen Stoffen frei bearbeitet«. Vgl. hierzu das Vorwort zur Neuausgabe der Verf., München: Ricordi 2002. Klavierauszug S. V.

die Entwicklung der Kulturnation Deutschland sehr wichtig waren[41] und ja auch Lortzing bereits mehrfach historische Stoffe in seinen Opern verwendete hatte,[42] musste diese Oper, die »ZeitUmstände« berühren sollte, in der Gegenwart spielen: Er brauchte eine Fabrik, Arbeiter, Aufständische etc.[43]

Die Handlung ist von Lortzing frei erfunden und frei dramatisiert;[44] im folgenden werden wie bei *La Battaglia di Legnano* vor allem die »revolutionären« Elemente näher besprochen.[45]

Die Oper wird – wie in der Regel bei Lortzing – durch eine Chorszene eröffnet,[46] die in das Milieu der Oper einführt, nur ist es diesmal keine Handwerkeridylle wie in *Zar und Zimmermann* oder *Waffenschmied*, sondern die spannungsgeladene Welt unzufriedener Fabrikarbeiter: Zuerst lautet die Anklage »auch noch besondere Liebespflicht«, dann »Arbeit erheischet Lohn und Brot, umsonst ist nur allein der Tod« und zum Schluss: »Wir werden Recht uns bald verschaffen, sei's nicht mit Worten, sei's mit Waffen«.[47] Der szenischen Situation angemessen verwendet Lortzing in der Introduktion eine sehr offene Form, die Entwicklung der Handlung hält die Szene zusammen, nicht die musikalische Form: Greift Lortzing auch bei dem zweiten Einspruch der Arbeiter als Schluss musikalisch und textlich die Eingangsworte »Wir wollen nicht ...« auf, so wird doch der Ruf zu den Waffen als eigener Höhepunkt gestaltet. Da die Arbeiter nicht wie in den anderen Handwerkerchören die Freude an der Arbeit besingen, sondern Forderungen stellen, ist die Melodiebildung wenig charakteristisch, aber dafür eng an den Text angelehnt. Der Chor deklamiert immer homorhythmisch, oft einstimmig oder auf einem Akkord rezitierend. Um den Konflikt zwischen Chor

---

[41] Vgl. Schulze, *Der Weg zum Nationalstaat*, S. 74.
[42] Z. B. *Zar und Zimmermann, Casanova, Hans Sachs* und *Waffenschmied*.
[43] Die Verleger Breitkopf & Härtel, denen Lortzing am 20. Oktober 1848 die Oper zum Druck (Klavierauszug) angeboten hatte, lehnten die Oper u. a. wegen des »unkleidsamen Kostüms« ab; vgl. Lortzings Brief vom 27. Dezember 1848 (Lortzing, *Sämtliche Briefe,* VN 360).
[44] Dies ist für Lortzing sehr unüblich, im allgemeinen verwendete er bereits dramatisierte Vorlagen für seine Opern. Vgl. zu diesem Thema Petra Fischer, *Vormärz und Zeitbürgertum. Gustav Albert Lortzings Operntexte*, Stuttgart 1997. Eine Inhaltsübersicht findet sich bei Robert Didion, »Regina«, in: *Pipers Enzyklopädie des Musiktheaters,* Bd. 3, S. 574–578, bes. S. 375. Das vollständige Libretto ist im Programmheft der Gelsenkirchner Aufführungen 1998 (siehe Anm. 36) wiedergegeben.
[45] Basis der Analyse ist die Neuausgabe der Oper durch die Verf., München: Ricordi, 2002. Die Neuausgabe liegt in Partitur und Klavierauszug vor; die folgenden Angaben werden nach dem Klavierauszug gegeben.
[46] Klavierauszug S. 8–13.
[47] Klavierauszug Nr. 1, T. 20–42, 59–100 bzw. 118–145.

und Kilian bzw. Chor und Richard deutlich zu machen, greift Lortzing hier jeweils zu unvermittelten harmonischen Rückungen.[48]

Im Kontrast dazu besänftigt Richard mit einer kantablen, weit ausgreifenden Melodie: »Ihr seid bedrückt, Recht soll euch werden, denn leiden soll kein Mensch auf Erden, der redlich denkt, der brav und gut, durch eines Höhern Übermut«[49] und findet am Schluss mit den Arbeitern zusammen zu der Erkenntnis: »Durch Eintracht kann zu jeder Zeit der Sieg errungen werden, doch Freiheit ohne Einigkeit gewährt kein Glück auf Erden.«[50] Nach der »Versöhnung« komponiert Lortzing dann einen typischen Opernchor-Schluss: mit einer eingängigen Melodie, die zuerst der Solist verträgt, verbinden sich Chor und Solist und kommen zu einem klangprächtigen Ende in C-Dur.[51]

Im 1. Finale[52] treten erstmals die Freischärler auf: Im 2/4-Takt, überwiegend unisono, stellen sie sich mit einer etwas plumpen Melodie vor. Ihr Credo: »Mit Waffen läßt sich schaffen alles in der Welt: Ruhm, Ehre, Freiheit, Geld.«[53] Den ersten Schlichtungsversuch Simons verspotten die Freischärler, doch dann gibt sich Stephan als ihr Anführer zu erkennen und er stellt die Forderung: Regina werde seine Braut oder die Freischärler plündern die Fabrik (T. 542–572)! Das allgemeine Entsetzen, das alle Beteiligten auf der Bühne erfasst, bündelt Lortzing in einen verdi-artigen, homophonen Chor im 9/8-Takt in f-Moll, aus dem sich im 2. Teil die Solisten mit einer weitschwingenden Melodie lösen (T. 573–624). Richard macht deutlich, dass die Arbeiter die Fabrik verteidigen werden, und es kommt zu einem kurzen Wortgefecht zwischen den Chören (T. 648–658). Als Simon erklärt: »Nur über meine Leiche führt der Weg zu meinem Kinde!« wird wiederum zunächst das drohende »Verderben« für alle Beteiligten hervorgehoben, diesmal allerdings im 4/4-Takt und in d-Moll (T. 675–714), doch am Ende setzen sich die Parteien gegeneinander ab, so dass die Kampfsituation auch musikalisch hörbar wird (T. 715–744). Im Schluss sprechen die Freischärler aus, dass sie sich gegen »der Reichen Hab und Gut« (T. 701/702 ff.) wenden, doch

---

[48] Vgl. T. 58/59: Kilians erster Einwurf endet in D-Dur und die Arbeiter schließen in Es-Dur an; T. 117/118: T. 118 müsste wie 116 nach F-Dur gehen, doch die Arbeiter wehren sich in Des-Dur.
[49] Klavierauszug, S. 16–17, T. 155–193. Der Text für dieses »Cantabile« ist durchaus unüblich: Er ist zwar gereimt, jedoch nicht sehr poetisch.
[50] Klavierauszug S. 20 ff., T. 243–266.
[51] Klavierauszug S. 22 ff., T. 284–338. In diesem Schluss der Introduktion fällt die bereits in der Einleitung erwähnte enge Bindung von Freiheit und Einheit auf, die hier zwar inhaltlich vor allem auf die Fabrikbelegschaft bezogen ist, aber auch deutlich allgemeine politische Bedeutung hat.
[52] Klavierauszug S. 69–133.
[53] Klavierauszug S. 88 ff, T. 444–508.

geht dieses pseudo-politische Bekenntnis im Gesamteindruck unter. Dieser Chor ist hier nicht näher zu behandeln, weil keine revolutionären Gesinnungen, sondern private Interessen handlungstreibend sind, doch ist es grundsätzlich höchst beeindruckend, wie Lortzing die unterschiedlichen Positionen zum einen musikalisch vereint, aber andererseits auch deutlich differenziert.

Das Lied der Bäuerin Barbara zu Beginn des 2. Aktes[54] beleuchtet einen anderen Aspekt des Lebens in revolutionären Zeiten: Die Unruhe bringt Unheil, »denn im Frieden kann allein sich der Mensch des Lebens freuen«. In diesen Refrain dürfte viel persönliche Erfahrung Lortzings eingeflossen sein, da auch er in seinen Briefen ab Sommer 1848 klagt: »Kunst und Künstler leiden am Meisten darunter.«[55] Die 2. Strophe des Liedes fasst exakt die historische Situation in Österreich zusammen: »Stechen, Schießen, Blutvergießen/ist den Leuten jetzt nur Spaß;/Wenn die Klagen, die sie wagen/nicht gestillt im vollsten Maß./Hier verjagt man ohne Weilen/Kön'ge und Minister gleich,/Dort will Länder man zerteilen,/Bringt in Aufruhr jedes Reich.« Lortzing gibt diese Volks-Erkenntnis in einem schlichten Lied (gesungen am Spinnrad!) im 2/4-Takt wieder, bei dem die Strophe in g-Moll steht, der Refrain aber in G-Dur.[56]

Im Finale des 2. Akts singt Kilian ein Trinklied[57] und um die Freischärler bei Laune und beim Trinken zu halten, singt er nicht von Wein, Weib und Gesang, sondern ein kämpferisches Agitationslied. Jede Strophe beginnt mit der Aufforderung »Hinaus, hinaus!« und der Text wendet sich erst gegen die Jesuiten, dann gegen »jeden schlechten Rat«, dann gegen den »edlen Herrn« und spricht sich zum Schluss für »Freiheit, Recht und Vaterland« aus.[58]

Lortzing greift hier die bei Männerchören und Trinkliedern beliebte Form mit Vorsänger und Chor auf: Die recht schlichte Folge a a' b b' fasst er jedoch geschickt durch die Harmonik zu einer Einheit zusammen (a und b öffnen sich zur Dominante, so dass erst die Wiederholung den musikalischen Abschluss bringt), darüber hinaus spannt er im 2. Teil durch die von 4 auf 8 Takte verlängerten Phrasen einen großen Bogen. Auf das eigentliche Lied folgt ein »Nachspann« mit den lautmalenden Silben »Dri-di-dum«. Dass hierbei die Freischärler nur noch die Silbe »dum[m]« wiederholen, dürfte kein Zufall sein.[59]

---

[54] Klavierauszug S. 135–137, T. 46–92.
[55] Brief an Friedrich Lortzing vom 20. Juli 1848 (Lortzing, *Sämtliche Briefe*, VN 345, Z. 32/33).
[56] Vgl. zu diesem Lied auch Robert Didion, »*Regina* – eine Oper zwischen Revolution und Romantik«, in: Programmheft Gelsenkirchen, S. 61–76, bes. S. 68/69.
[57] Klavierauszug S. 182–187, T. 305–389.
[58] Der Text zu diesem Lied ist wahrscheinlich von Johann Nepomuk Vogl. Vgl. Vorwort Klavierauszug, S. XIII.
[59] Vgl. hierzu Didion »*Regina*«, S. 69/70.

Der 3. Akt beginnt mit einem Chor, der die Freiheit besingt:[60] »Ertönet frohe Jubellieder!/Hell glänzend strahlet auf uns nieder/Der Freiheit goldne Sonne,/Verkündend Glück und Wonne./Laßt lautes Lob erschallen/Der tapfern Heldenschar,/Und bringt den Wackern allen/Den Kranz des Ruhmes dar.« Nach dem 2. Finale klingt dieser schlichte, harmonisch höchst einfache Chor (6/8-Takt, D-Dur) sehr naiv.[61]

Nach Reginas dramatischer Selbst-Befreiung[62] wendet Richard die Gedanken sehr schnell von der persönlichen Freiheit, die im 3. Akt bis dahin sehr im Vordergrund stand, auf die Freiheit als politische Idee: »Nicht hier allein ertönen Siegesklänge,/Von allen Seiten Freiheitsboten nahn,/Aus vollem Herzen jubelt froh die Menge,/Es bricht der Freiheit großer Morgen an.«[63] Es folgt nun der eigentliche Freiheitschor[64] – und dieser sieht völlig anders aus als der Eingangschor zu diesem Akt. Es handelt sich um eine große Hymne auf die Freiheit, die als Zier aller Völker bezeichnet wird und nicht nur »Glück und Wonne« verkünde. Lortzing hat diesen Text im Prinzip von Friedrich Stoltze übernommen, aber deutlich bearbeitet.[65] Vor allem aber hat er diesen Text nicht kämpferisch, sondern hymnisch angelegt, wobei man den Eindruck hat, dass ihm bei der Vertonung zuerst die 2. Strophe im Blick war, denn die Melodie ab T. 491 passt deutlich besser zu dem Text: »Ein Herz, ein Sinn« als zu »Fließ hin, o Blut«. Formal handelt es sich bei diesem Chor wiederum um ein Lied mit Vorsänger, wobei hier der Chor nur bei der Wiederholung des Refrains beteiligt ist.[66] Die 3. Strophe wird im Tutti gesungen und im Refrain umspielen die Streicher den von den Bläsern unterstützten Chor mit Dreiklangsbrechungen – eine Form, die häufig bei Zitaten von Nationalhymnen angewendet wird.[67]

[60] Klavierauszug S. 192–198.
[61] Die Szene wendet sich anschließend völlig ins Private, da Richard die Arbeiter erneut auffordert, mit ihm Regina zu befreien. Bemerkenswert ist der Schluss (T. 317–393), in dem der Chor hymnisch im 9/8-Takt um Beistand bittet: »Schenke uns Beistand tapfer zu streiten, laß uns zerstören der Bosheit Macht«. Verzichtet Lortzing hier auch auf ein ausdrückliches Gebet vor dem Kampf – hierzu ist die Situation wahrscheinlich zu privat –, so drückt er doch in diesem Schluss eine quasi-religiöse Stimmung aus.
[62] Klavierauszug S. 242, T. 426–439.
[63] Klavierauszug S. 244/245, T. 470–481.
[64] Klavierauszug S. 245–249, T. 481–559.
[65] Vgl. Vorwort zum Klavierauszug, S. XIV, und Didion 1998, S. 73–75.
[66] Rein musikalisch ist dieser Chor damit nicht so raffiniert gearbeitet wie das Trinklied im 2. Finale.
[67] Vgl. z.B. den Schluss der *Jubel-Ouvertüre* von Carl Maria von Weber mit dem Zitat des Liedes »Heil Dir im Siegerkranz«.

Dieser kurze Überblick über die »revolutionären« Teile der *Regina* macht deutlich, dass hier die Vielfalt der politischen Forderungen von 1848 viel direkter präsent ist als in Verdis *La Battaglia di Legnano*. Weil es bei Lortzing zudem um die Befreiung der Protagonistin geht, ist der Aspekt der Freiheit, statt der der Einheit, stärker betont, wobei bei den einzelnen Personen und Gruppen deutlich wird, wie verschieden dieser Begriff verstanden werden kann. Doch im durchaus nicht unproblematischen Schluss vollzieht Lortzing die Wende von der Freiheit zur Einheit und zum Vaterland, die – wie zu Beginn des Beitrages deutlich gemacht – bei aller Vielfalt der Forderungen immer mitgedacht wurde, weshalb den Zeitgenossen die Schlusswendung wohl nicht so aufgesetzt erschienen wäre, wie es einem heutigen Publikum erscheinen mag. Während bei Verdi die nationale Einheit Ausgangspunkt der Oper ist und im Schluss gegenüber der privaten Versöhnung in den Hintergrund tritt, baut Lortzing seine Oper umgekehrt auf: Die vielfältigen privaten Forderungen und Kämpfe (Arbeiter, Freischärler, Stephan) schlagen erst zum Schluss in die in dieser Zeit alle verbindende Forderung nach Freiheit und Einheit des Vaterlandes um.

Joachim Veit
Der »Deutsche, so wie er im Märchen steht«
Zu Engelbert Humperdincks Position in der Wagner-Nachfolge

Engelbert Humperdinck – ein umstrittener Komponist? Uneinigkeit über die Bedeutung seines Schaffens? Angesichts des bis heute anhaltenden ununterbrochenen Erfolgs seiner geradezu in den Rang eines »Nationalheiligtums« erhobenen, von jeglichen Problemen unbelasteten Märchenoper *Hänsel und Gretel* scheint das schwer vorstellbar. Und doch offenbart bereits ein flüchtiger Blick in die Literatur, wie weit die Urteile über dieses Schaffen auseinander liegen und wo der Komponist offensichtlich Angriffsflächen bietet, die einer simplifizierenden Rezeptionshaltung entgegenstehen, die allein die überzeitliche Qualität seiner Märchenoper im Blick hat.

Wilhelm Pfannkuch, Autor des 1957 in Band 6 der »alten« *MGG* erschienenen Artikels »Humperdinck«, fasste 1978 im *Großen Lexikon der Musik* seine Einordnung des Komponisten wie folgt zusammen:

> »Mit *Hänsel und Gretel* führte H. die deutsche Oper durch stofflichen Rückgriff auf das deutsche Volksmärchen und musikalisch weitgehend volksliedhafte Tönung aus der Stagnation des Wagner-Epigonentums heraus und stellte dem aufkommenden italienischen Verismo eine spezifisch deutsche Operngattung entgegen.«[1]

Für Carl Dahlhaus dagegen stellte sich die Frage, ob das Werk »überhaupt einer primär als Kompositions- und nicht als Rezeptions- und Sozialgeschichte begriffenen Musikhistorie« angehöre:

> »Der Erfolg von *Hänsel und Gretel* beruht [...] auf Voraussetzungen, die unkalkulierbar waren: auf einer Situation, in der sich das vom Verismo beunruhigte Bildungsbürgertum dazu gedrängt fühlte, eine Märchenoper mit Volksliedzitaten und -imitationen als Kunstwerk und musikgeschichtliches Ereignis ernst zu nehmen, statt sie als Kindertheater abzutun, und

[1] Wilhelm Pfannkuch, »Humperdinck, Engelbert«, in: *Das große Lexikon der Musik in acht Bänden*, hrsg. von Marc Honegger und Günther Massenkeil, deutsche Ausgabe, Freiburg 1978/1987, Bd. 4, S. 142. Vgl. damit den entsprechenden Artikel: Wilhelm Pfannkuch, »Humperdinck, Engelbert«, in: *MGG*, 1. Auflage, Bd. 6, Kassel 1957, Sp. 939–955.

auf einer ästhetisch nützlichen stilistischen Widersprüchlichkeit, die einem gebildeten und als Wagner-Adept aufgewachsenen Komponisten wie Humperdinck zwar durch die Wechselfälle der Werkentstehung unterlaufen, aber nicht als Plan in den Sinn kommen konnte.«[2]

Vergleicht man diese beiden Zitate mit den nachfolgenden, etliche Jahrzehnte älteren Äußerungen, zeigen sich deutliche Parallelen. So heißt es 1935 (bzw. 1943) in Hans Joachim Mosers *Musiklexikon*:

> »Ein Welterfolg wurde seine Märchenoper *Hänsel und Gretel* (...), eine sinnvolle Formatverkleinerung des Wagnerschen Mythos zum Märchen, seine zartgliedrige Leitmotivik vielfach vom Volkslied beziehend, doch auch reich an feinen selbsterfundenen Liedweisen – in der Blütezeit des Verismo ein edles Heimfinden zur Deutschheit.«[3]

Hugo Riemann tat dagegen 1901 in seiner *Geschichte der Musik seit Beethoven (1800–1900)* das Werk als eine »Art echten deutschen Liederspiels« ab, allerdings sei dessen »Erfolg trotz der stilwidrigen Einfassungen der entzückenden Genrebildchen mit dem breiten und aufdringlich prunkenden Rahmen Wagnerscher Instrumentierung und Harmonisierung« ein verblüffender gewesen.[4] Weiter heißt es:

> »Darüber ist ein Zweifel ausgeschlossen, daß nicht das Wagnerische an dem Werke, sondern vielmehr das schlicht Volksmäßige oder vielmehr das direkt dem Volksgesange entnommene diesen Erfolg bewirkt hat [...] Humperdincks Verdienst, die Kinderlieder [...] in ihrer schlichten Natürlichkeit gesetzt zu haben, ist unbestreitbar; aber freilich haben diejenigen arge Enttäuschung erfahren, welche nun in Humperdinck einen neuen Großmeis-

---

[2] Carl Dahlhaus, *Die Musik des 19. Jahrhunderts* (= Neues Handbuch der Musikwissenschaft, Bd. 6), Laaber 1980, S. 288.

[3] Hans Joachim Moser, *Musiklexikon*, hier zitiert nach der 2., völlig umgearbeiteten Auflage, Berlin 1943, S. 386. Eine populärwissenschaftliche Variante dieser Ansicht findet sich z.B. schon in der *Geschichte der Musik* von Karl Storck, Stuttgart, 2. vermehrte Auflage, 1910, S. 741, wo es heißt, *Hänsel und Gretel* »wirkte wie eine Erlösung; [...] nicht nur, weil es gesunde Waldfrische und die reine Luft deutschen Volkslebens der blutrünstigen und überhitzten Welt der italienischen veristischen Oper gegenüberstellte, sondern weil hier endlich ein Werk wahrer Wagnernachfolge entstanden war. Wenn auch nicht in allen Einzelheiten, so war doch im großen und ganzen die Verkleinerung des Formats geglückt. Außerdem war durch das Zurückgehen aufs Volkslied eine hohe Bereicherung des rein Musikalischen erreicht.«

[4] Riemann, *Geschichte der Musik seit Beethoven (1800–1900)*, Berlin u. Stuttgart 1901, S. 650.

ter der Bühnenkomposition kommen sahen. [...] Der elementare Erfolg dieses Straußes von Volksmelodien ist [...] nur eine der Aeußerungen der Uebersättigung des Publikums mit der schweren Kost der Wagnerischen potenzierten Romantik.«[5]

Fünf Jahre zuvor hatte schon Eduard Hanslick bestritten, dass Humperdinck ein wirklicher »musikalischer Erfinder« sei und andererseits behauptet: »Humperdincks Persönlichkeit geht völlig in Wagner auf, was sich ja auch biographisch erklärt.«[6]

Die unterschiedliche Bewertung von Humperdincks Erfolgswerk lässt sich also bis zu seinen Zeitgenossen zurückverfolgen und bis heute scheint kein Konsens in der Frage nach Humperdincks Eigenständigkeit und dem Grad seiner – als Tatsache eigentlich nie bestrittenen – Abhängigkeit von Wagner erreichbar. Wie bei Weber der ausschließliche Blick auf den *Freischütz*, so scheint bei Humperdinck eine auf *Hänsel und Gretel* verengte Sicht wesentliche Dimensionen seines Schaffens im Dunkeln zu lassen. Bei dem folgenden Annäherungsversuch an dieses Schaffen soll daher ein anderes, für sein künstlerisches Credo aufschlussreicheres Werk im Mittelpunkt stehen: das 1897 erstaufgeführte Melodram in drei Akten *Königskinder*.

Um die Stellung dieses Werkes in der Wagner-Nachfolge verständlicher zu machen, seien vorab einige Details der Biographie Humperdincks kurz hervorgehoben und kommentiert:

1. Humperdinck hat bis zu seinem Eintritt ins Kölner Konservatorium 1872 (also bis zum 18. Lebensjahr) keinerlei systematischen Musikunterricht erhalten. Seine Kompositionsversuche, etwa die von ihm so bezeichneten »kinderarbeiten vom Paderborner gymnasium«[7], beruhen auf autodidaktischen Studien fremder Werke. Gegenüber der Mutter äußerte er am 3. März 1871: »Dieses Componiren ist eigentlich gar kein Componiren, sondern gewissermaßen ein Bummeln und Tummeln in der Musik [...].«[8]

---

[5] Ebd., S. 650f.
[6] Eduard Hanslick, »*Hänsel und Gretel*. Märchenspiel in drei Bildern von E. Humperdinck. (1894.)«, in: Eduard Hanslick, *Fünf Jahre Musik*, Berlin 1896, S. 138.
[7] Engelbert Humperdinck, *Briefe und Tagebücher*, Bd. 1 (1863–1880), hrsg. von Hans-Josef Irmen (= Beiträge zur Rheinischen Musikgeschichte, Heft 106), Köln 1975, S. 121.
[8] Humperdinck, *Briefe und Tagebücher*, Bd. 1, S. 15. Auch in dem Zeugnis, das ihm Hiller am 17. Juni 1877 ausstellte, heißt es, dass er zuvor »keinen theoretischen Unterricht genossen hatte« (ebd., S. 41).

Titelblatt des Klavierauszugs der Melodramfassung von Humperdincks *Königskindern*

Dennoch zeigte sich in diesen weitgehend verlorenen Arbeiten so viel Talent, dass Ferdinand Hiller ihn 1872 mit einer Freistelle ins Kölner Konservatorium aufnahm.

2. Nicht zu unterschätzen ist die Rolle der Familie für Humperdincks Denken und Schaffen: In dem Altphilologen-Haushalt spielten Literatur und Musik eine große Rolle, wie nicht nur an den Aufführungen der häuslichen Liederspiele abzulesen ist. Der Vater war selbst schriftstellerisch tätig, er diskutierte seine Projekte mit dem Sohn und beide befassten sich z. B. ausführlich mit Fragen der Metrik oder Deklamation von Texten, die zur Vertonung vorgesehen waren.[9] Humperdinck entwickelte dadurch früh ein Sensorium für die Erfordernisse der Textvertonung, andererseits aber gewöhnte er sich auch die umfassende Beschäftigung mit Textvorlagen und deren Hintergründen an – wie dies etwa für die Vorbereitungsphase zur Komposition seiner Musik zu Aristophanes *Fröschen* belegt ist.[10] Nicht zuletzt die von Irmen erstmals aufgedeckte Rolle des Vaters und des Schwagers Hermann Wette bei der Entstehung des offiziell der Schwester Adelheid zugeschriebenen *Hänsel-und-Gretel*-Textes belegt die auch in den Briefen erfahrbare anregende Atmosphäre dieses Hauses.[11]

3. Die aufgrund seines labilen Gesundheitszustands vielfach unterbrochene fünfjährige Ausbildung in Köln darf man trotz Hillers anti-Wagnerischer Einstellung nicht pauschal als »konservativ« bezeichnen. Erst 1879 schrieb Humperdinck rückblickend: »im Konservatorium waltet augenblicklich statt der früheren fortschrittlichen tendenz ein reaktionärer geist [...].«[12] Wenn er im August 1877, mittlerweile zur weiteren Ausbildung in München, dem Vater mitteilt, er hoffe, »was ich in Köln versäumt, gründlich nachzuholen«,[13] so bezieht sich das offensichtlich auf die Komposition von Opern, die in Köln keine Rolle spielte.

---

[9] Vgl. etwa Humperdinck, *Briefe und Tagebücher*, Bd. 1, S. 61f. und öfter; vgl. auch das S. 82 erwähnte *Midas*-Projekt oder das Jean-Paul-Projekt, das offensichtlich ebenfalls auf eine Textfassung des Vaters geplant war (ebd., S. 44, 46).

[10] So heißt es z. B. in einem Brief vom 24. Juli 1879 an Degen: »Vorläufig beschäftige ich mich nur mit Vorstudien über das attische Theater, altgriechische Musik und die Komödie des Aristophanes insbesondere [...]« (Humperdinck, *Briefe und Tagebücher*, Bd. 1, S. 91).

[11] Hans-Josef Irmen, *Hänsel und Gretel. Studien und Dokumente zu Engelbert Humperdincks Märchenoper*, Mainz u.a. 1989.

[12] Humperdinck, *Briefe und Tagebücher*, Bd. 1, S. 94, Brief vom 10. September 1879 an Oskar Merz.

[13] Humperdinck, *Briefe und Tagebücher*, Bd. 1, S. 44, Brief an den Vater vom 1. August 1877.

4. Mit dem Wechsel nach München in die Ausbildung durch Franz Lachner und Josef-Gabriel Rheinberger begab sich Humperdinck wiederum in die Obhut von Lehrern, die Wagner skeptisch bzw. sogar feindlich gegenüberstanden. Insbesondere von dem Unterricht des als »Fugen-Seppel« titulierten Rheinberger scheint Humperdinck aber erheblich profitiert zu haben.[14]
5. Trotz dieser eher Wagner-fernen Ausbildung wäre es völlig falsch, Humperdincks Wechsel auf die »Gegenseite« erst mit seinem Engagement als Kopist der *Parsifal*-Partitur am 22. Mai 1880 in Neapel anzusetzen. Der Keim der Wagner-Begeisterung war wesentlich früher gelegt worden, was im Folgenden ausgeführt werden soll.[15]

Erstmals erlebt hat Humperdinck den Bayreuther Meister wohl am 24. April 1873 bei einem Kölner Werbekonzert für den Festspielfond.[16] Im folgenden Jahr hinterließ der Besuch von Aufführungen der *Meistersinger* und der *Walküre* bereits Spuren in einer Bearbeitung von »Wotans Abschied« und »Feuerzauber« für Klavier zu vier Händen.[17] Erste Anzeichen eines Wagnerschen Einflusses im eigenen Werk findet der Kritiker des *Bayerischen Kurier* 1878 in

---

[14] Rückblickend bezeichnete er am 22. April 1885 die zwei Jahre an der Münchner Musikschule als »wohl die produktivste und wertvollste zeit meines Lebens« (Humperdinck, *Briefe und Tagebücher*, Bd. 3, Kassel 1983, S. 108).

[15] Zur Frage der Abhängigkeit von Wagner vgl. auch Armin Raab, »Engelbert Humperdinck – ein Epigone Richard Wagners«, in: *Hundert Jahre Hänsel und Gretel von Engelbert Humperdinck. Begleitheft zur Ausstellung der Stadt- und Universitätsbibliothek Frankfurt am Main 2. Februar – 25. März 1994*, hrsg. von Ann Barbara Kersting, Frankfurt 1994, S. 24–38. Dort finden sich S. 26 f. auch einige weitere Zitate zur musikgeschichtlichen Einordnung Humperdincks. Raab beschäftigt sich in seinem Beitrag vor allem mit dem Parteienstreit in München, mit Humperdincks Besuchen bei Wagner und der *Parsifal*-Arbeit sowie seinem Wirken für die »Bayreuther Idee«. In den letzten beiden Abschnitten geht er auch auf die Wagnerschen Einflüsse auf Humperdincks Werk ein und verweist auf etliche konkrete Bezüge, vgl. dazu besonders S. 36 f. Raab sieht die Wagner-Nachfolge, auch wenn dies paradox klinge, »gerade im Ausweichen vom Mythos auf das Märchen« (ebd., S. 37.) und schreibt zusammenfassend, »es geht ihm um eine weltanschauliche, kunstphilosophische Nachfolge, es geht mehr darum, die Ziele Wagners zu verfolgen, als seine Methoden nachzuahmen. Für Humperdincks eigenes Schaffen bedeutet dies, nicht Wagners Dramaturgie und Musiksprache zu imitieren, sondern ihre Prinzipien auf neue Wege zu übertragen« (ebd., S. 38).

[16] Humperdinck, *Briefe und Tagebücher*, Bd. 1, S. 28.

[17] Ebd., S. 29, vgl. EHWV 191 (die Werkverzeichnisnummern im Folgenden nach: *Engelbert Humperdinck. Werkverzeichnis. Zum 140. Geburtstag. Seinem Andenken gewidmet von seiner Enkelin Dr. Eva Humperdinck gen. Sr. M. Evamaris*, Koblenz 1994).

Humperdincks Heine-Kantate *Die Wallfahrt nach Kevlaar*, die in der Münchner Musikschule erstaufgeführt wurde und die der Komponist als Huldigung an die von ihm vergeblich angebetete »Marie« Streicher schrieb.[18] Der Kritiker bemängelt, dass »die dermalen moderne Richtung« den jungen Leute so stark im Kopf spuke, »daß wir stellenweise Stücke aus der Wagnertrilogie zu hören bekommen«[19] – eine offensichtlich übertriebene Formulierung, da Humperdinck sonst kaum geplant hätte, das Werk Hiller zuzusenden und ihm zu dedizieren.[20] Dass aber tatsächlich die Wirkung von Wagners Werken Humperdinck in dieser Zeit verunsicherte, zeigt eine Bemerkung im Brief an seinen väterlichen Freund Johannes Degen vom 17. September 1878:

> »Seit dem Klavierquintett ist bis zu diesem sommer ein sehr unproduktiver zeitraum von 1 1/2 jahren gewesen; ich war während dieser zeit über meinen stil sehr im unklaren; wahrscheinlich ist es Wagner gewesen, der mich vollständig verwirrte, so dass ich mich ordentlich scheute, eine ehrliche melodie zu erfinden und mich auf motivarbeit beschränkte […]«.[21]

Erst mit der *Wallfahrt* habe er sich »der naiven composition wieder zugewandt«, heißt es weiter. Im darauf folgenden Brief tauchen erneut Fragen nach der »einzuschlagende[n] richtung« auf:

> »Was bleibt denn anders für die kleinen epigonen übrig als zu vermitteln? Zwar wird zunächst die folge hiervon sein, dass die werke aus einer solchen richtung zuerst ein gewisses schwanken kennzeichnet und dass sich verhältnismäßig spät ein bestimmter stil daraus entwickelt«[22].

Wenige Wochen später besuchte Humperdinck in München die von Hermann Levi geleiteten *Ring*-Vorstellungen und notierte am 19. November im Tagebuch: »Nie ist mir das wesen und die bedeutung des ›Gesammtkunstwerkes‹ so aufgegangen, wie beim 1. Akt und bei Wotans abschied von der Walküre«.[23] Ende

---

[18] Vgl. den Brief vom 7. Juli 1878 an Marie Streicher, wo es u.a. heißt: »allerdings ist es auch weniger die himmelkönigin, als meine herzenskönigin, an die ich dabei gedacht« (Humperdinck, *Briefe und Tagebücher*, Bd. 1, S. 64).
[19] Abgedruckt in Humperdinck, *Briefe und Tagebücher*, Bd. 1, S. 67.
[20] Vgl. Brief an Johannes Degen vom 17. September 1878, Humperdinck, *Briefe und Tagebücher*, Bd. 1, S. 69 und 21. Oktober 1878, S. 71.
[21] Humperdinck, *Briefe und Tagebücher*, Bd. 1, S. 69.
[22] Humperdinck, *Briefe und Tagebücher*, Bd. 1, S. 70.
[23] Humperdinck, *Briefe und Tagebücher*, Bd. 1, S. 76. Aufführungen des *Siegfried* unter Levi hatte Humperdinck bereits im Sommer zweimal besucht; vgl. dazu auch *Engelbert Humperdinck in seinen persönlichen Beziehungen zu Richard Wagner, Cosima Wagner, Siegfried Wagner, dargestellt am Briefwechsel und anderen Aufzeichnungen*, hrsg. von Eva Humperdinck, Bd. 1, Koblenz 1996, S. 18.

Dezember erwähnt er einen häuslichen Musizierkreis, bei dem man gemeinsam versucht habe, die »noch ausständige *Parsifal*musik in unserer phantasie« auszumalen,[24] und am 4. April 1879 schreibt Humperdinck an Degen: »Den Ring des Nibelungen lerne ich nun von neuem kennen; ich habe mir vom kgl. Hoftheater die partitur geliehen und studire fast alle tage in diesem wunderbuche.«[25]

Aber nicht nur auf musikalischem Gebiete steht die Beschäftigung mit Wagner in dieser Zeit hoch im Kurs: Am 16. Mai 1879 empfiehlt Humperdinck Degen dringlich die Lektüre des *Parsifal* sowie die Erläuterungen Ludwig Schemanns in den ersten Nummern der *Bayreuther Blätter* dieses Jahrgangs, ja verweist ihn auch auf die Beiträge von Hans von Wolzogen, »Im neuen Jahre« und »Ueber Verrottung und Errettung der deutschen Sprache« sowie C. Fr. Glasenapps Beitrag »Die Kunstschriften Richard Wagner's aus dem Jahre 1849«.[26] Humperdinck war, wie der Briefwechsel bestätigt, ein eifriger Leser der seit 1878 erscheinenden *Bayreuther Blätter* und er gehörte als Mitglied in dem 1872 von seinem Münchner Studienfreund ins Leben gerufenen »Orden zum heiligen Gral«[27] auch dem 1877 begründeten Bayreuther Patronatverein an, der sich vornehmlich die »dauernde Ermöglichung stylvoller Wiedergebungen deutscher dramatischmusikalischer Meisterwerke in der rein künstlerischen Weise ausserordentlicher Bühnenfestspiele an der eigens dafür geschaffenen Stätte des Bayreuther Büh-

---

[24] Humperdinck, *Briefe und Tagebücher*, Bd. 1, S. 81.
[25] Humperdinck, *Briefe und Tagebücher*, Bd. 1, S. 84.
[26] Humperdinck, *Briefe und Tagebücher*, Bd. 1, S. 85; vgl. *Bayreuther Blätter. Monatsschrift des Bayreuther Patronatvereines unter Mitwirkung Richard Wagner's redigirt von H. v. Wolzogen*, Jg. 2, 1. Stück (Januar 1879), S. 1–11 (Wolzogen, »Im neuen Jahre«), S. 12–29 (Schemann, »Die Gral- und die Parzival-Sage in ihren hauptsächlichsten dichterischen Verarbeitungen«, Teil 1); 2. Stück (Februar 1879), S. 33–46 (Wolzogen »Ueber Verrottung«, Teil 1), S. 47–54 (Schemann, Teil 2); 3. Stück (März 1879), S. 57–65 (»Verrottung«, Teil 2), S. 66–78 (Schemann, Teil 2); 4. Stück (April 1879), S. 89–105 (Glasenapp, Teil 1), S. 106–116 (Schemann, Teil 3), S. 116–120 (»Verrottung«, Teil 3); 5. Stück (Mai 1879), S. 135–149 (»Verrottung«, Teil 4). Die Artikel wurden z. T. in späteren Nummern fortgesetzt.
[27] In Jg. 1, 5. Stück der *Bayreuther Blätter* (Mai 1878), wird auf S. 139–141 über diese neben dem Wagnerverein schon seit 1872 bestehende »Gesellschaft treuer Anhänger Wagnerischer Kunst« berichtet: »Den Urstock desselben bildete eine Anzahl junger Freunde, die, schon eine Reihe von Jahren warme Anhänger der Wagnerischen Richtung, den lebhaften Drang empfanden durch gemeinschaftliches Zusammenwirken eine allgemeinere Kenntniss der Wagnerischen Kunstideen zu fördern«. In einer Versammlung vom 1. Dezember 1877 wurde der Beitritt des Ordens zum Münchner Zweigverein des *Patronatvereins* beschlossen, außerdem beschloss man, von nun an »den speziellen Zweck der Richard Wagner-Schule in Bayreuth materiell nach Kräften zu unterstützen«. Die gegenwärtige Mitgliederzahl wird mit »23« angegeben, dem Vorstand gehörten u. a. die Begründer Fritz Hartmann und Oskar Merz an.

nenfestspielhauses« zum Ziel gesetzt hatte.²⁸ Als »letztanzustrebendes Ziel« ist in den Statuten auch die Einrichtung einer »ständigen schulartigen Institution zur Ausbildung junger Dirigenten, Sänger und Musiker« unter Wagners Leitung genannt – für dieses Ziel scheint Wagner später u. a. Humperdinck mit vorgesehen zu haben; er starb aber, bevor er diese Idee in die Praxis umsetzen konnte.²⁹

Der Umgang mit diesen Wagner-Anhängern und die Lektüre der *Bayreuther Blätter* scheinen Humperdincks Denken bereits vor seinem Engagement für Bayreuth tief geprägt zu haben. Eine Bemerkung im Tagebuch 1879 nach der Lektüre von Treitschkes *Deutscher Geschichte des XIX. Jahrhunderts* etwa entspricht ganz der Sicht in Wagners tendenziösem Artikel »Was ist deutsch?« im zweiten Heft der *Bayreuther Blätter*:³⁰ »Unter allen völkern Europas war es dem deutschen vorbehalten, zuerst nach langen jahrhunderten mit dem althellenischen geiste sich innig vertraut zu machen.«³¹

Und das plötzlich erwachende Interesse am Theoretisieren, der Plan, eine Ästhetik der Musik zu verfassen, bei der das Problem der »Tonmalerei« im Mittelpunkt stehen sollte, ist sicher nicht zufällig in die Zeit der ersten Begeg-

---

28 Zitat aus einem Flugblatt »Zur Benachrichtigung!«, das den *Bayreuther Blättern*, 2.Jg. (1879) Heft 2, beigelegt wurde. Die Mitgliedschaft wird u. a. aus einer Äußerung in einem Brief vom 6. November 1879 an die Mutter deutlich, wo Humperdinck erwähnt, dass im Sommer 1881 die erste *Parsifal*-Aufführung zu erwarten sei, »wozu ich als vereinsmitglied unentgeltlich zutritt habe« (Humperdinck, *Briefe und Tagebücher*, Bd. 1, S. 106).

29 Zitiert aus dem o. g. Flugblatt. Zu diesen Plänen vgl. u. a. die Briefe an die Eltern vom 15. Februar 1883 und an Hermann Wette vom 16. Februar 1883, Humperdinck, *Briefe und Tagebücher*, Bd. 2, Köln 1976, S. 123 bzw. 126. Wagners Plan scheint auch von den Erben zunächst weiterverfolgt worden zu sein, denn am 11. April 1884 heißt es in einem Brief an Wette: »Man wünscht, dass ich mich dauernd in Bayreuth niederlassen soll und zwar – wie es bereits Wolzogen in einem briefe von weitem andeutete – als *Leiter* der von Richard Wagner so lange geplanten und nun endlich neu zu errichtenden *Bayreuther Schule für Musteraufführungen*, nachdem Bülow sich geweigert hat aus naheliegenden gründen.« (Humperdinck, *Briefe und Tagebücher*, Bd. 3, S. 68).

30 Jg. 1, 2. Stück (Februar 1878), S. 29–42; vgl. S. 32f.: »Man kann ohne Uebertreibung behaupten, dass die Antike [...] unbekannt geblieben sein würde, wenn der deutsche Geist sie nicht erkannt und erklärt hätte.« – Die Kaiser- und Bismarckkritischen Sentenzen dieses Artikels hatten offensichtlich in Berlin zu Unmut geführt, was wiederum den »Orden vom heiligen Gral« veranlasste, eine Sonderspende für den Patronatsfond mit einem entsprechenden Schreiben zu überreichen (vgl. Jg. 1, 10. Stück, Oktober 1878, S. 303f.). Die Spende erhielt pikanterweise den Zusatz »Wilhelms-Spende«, der in dem Schreiben offiziell auf den Namen »Wilhelm Richard Wagner« zurückgeführt wurde.

31 Humperdinck, *Briefe und Tagebücher*, Bd. 1, S. 98.

nung mit Wagner in Italien zu datieren: »Nun ist aber gerade das problem der ›Tonmalerei‹ namentlich in folge der neuesten kunstschöpfungen R. Wagners für mich eins der anziehendsten und gehaltreichsten zugleich geworden«, heißt es in einem Brief an Hermann Wette vom 2. April 1880.[32] Dieses Thema spielt in den Diskussionen mit Wette in der folgenden Zeit eine große Rolle und daher kann wohl Wettes Einordnung Wagners in einem Brief vom 10. April 1880 durchaus auch als gemeinsame Sicht der Freunde angesehen werden:

> »[...] zum Anderen [...] hat meiner Ansicht nach, [...] die Musik in Deutschland mit Wagner ihren Höhepunkt erreicht; er hat ja unseren ganzen Nationalstolz gehoben und alle nur denkbaren Charaktere deutscher Art in's musikalische Dasein gesetzt, wie Goethe seinerzeit in Poesie. Mag sein, daß noch viele Nachzügler kommen, die mit helfen, den reichen Schatz unserer deutschen Poesie mit musikalischer Begleitung zu versehen, jedenfalls haben wir klar bekommen durch unseren Meister Richard, welche Aufgaben der Musik zu stellen sind. –«[33]

Unter dem Einfluss Wagners und dann auch Ernst von Wolzogens, mit dem Humperdinck Anfang 1881 in Bayreuth rasch in Kontakt kam, entwickelte Humperdinck Umrisse eines »system[s] der ›Plastik‹ (d.i. der künste)«.[34] Ausgangspunkt war dabei für ihn das Phänomen der »Bewegung«, die die »raumplastik« quasi »entzeitlicht« darstelle (etwa in einer Kämpferstatue), während sich z.B. in der Tanzkunst »räumliche und zeitliche« Plastik »in vollkommenster weise durchdringen und unterstützen«. Musik sei dagegen eine »enträumlichte [...] plastik des reinzeitlichen«, wobei in früheren Zeiten noch das raumbildende Element der »Form« (etwa der Fuge oder Sonate) vorherrschte und erst Beethoven begonnen habe, diese »plastik in der musik« »zur vollkommenheit auszubilden«. Die aufblühende Oper habe sich dieser neuen Versuche, das »außer uns befindliche zeitliche (enträumlichte bewegung) zum objekt musikalischer darstellung zu machen«, bemächtigt. Weiter heißt es: »In demselben maße, als die plastik fortschritte machte, verliert die form von ihrer bedeutung, so daß sie jetzt bei R. Wagner eine untergeordnete rolle spielt, während er mit vollem recht als der größte musikalische Zeitplastiker anzusehen ist.« Die Musik strebe aber, die »engen grenzen der

---

[32] Humperdinck, *Briefe und Tagebücher*, Bd. 1, S. 114.
[33] Humperdinck, *Briefe und Tagebücher*, Bd. 1, S. 116.
[34] Brief an H. Wette vom 9. April 1881, Humperdinck, *Briefe und Tagebücher*, Bd. 2, S. 17; dort ist auch davon die Rede, dass »Wagner, Wolzogen u. a.« ihn in seinen Gedankengängen bestärkt hätten. Am 23. Juni 1881 heißt es in einem Brief an J. Degen: »Herr von Wolzogen fängt an sich lebhaft für meine schriftstellerischen versuche zu interessiren« (Bd. 2, S. 45).

zeitplastik durch eine anleihe an das causale element in unserem vorstellungsapparate zu erweitern«, und dies tue sie in Verbindung mit der Poesie. »Tritt nun zu der blos räumlich-zeitlichen bewegung eine causale objektivation vervollständigend hinzu, so wird aus der Tanzkunst die schauspielkunst, als plastik des räumlich-causalen.« Wird das »drama als causalplastik« durch die »einführung der Zeitplastik« zum »musikalischen Drama«, so wird nunmehr die darzustellende »bewegung« »nicht nur räumlich und causal, sondern auch zeitlich genau fixiert. Das musikalische Drama erscheint demnach als die *Plastik der bewegung* überhaupt, in welcher alle 3 gehirnfunktionen Raum, Zeit und Causalität sowohl einzeln, wie gleichzeitig zusammen thätig sind und in mitleidenschaft gezogen werden«.[35]

Diese durch die Lektüre von Kants *Kritik der reinen Vernunft* bzw. durch Schopenhauers Kant-Kritik angeregten, sicher noch recht vagen Ideen[36] sind ohne die Lektüre von Wagners Schriften kaum denkbar. In dem von Glasenapp in den *Bayreuther Blättern*[37] besprochenen *Kunstwerk der Zukunft* war bekanntlich der Versuch der »Wiedervereinigung der drei menschlichen Kunstarten« Tanzkunst, Tonkunst und Dichtkunst zentraler Gegenstand, und möglicherweise hat auch ein Abschnitt in Wagners Beethoven-Aufsatz, in dem das Verhältnis von Raum und Zeit und das »Verhalten der Musik zu den plastischen Formen der Erscheinungswelt« mit dem Verweis auf Schopenhauer thematisiert werden, hier anregend gewirkt.[38]

35 Alle Zitate aus den Postkarten, die Humperdinck im April 1881 an Hermann Wette schrieb, vgl. Humperdinck, *Briefe und Tagebücher*, Bd. 2, S. 15–20.
36 Vgl. dazu Humperdinck, *Briefe und Tagebücher*, Bd. 2, S. 14. Im Brief vom 14. April 1881 bekennt Humperdinck, dass er bis zu seinen ersten Entwürfen des Systems nur die beiden Vorreden Kants gelesen hatte und »den eigentlichen inhalt seiner lehre aus Schopenhauers kritik kennen lernte« (ebd., S. 27). Im gleichen Brief empfiehlt er Wette allerdings die Reclam-Ausgabe der *Kritik der reinen Vernunft*, die er inzwischen offensichtlich studiert hatte. Die Schopenhauer-Lektüre ist in den Kalendernotizen ebenfalls erwähnt (vgl. Humperdinck, *Briefe und Tagebücher*, Bd. 2, S. 11 u. 13). Demnach nahm Humperdinck seine Anregungen aus dem »§ 13. Noch einige Erläuterungen zur Kantischen Philosophie«, aus den *Parerga und Paralipomena*, Bd. 1 (vgl. in der Ausgabe von Arthur Hübscher, *Arthur Schopenhauer. Sämtliche Werke*, Bd. 1, Wiesbaden 1966, S. 84–138). In einem Brief an Johannes Degen vom 23. Juni 1881 heißt es: »Inzwischen vertreibe ich mir übrig bleibende zeit mit philosophiren (Schopenhauer) und treibe nebenbei etwas Aesthetik auf eigene faust. Ich habe nichts geringeres vor als die ganze bisherige kunstwissenschaft von Aristoteles an auf den kopf zu stellen und ein neues system auf Kantischer grun[d]lage aufzubauen« (Humperdinck, *Briefe und Tagebücher*, Bd. 2, S. 45).
37 Vgl. speziell Jg. 2, 6. Stück (Juni 1879), S. 153–167, Zitat S. 161.
38 Vgl. *Richard Wagner. Gesammelte Schriften und Dichtungen*, hrsg. von Wolfgang Golther, Berlin u. a. o. J., Bd. 8, S. 76f.

Die frühe Hinwendung Humperdincks zu Wagner wurde hier so ausführlich geschildert, um zu verdeutlichen, dass nicht erst das von Humperdinck als Glücksfall seiner Biographie empfundene Engagement für die *Parsifal*-Kopie und -Aufführung ihn zum Wagnerianer gemacht hat. Das spätere enge Verhältnis zu Wagner bzw. dessen Familie ist in der Literatur ausreichend dokumentiert (darunter auch sein vehementes Eintreten für die Idee, Aufführungen des »Bühnenweih-Festspiels« an Bayreuth zu binden);[39] wichtig scheint in unserem Zusammenhang aber die Frage nach den Folgen für Humperdincks eigenes Schaffen. Anfang 1882 schrieb er seinem Freund Degen: »Bayreuth ist für mich ein ort der reinigung, ein fegefeuer des künstlerischen geschmackes. So lange die vorbereitungen zur aufführung des ›Parsifal‹ währen, will ich an der läuterung meines ganzen wesens arbeiten und keine noten schreiben, welche keinen teil daran haben.«[40] Klares Ziel für die Zeit danach aber war die Komposition einer Oper, wobei er dem Freund bekannte, dass er »nach W[agner]s ausdrucke nicht ›heuchlerisch‹ componiren« könne, »trotz der großen verehrung für ihn«.[41]

Wich er mit der erst 1893 fertiggestellten Märchenoper *Hänsel und Gretel* den Herausforderungen der Wagner-Nachfolge aus? Und erst recht mit der melodramatischen Umsetzung der nachfolgenden märchenhaften *Königskinder*? Nur diese zweite Frage sei im Folgenden aufgegriffen und mit einigen thesenartigen Ausführungen zu beantworten versucht.

1. Trotz beider Ursprünge im Märchen sind *Hänsel und Gretel* und *Königskinder* nicht vergleichbar.[42] Das 1895 publizierte »deutsche Märchen in drei

[39] Bezeichnend ist hier Friedrich Röschs Bemerkung: »Bisher hat, wie allgemein bekannt, Humperdinck unangefochten als einer der echtesten Wagnerianer gegolten. [...] Nicht minder bekannt dürfte sein, daß ›Meister Engelbert‹ gerade in den engeren Bayreuther Kreisen und ganz speziell im Hause Wahnfried als *persona gratissima* gilt, sogar insoweit, daß er mit unverkennbarer Vorliebe [...] gar als Musterbild eines echt legitimen Wagner-Nachfolgers hingestellt wird«; vgl. F. Rösch, »Noch einmal die ›*Königskinder*‹«, in: *Allgemeine [Deutsche] Musik-Zeitung*, Jg. 24, Nr. 19 (7. Mai 1897), Sp. 286.
[40] Brief an Degen vom 8. Januar 1882, Humperdinck, *Briefe und Tagebücher*, Bd. 2, S. 65; dort auch die folgende Äußerung zum Plan, eine Oper zu komponieren.
[41] Brief an Degen vom 1. Juli 1880, Humperdinck, *Briefe und Tagebücher*, Bd. 1, S. 124.
[42] Trotz des im Folgenden betonten Gegensatzes der beiden Libretti sei aber auf Raabs Warnung verwiesen, den Text von *Hänsel und Gretel* als »Kindertümelei« abzutun; vielmehr handele es sich hier um eine »Kunstsprache mit gleichsam eigenen Sprachgesetzen« und »die politische Zielsetzung dieser sehr wohl planvoll und zitathaft, also alles andere als naiv angesetzten Volkstümlichkeit« des Werkes sollte nicht übersehen werden (Raab 1994, S. 38).

Akten« der Tochter des Wagnerianers Heinrich Porges und Ehefrau des in München als Rechtsanwalt, Kunst- und Theaterkritiker gleichermaßen gefürchteten Max Bernstein, Elsa Bernstein-Porges, ist ein »Kunstprodukt« voller literarischer Anspielungen und Symbole und weit entfernt von den naiven Märchenvorlagen, aus denen wichtige Motive der Handlung stammen.[43] Elsa Bernsteins Schaffen, etwa ihr 1894 erschienenes fünfaktiges Schauspiel *Dämmerung*, stand zunächst in enger Verbindung zum Naturalismus Gerhart Hauptmanns, der im literarischen Salon des Ehepaars Bernstein ebenso verkehrte wie etwa Henrik Ibsen, Theodor Fontane u.a. Dass diese hellwache Schriftstellerin und Gattin eines Anwalts, der mit zur Aufhebung der Sozialistengesetze beigetragen hatte, ausgerechnet in einer Zeit, in der der neue umstrittene Kaiser Wilhelm II. eine geradezu »romantische Herrscherattitüde« vertrat, sich der Gattung des Märchens zuwandte und gleich in mehreren Texten die Problematik des »Königtums« thematisierte, darf wohl nicht als eine naive Wendung zu überzeitlichen oder inneren Werten missverstanden werden, vielmehr dürfte der Titel »deutsches Märchen« durchaus hintersinnig verwendet sein.[44] Wenn Richard Batka die *Königskinder* noch 1911 als ein

---

[43] *Königskinder. Ein deutsches Märchen in drei Akten von Ernst Rosmer*, Berlin: S. Fischer, 1895. Elsa Bernstein hatte auch ihre vorausgehenden Schauspiele und Novellen unter diesem Pseudonym publiziert. – Zu Elsa und Max Bernstein und ihrer Stellung im Münchener Kulturleben vgl. Jürgen Joachimsthaler, *Max Bernstein. Kritiker, Schriftsteller, Rechtsanwalt (1854–1925). Ein Beitrag zur Literatur-, Rechts-, Zensur-, Kultur-, Sozial- und allgemeinen Geschichte zwischen 1878 und 1925 mit Ausführungen zum »Naturalismus«, zur praktischen Anwendung des Sozialistengesetzes, zu Ibsen, Conrad, Gerhard Hauptmann und anderen Zeitgenossen* (= Regensburger Beiträge zur deutschen Sprach- und Literaturwissenschaft, Reihe B/Untersuchungen, Bd. 58), Frankfurt a. M. 1995. Vgl. auch das Kapitel »*Königskinder* im Salon – Zum Leben und Schaffen Elsa Bernsteins« in: *Elsa Bernstein. Das Leben als Drama. Erinnerungen an Theresienstadt*, hrsg. von Rita Baka und Birgit Kiupel, Hamburg ²2005, S. 11–26, und Bernd Distelkamp, »*Eine innige Verschmelzung von Wort und Musik...«. Untersuchungen zur Entstehungsgeschichte der Märchenoper ›Königskinder‹ von Elsa Bernstein und Engelbert Humperdinck* (= Veröffentlichungen des Geschichts- und Altertumsvereins für Siegburg und den Rhein-Sieg-Kreis e. V., Bd. 24), Siegburg 2003, dort speziell Kapitel II, S. 18–35. Distelkamp hat sich auch ausführlicher mit dem Verhältnis zu den Vorbildern in den Märchensammlungen der Gebrüder Grimm und weiteren literarischen Anregungen befasst (vgl. S. 46–66).

[44] Bezeichnend dafür ist auch die Formulierung Heinrich Porges' in seinem Brief vom 12. Dezember 1894, in dem er ihm erstmals mitteilt, dass seine Tochter »im Herbst 1893 ein als ›Deutsches Märchen‹ betiteltes Drama ›Königskinder‹ geschrieben hat« (vgl. Eva Humperdinck, »Die Entstehung des Melodram ›Königskinder‹ von Engel-

»Tendenzmärchen« bezeichnete[45] oder Cosima Wagner gar erwähnt, dass man in dem Werk »die Geschichte des Judentums [...] symbolisch dargestellt« sehen wollte,[46] sind dies Hinweise auf Symbole und Anspielungen, die Humperdinck bei seiner Lektüre ebenso wenig verborgen geblieben sein können wie die vielfältigen Bezüge zu Wagners Musikdramen, denen man auch in anderen Werken Bernsteins begegnet[47].

2. Humperdinck komponierte nicht – wie ursprünglich vorgesehen – die von Elsa Bernstein in einem Brief vom 29. Dezember 1894 skizzierte Schauspielmusik, die im wesentlichen »Stimmung und Gefühlsausdruck« liefern und für das Stück das sein sollte, »was der Goldgrund für die Bilder der alten Meister ist«,[48] vielmehr schrieb er 24 Nummern, die wesentliche Momente der Handlung in meist melodramatische Musik umsetzten. Damit wandte

bert Humperdinck im Spiegel seines Briefwechsels«, in: *Engelbert Humperdinck zum 70. Todestag* (= Veröffentlichung des Geschichts- und Altertumsvereins für Siegburg und den Rhein-Sieg-Kreis e. V., Bd. 18), Siegburg 1992, S. 15; nochmals hrsg. als geringfügig veränderte Neuauflage: Eva Humperdinck, *Königskinder. Ein Märchen in drei Akten von Ernst Rosmer. Musik von Engelbert Humperdinck. Briefe und Dokumente zur Entstehungs- und Wirkungsgeschichte des Melodrams »Königskinder«*, Koblenz 2003, dort ebenfalls S. 15). Der Titelzusatz fiel bei der Veröffentlichung des Klavierauszugs weg! An ihm nahmen aber auch die Wagnerianer Anstoß, so Friedrich Rösch und Paul Masorp, vgl. dazu weiter unten.

[45] Zitiert nach Wolfram Humperdinck, *Engelbert Humperdinck. Das Leben meines Vaters*, 1. Auflage Frankfurt 1965, Neuausgabe Koblenz 1993, S. 279. Vgl. dazu auch die Bemerkung in einem auf die Uraufführung am 23. Januar 1897 zurückblickenden Münchner Zeitungsartikel von 1912, wo erwähnt ist, dass die Hauptfiguren »als Träger von Ideen erschienen, mit denen sich die Poeterei jener Jahre angelegentlich befaßte« (Eva Humperdinck, »Die Entstehung«, S. 74). In dem Brief wird auch Ludwig Fulda mit seinem Bühnenwerk *Der Talisman. Ein dramatisches Märchen in vier Aufzügen* erwähnt, der kurz vorher ebenfalls das »dichterische Problem des Königtums« behandelt habe.

[46] Cosima Wagner an E. Humperdinck, 28. Januar 1897, in: E. Humperdinck, »Die Entstehung«, S. 81.

[47] Das gilt in besonderem Maße für *Dämmerung. Schauspiel in fünf Akten*, Berlin 1894, in dem die zentrale Figur »Isolde« heißt und sogar direkt auf *Tristan und Isolde* angespielt wird (vgl. z. B. S. 60). Hingewiesen sei an dieser Stelle nur auf die im vorliegenden Werk zu beobachtende Parallelität des ahnungslosen Königssohnes mit Siegfried oder die Rolle des »Fürchtens« als Handlungs-Auslöser. Bernd Distelkamp, *Untersuchungen*, S. 32 f., vermutet auch Parallelen zwischen dem Bergjäger in Bernsteins Drama *Mutter Maria. Ein Totengedicht in fünf Wandlungen*, Berlin 1900, und der Figur des Siegfried im *Ring des Nibelungen*. In den *Königskindern* sieht er etliche Parallelen zu *Tristan und Isolde* (ebd., S. 66–70).

[48] Vgl. E. Humperdinck, »Die Entstehung«, S. 19–21, Zitat S. 21.

er sich einer Form zu, deren Orchestersprache traditionell ein hohes Maß an gestischen Elementen, an Couleur locale, aber auch an erinnerungsmotivischen Beziehungen aufwies. Wurden in älteren Melodramen solche motivischen Beziehungen zwischen den kurzen, oft keiner vorgegebenen Form folgenden Sätzen als Mittel gegen ein Auseinanderbrechen der Gesamtform bzw. gegen deren Beliebigkeit eingeführt, so bestand spätestens seit Wagners als Leitmotivik bezeichneter Motivarbeit die Möglichkeit, solcher quasi architektonisch »formlosen« Musik eine neue Art von Zusammenhang zu verleihen – ein Zusammenhang, der in der Regel auch außermusikalische Konnotationen mit einschloss.

Humperdinck hat sich daher in den *Königskindern* in weit stärkerem Maß als bei *Hänsel und Gretel* auf Motivarbeit gestützt. Wenn die Literatur dort – ob zu Recht, sei dahingestellt – eine vorwiegend abschnittsweise Motivarbeit konstatiert,[49] so sind hier die Bezüge nummern- und aktübergreifend. Um es an einem kleinen Beispiel und nur ausschnittsweise zu demonstrieren:[50]

Notenbeispiele aus dem Klavierauszug der Melodramfassung der *Königskinder*:

a) Ausschnitt aus Nr. 1:

b) Nr. 1a:

---

[49] So noch etwa bei Distelkamp, *Untersuchungen*, S. 87 u. 152.
[50] Die Seitenangaben im Folgenden beziehen sich auf den Klavierauszug: *Königskinder. Ein Märchen in drei Akten von Ernst Rosmer. Musik von Engelbert Humperdinck. Klavierauszug mit Text und verbindender Prosa*, Leipzig o. J.

Joachim Veit

c) Nr. 1b:

d) Beginn von Nr. 3:

Der »Deutsche«, so wie er im Märchen steht

e) Ausschnitt aus Nr. 4:

f) Beginn von Nr. 8:

g) Beginn von Nr. 14:

h) Weiterer Ausschnitt aus Nr. 8:

i) Weiterer Ausschnitt aus Nr. 8:

Das in Nr. 1 mit dem Auftritt der Gänsemagd erklingende Flötenmotiv (Klavierauszug S. 17) wird in Nr. 1a und b (S. 19) mit deren naiver Naturverbundenheit oder genauer: mit ihrer Sehnsucht nach Einklang mit der Natur konnotiert.[51] In Abwandlungen verbindet es hier mehrere Nummern (vgl. etwa Nr. 3, S. 23) und wird an der Stelle, an der die Gänsemagd ihr Bild im Brun-

[51] Vgl. dazu auch die Faksimiles dieser beiden Nummern bei Distelkamp, *Untersuchungen*, S. 124 f.

nenwasser mit »Ei, bin ich schön!« kommentiert, auch mit einer Motivumkehrung kombiniert (vgl. Nr. 4, S. 26 f.). Das nahezu omnipräsente Motiv spricht damit nach kurzer Zeit so deutlich für die Gänsemagd, dass an der Stelle, an der der Königssohn die Frage nach ihrer gemeinsamen Zukunft stellt: »König und Bettlerin? Willst du das wagen?« (Nr. 8, S. 36) die Kombination dieses Motivs mit dem vorher exponierten Motiv des Königssohns das Orchester beredt macht – wenn im späteren Verlauf Königssohn und Gänsemagd dicht aneinander geschmiegt im Grase liegen, sagt das Orchester also ganz wagnerisch, was da vorgeht (vgl. Nr. 8, S. 40), so wie es auch zu Beginn des II. Akts verrät, von wem der unwissende Königssohn träumte (Nr. 14, S. 74). Und bezeichnenderweise weist das mit dem Unheil verbundene Terzenmotiv (Nr. 8, S. 41, 3./4. Akkolade) mit seiner bogenartig zum Ausgangspunkt zurückkehrenden Form zumindest entfernte Anklänge an das ebenfalls unheilschwangere Ring-Motiv auf.

Es würde zu weit führen, die kontrapunktische Meisterschaft der Motivkombinationen in den letzten Nummern des III. Aktes der *Königskinder* zu demonstrieren – um diese, Wagners Technik in kunstvoller Weise zuspitzende Gestaltung des Orchestersatzes geht es hier nur am Rande, auch wenn nicht genug betont werden kann, wie stark diese meist kurzen Melodramsätze motivisch durchgeformt und aufeinander bezogen sind und gleichzeitig auch die »Geschichte«, die sich mit diesen Motiven ereignet, erinnernd einbeziehen.

3. Wollte man daraus ableiten, dass Humperdinck sich mit der Wahl des Melodrams ein »vereinfachtes« Tummelfeld zum intensiven Ausprobieren Wagnerscher Techniken ausgesucht hat, unterläge man einem Irrtum. Für ihn war das Melodram kein Nebenschauplatz, kein »verkleinertes« Musikdrama, sondern er verband damit die Vision einer Weiterführung der Wagnerschen Ansätze.[52] So verteidigt er im November 1898 die neue Kunstform, für die er, wie er seinem Freund Wette schreibt, »gewissermaßen ›die Kastanien aus dem Feuer geholt‹

---

[52] Schon 1891 hatte er anlässlich einer Aufführung von Hans Pfitzners Schauspielmusik zu Ibsens *Das Fest auf Solhaug* bemerkt, dass das Melodram »hinsichtlich der engeren Verbindung von Wort und Ton noch einer ferneren Entwicklung fähig« sei; weiter heißt es: »vielleicht ist die Zeit nicht mehr fern, wo die Deklamation auch äußerlich in die innigste Verbindung mit der begleitenden Musik gebracht wird, eine Methode, die zwar der Freiheit des rezitierenden Schauspielers einige unbequeme Fesseln anlegen, auf der anderen Seite aber auch die gemeinsame Wirkung von Rede und Melodie – ähnlich wie beim althellenischen Drama – auf ein hochgesteigertes Maß erheben dürfte« (E. Humperdinck, »Die Entstehung«, S. 165 f.).

habe«,[53] und schreibt, das Melodram sei da von größter Wirkung, »wo Stoff und Form sich nicht für einen gesanglichen Ausdruck eignen«; weiter heißt es:

> »Unsere moderne Oper geht einen Weg, der zum Melodram führen muß. Mit dem in unserer Zeit liegenden Bestreben, dem sich niemand gänzlich entziehen kann, Reales auf die Bühne zu bringen, muß sich auch eine Form finden, die sich diesem Zug der Zeit anpaßt, und das ist meines Dafürhaltens die Form des Melodrams. Mir war eigentlich Richard Wagner in den ›Meistersingern‹ vorbildlich, der aus dem Gesange heraus Beckmesser in Gesangsprechen übergehen läßt, wenn ich auch dieses Ziel im umgekehrter Weise verfolge und die Sprache sich zum Sprechgesange erheben lasse.«[54]

Im Februar 1897 erklärte er dem Sänger Ludwig Wüllner, der die Rolle des Spielmanns übernehmen sollte:

> »Das Werk ist in einem neuen Melodramatischen Stile geschrieben, der sich die Aufgabe stellt, die verschiedensten Abstufungen des Sprechgesanges – vom einfachsten Sprechton bis zum wirklichen Singen – miteinander in Verbindung zu bringen und so dem Darsteller die Möglichkeit zu gewähren, in Hinsicht auf die feineren Übergänge zwischen Sprache und Gesang gewissermaßen selbstschöpferisch zu wirken. Ich habe mich hierzu einer (Sprech-)Notenschrift bedient, welche den Zweck hat, die Deklamation mit der begleitenden Orchestermusik in Einklang zu bringen.«[55]

Obwohl Richard Batka später bemerkt, Humperdincks Melodram solle »nicht aus dem Musikdrama ab[ge]leitet, sondern als selbständige Gattung daneben zur Geltung« gebracht werden,[56] wird aus Notizen des Komponisten die »Ableitung« aus Wagners Techniken wiederholt deutlich. So bezeichnet er z. B. Wotans Erzählung im 2. Aufzug der *Walküre* (im Gegensatz zu »Wotans Abschied«) als »ein gedämpftes melodramatisches Sprechen«, das lediglich noch nicht die von ihm gebrauchten »gestirnten Noten« verwende.[57]

---

53   E. Humperdinck, »Die Entstehung«, S. 94 (Brief an Hermann Wette vom 13. Februar 1897), weiter heißt es: »Jedenfalls habe ich den Leuten einen Bissen hingeworfen, an dem sie noch eine gute Weile zu kauen haben werden.«
54   Ebd., S. 144 (Brief von Humperdinck an Dr. Theodor Distel, 2. November 1898).
55   Ebd., S. 92, Brief vom 6. Februar 1897.
56   Brief an Humperdinck von Anfang Mai 1908, ebd., S. 158. Allerdings hatte Batka genau dies in einer früheren Besprechung getan; vgl. Richard Batka, »Melodramatisches. (1897/98)«, in: Richard Batka, *Musikalische Streifzüge*, Florenz u. Leipzig 1899, S. 215–257, speziell S. 251–253.
57   Notizen Humperdincks zum Thema »Melodram« (E. Humperdinck, »Die Entstehung«, S. 160).

Für Humperdinck ergab sich daraus als »Grundsatz alles musikdramatischen Vortragens«:

> »Alles, was nicht unter den Begriff ›Melodie‹ fällt (und dazu gehören weitaus die meisten Stellen, die nicht eine lyrische Empfindung, sondern begriffliche oder verstandesmäßige Darstellung zur Grundlage haben), soll nicht gesungen werden; somit fällt alles, worin die Musik eine untergeordnete Stellung einnimmt, in den Bereich des Gebundenen Melodrams.«[58]

Dabei diene seine »Sprechnoten-Schrift [...] hauptsächlich dem Zweck, die Melodie des Verses dem Sprechenden als solche sinnfällig einzuprägen«. Sonst könne man »ebenso gut irgend eine Kurve oder – wie es früher geschah – gewöhnliche Noten (ohne Angabe der Tonhöhe) schreiben«. Zu erwarten sei durch diese »gebundene« Form eine »Feinheit der Tonabstufungen im Vortrage«, von der »wir heute kaum eine Ahnung haben«.[59] Wie Rudolf Stephan, der erstmals auf die »epochale Bedeutung« der Errungenschaft Humperdincks hinwies, bemerkte, war diese Technik Vorbild und Ausgangspunkt der melodramatischen Versuche Arnold Schönbergs und Alban Bergs.[60] Allerdings stieß Humperdinck mit seinem Versuch auf wenig Gegenliebe, ja er löste einen erbitterten Streit um das Melodram aus, der letztlich auch dazu beitrug, dass nach der Jahrhundertwende eine Reihe musikhistorischer Studien zu diesem Gegenstand entstanden, darunter die verdienten Arbeiten von Edgar Istel und Max Steinitzer.[61]

Der Widerstand kam eigenartigerweise aus dem Lager der Wagnerianer, die die Bibel ihres Meisters, dessen *Gesammelte Schriften*, wörtlich auslegten. Da Wagner das Melodram einmal als »unkünstlerische, stylwidrige und darum unerträgliche Mißgeburt« bezeichnet habe,[62] fragte Friedrich Rösch in der *Allgemeinen Musik-Zeitung*, wie »ein Wagnerianer 14 Jahre nach des Meisters

---

[58] Ebd., S. 160.
[59] Alle Zitate ebd., S. 164.
[60] Rudolf Stephan, »Zur jüngsten Geschichte des Melodrams«, in: *AfMw* 17 (1960), S. 183–192, Zitat S. 186.
[61] Edgar Istel, *Die Entstehung des deutschen Melodramas*, Berlin u. Leipzig 1906; Max Steinitzer, *Zur Entwicklungsgeschichte des Melodrams und Mimodrams*, Leipzig 1919.
[62] Dies ist eine Formulierung Röschs, der danach auch die bekannte Stelle aus *Oper und Drama* anführt, die in vollständiger Form lautet: »Zu einem auf der Bühne dargestellten Litteraturdrama würde sich eine Musik allerdings fast ebenso verhalten, als ob sie zu einem aufgestellten Gemälde vorgetragen würde, und mit Recht ist daher das sogenannte Melodrama als *ein Genre von unerquicklichster Gemischtheit* verworfen worden.« (*Gesammelte Schriften und Dichtungen*, wie Fußnote 38, Bd. 4, S. 4; die Hervorhebung entspricht dem Zitat Röschs. Röschs Formulierung ist dagegen in Wagners Schriften so nicht belegbar).

Tode die Mißgeburt eines Melodrams« verbrechen konnte, ja, er geht in seinen Vorwürfen noch weiter: »Wie konnte ein Wagnerianer die Tonkunst soweit degradieren, eine ›Dichtung‹, wie die von Ernestine Rosmer, überhaupt mit deutscher Musik zu versehen?«[63] Die unter dem Pseudonym Rosmer schreibende Elsa Bernstein wird dann als Tochter eines gebürtigen Juden mit antisemitischen Invektiven überschüttet – ganz im Sinne des erwähnten Wolzogenschen Artikels »Ueber Verrottung und Errettung der deutschen Sprache« wird ihr Text als der »Mode unserer literarischen Naturalisten und Effekthascher« zugehörig und als »von Grund auf *undeutsch*«, ja gar als pornographisch etikettiert.[64] Die Ausführungen gipfeln in der Bemerkung: »Es wäre das bedenklichste Zeichen von Selbstzersetzung und Decadence, wenn innerhalb der Wagnerianischen Kreise die ›*Königskinder*‹ von Rosmer-Humperdinck ohne Widerspruch geduldet würden«.[65]

Die damit ausgelöste Schlammschlacht soll hier unberücksichtigt bleiben, die ästhetischen Bedenken gegen den »reaktionären Zukunftsstyl« dieses »in eine pseudo-bayreuthische Beleuchtung« gerückten Stückes, von dem sich das auf »Ausbildung eines deutsch-nationalen Kunststyles hinarbeitende Wagnerthum« bedroht sah,[66] waren aber auch bei weniger ultra-orthodoxen Wagnerianern groß. So schreibt ein Kritiker der *Frankfurter Zeitung*: »Die Wahl dieser Form bedeutet ein Experiment, beziehungsweise ein Uebergangsstadium, von welchem aus der Komponist ohne Zweifel entweder zur eigentlichen Oper zurückkehren, oder zu neuen, noch heranzureifenden Formen gelangen wird«[67]. Cosima Wagner war eine der ersten, die auf eine Umgestaltung des Werkes zur Oper drängte.[68] Dass und wie Humperdinck sich dieser Aufgabe annahm und dabei seine Melodramfassung nahezu vollständig in der 1910 vollendeten Opernfassung aufgehen ließ, ist insbesondere im Hinblick auf die

---

63 Friedrich Rösch, »*Königskinder*. Von *Rosmer-Humperdinck*. Ein kritischer Beitrag zur Geschichte der Wagnerianer«, in: *Allgemeine [Deutsche] Musik-Zeitung*, Jg. 24, Nr. 10 (5. März 1879), S. 147–148, Zitate S. 147.
64 Ebd., S. 147.
65 Ebd., S. 148.
66 Paul Masorp, »Gegen das Melodram!«, in: *Allgemeine [Deutsche] Musik-Zeitung*, Jg. 24, Nr. 20 (14. Mai 1897) Sp. 294–296, Zitate Sp. 294–296.
67 Hier zitiert nach *Allgemeine [Deutsche] Musik-Zeitung*, Jg. 24, Nr. 6 (5. Februar 1897), Sp. 89. Wilhelm Kienzl schreibt in einem Brief vom 9. Mai 1897 an Humperdinck, er wolle sich mit ihm »auch über die mir nicht ganz glücklich scheinende Idee der von Dir so genau notierten Sprachmelodie« unterhalten, »die einen furchtbaren Zwang für den Schauspieler bedeutet« (E. Humperdinck, »Die Entstehung«, S. 114).
68 Vgl. ihren Brief vom 7. Februar 1897 an Humperdinck (E. Humperdinck, »Die Entstehung«, S. 83); ihre Ausführungen münden in die Aufforderung: »Nur kein Melodrame!«

Umgestaltung der Sprech- in Gesangsstimmen von größtem Interesse, kann hier aber ebenfalls nicht näher ausgeführt werden.

Allerdings bedeutete Humperdincks Rückkehr zur Opernform keinen Verzicht auf die äußerst kritisch aufgenommene neue Technik des gebundenen Melodrams. Auch das 1902 vollendete *Dornröschen* (EHWV 121) verwendet in den solistischen Nummern nahezu zur Hälfte noch das »gebundene Melodram«, hier oft unmittelbar im Wechsel mit gesungenen Passagen.[69] Danach hat sich der Komponist auf das von ihm eigentlich favorisierte komische Genre in der Tradition Albert Lortzings verlegt.[70] Hier, wo – wie er sich ausdrückt – das »Milieu auf den Umgangston gestimmt« sei, fand er es gerechtfertigt, »wenn das rein Verstandesmäßige [...] gesprochen und dafür die lyrischen Ruhe- und die dramatischen Höhepunkte der Musik vorbehalten blieben«.[71] Das gebundene Melodram, mit dem die »ästhetische Inkongruenz zwischen gesprochenem Dialog und gesungenen Musikstücken« aufgehoben werden solle, würde dabei

> »geradezu die Stelle des alten [...] Secco Rezitativs, das ja auch ›parlando‹ vorgetragen wurde, zu vertreten haben, nur daß statt der alten Generalbaßharmonien das moderne Orchester mit all seinen Finessen auf den Plan träte. Auf diese Weise wären dann auch wieder in sich geschlossene Musiksätze möglich (die ja unter Wagners Einfluß gänzlich verpönt gewesen sind); die melodramatischen Einleitungen würden bereits ›in nuce‹ die motivischen Bildungen enthalten, welche das Gerüst der eigentlichen Gesangnummern bilden, so daß die letzteren als ein organisches Kunstgebilde aus der Umgebung hervorwachsen. Die neue Formel für die Szene könnte demnach lauten:
> Dialog – Melodram. – Gesang – Melodram – Dialog etc.
> Gegenstück resp.[ective] Analogie: Shakespeare: Dialog, Gebundene Rede, Lied.«[72]

---

[69] Vgl. dazu *Dornröschen. Märchen in einem Vorspiel und drei Akten von E. B. Ebeling-Filhès. Musik von Engelbert Humperdinck. Klavierauszug mit Text von Alfred Brüggemann und Philipp Rödelberger*, Leipzig 1902. Der fließende Übergang von Melodram zu Gesang und umgekehrt scheint damit hier ganz im Sinne des nachfolgenden längeren Zitats verwirklicht.

[70] Schon am 9. Januar 1895 schrieb er an Ernst von Possart: »Ich glaube, jetzt wäre der richtige Moment, diese Gattung, die seit Lortzing förmlich brachgelegen hat, wieder mit neuem Triebe aufleben zu lassen; ja es kommt mir vor, als ob etwas Derartiges förmlich in der Luft liege [...] Es ist gerade, als ob wir Fin-de-siècle-Menschen das Lachen Rossinis, Aubers und Lortzings ganz verlernt hätten!« (E. Humperdinck, »Die Entstehung«, S. 25.)

[71] Brief an Arthur Seidl vom 12. Dezember 1900, ebd., S. 155.

[72] E. Humperdinck, »Die Entwicklung«, S. 155 f. Die mittleren Begriffe (»Melodram

Deutlicher noch als in diesem Zitat zeigt sich in Werken wie der *Heirat wider Willen* (EHWV 130 von 1905), der *Marketenderin* (EHWV 155 von 1913) und *Gaudeamus* (EHWV 162 von 1919) die Sackgasse, in die Humperdinck geraten war: Von der Auflösung des Gesangs in »musikalisches Sprechen« blieb der Begleitapparat völlig unberührt, das Orchester bewegte sich nach wie vor in Wagnerschen Bahnen, zugleich kehrten aber die Gesangsstimmen zu traditionelleren Formkonzepten (wie der Unterscheidung von »Rezitativ« und geschlossener Gesangsnummer), aber auch zu einem deutlich aufgewerteten Anteil des »gewöhnlichen« Gesangs zurück.[73] Dass der literarisch gebildete Humperdinck dabei in den letzten Werken auch noch auf die vaterländischseichten Texte von Robert Misch zurückgriff, kann man wohl nur den Zeitumständen zuschreiben. Auch war Humperdincks musikalischer Humor, der sich etwa in musikalischen Zitaten oder Anspielungen in *Gaudeamus* zeigt,[74] wohl zu subtil, um auf das breite Publikum zu wirken.

Der Mitvertreter einer die Bühnenkunst erneuernden »Zukunftsmusik« war jedenfalls am Ende seiner Karriere alles andere als ein »Zukunftsmusiker«, was etwa sein letztes Streichquartett in C-Dur (EHWV 164) drastisch illustriert. Er hatte sich in seinen Gedankengebäuden wie in einem märchenhaften Labyrinth verirrt. Rudolf Louis konstatierte schon 1909 das »gänzliche Ausbleiben einer Weiterentwicklung«, so dass von Humperdinck »nach menschlichem Ermessen fürderhin nichts mehr für die Zukunft der deutschen Oper zu erwarten sei«[75]. Selbst ein Mann wie sein Schüler Walter Niemann schränkte in seinem Nachruf die Bedeutung auf die beiden Hauptwerke ein, wobei es zum *Märchenspiel* hieß, es kam »gerade zur rechten Zeit: es schärfte das künstlerische Gewissen, es lehrte, was deutsch sei, und es bereitete die Umkehr vor«.[76] Die verhängnisvolle Ästhetik des Ungekünstelt-Sauber-Natür-

---

Gesang Melodram«) sind dabei in die Form eines Schwellers (< >) eingehüllt, um den allmählichen Übergang zu verdeutlichen.

[73] Nur in den Schauspielmusiken zu Max Reinhardts Shakespeare-Inszenierungen ließ sich Humperdincks Konzept erfolgreich verwirklichen.

[74] Erwähnt sei hier lediglich die deutliche Anspielung auf das Thema des Trauermarschs der *Eroica* in der Einleitung zu Akt II, vgl. *Gaudeamus. Szenen aus dem deutschen Studentenleben. Spieloper in drei Aufzügen von Robert Misch. Musik von Engelbert Humperdinck. Vollständiger Klavierauszug mit Text von Otto Singer*, Berlin 1919, S. 120. Der melodramatische Anteil in diesem Werk ist im übrigen nur noch marginal: Lediglich im III. Akt bei dem skurrilen Auftritt des Polizisten zitiert Humperdinck seine eigene Technik (vgl. S. 248–250).

[75] Rudolf Louis, *Die deutsche Musik der Gegenwart*, 2. Auflage, München u. Leipzig 1909, S. 95 f.

[76] Walter Niemann, »Engelbert Humperdinck †. Gedanken und Erinnerungen«, in: *Zeitschrift für Musik*, Jg. 88, Nr. 21 (29. Oktober 1921), S. 535.

lichen als eine der deutschen Kardinaltugenden kommt hier schon zum Ausdruck: »Denn nur ein Künstler mit einer kindlich reinen und tiefen Seele konnte das deutsche Märchen, den deutschen Wald, das deutsche Kinderleben in Töne bannen, wie sie so rein, so urdeutsch, so herzlich warm und kinderlieb keiner vor oder nach ihm ersonnen hat.«[77] Dazu passt die Charakterisierung Humperdincks als »ein träumerisch versonnener, stiller, ganz und gar nach innen gekehrter und unablässig in seiner zartsinnigen Phantasiewelt lebender Mensch mit einer reinen Kinderseele, die dieser realen erbarmungslosen Welt fremd, hilflos und ablehnend gegenüberstand«.[78] Ein anderer Schüler Humperdincks, Siegfried Wagner, beschreibt in seinen Erinnerungen das »seelengute Wesen« des »Meister[s] der Kontrapunktik«, aber auch »seine Zerstreutheit und sein traumverlorenes Wesen«.[79] »Sein Zuspätkommen war sprichwörtlich geworden«, heißt es in diesem Zusammenhang. Beinahe hat man den Eindruck, dass dieser Satz auch auf Humperdincks spätes Schaffen, dessen hohe handwerkliche Qualität nicht in Zweifel gezogen werden kann, zutrifft. Humperdinck schwebte längst nicht mehr, wie es Hanslick ausgedrückt hatte, als »heiliger Geist über dem deutschen ›Musikdrama‹«[80], er war lediglich noch, wie Siegfried Wagner bemerkte, »der Deutsche, so wie er im Märchen steht«.

[77] Ebd., S. 534. Auch in Paul Schwers Nachruf in der *Allgemeinen [Deutschen] Musik-Zeitung*, Jg. 48 (1921), S. 692f. heißt es: »Humperdincks Opern sind vollkommener Ausdruck jener Natursehnsucht und -liebe, die uns Deutschen tief ins Herz gesenkt ist«; andererseits wird den späten Werken ebenfalls unterstellt, sie ließen »unleugbar das Erlahmen der schöpferischen Fähigkeiten erkennen«.
[78] Niemann, S. 533.
[79] Siegfried Wagner, *Erinnerungen*, Stuttgart 1923, S. 42f., dort auch die übrigen Zitate.
[80] Hanslick, »Hänsel und Gretel«, S. 138.

Katharina Hottmann
»Frisch auf zum letzten Kampf und Streit, ihr Männer all' und Knaben«
Patriotische Lieder Ingeborg von Bronsarts im Deutsch-Französischen Krieg 1870 / 71

Als Cosima Wagner 1872 in ihrem Tagebuch lobende Worte für Hans von Bronsart, einen ehemaligen Schüler ihres Vaters Franz Liszt, fand, machte sie im Nachsatz eine vielsagende Einschränkung: »Freilich, er hat eine undeutsche und komponierende Frau [...]«.[1] Noch doppelbödiger wirkt diese Zuschreibung, liest man eine weitere Tagebuchpassage, die etwa ein Jahr zurücklag. Cosima Wagner höhnte über die musikalisch-theatralische Feier zum Einzug der siegreichen deutschen Armee nach dem Deutsch-Französischen Krieg in der Hofoper am 17. Juni 1871,[2] die mit einer Marsch-Komposition der schwedischstämmigen, in Russland geborenen Ingeborg von Bronsart endete: »Die musikalische Feier des Einzugs der Truppen erschrickt uns durch ihre Trivialität, Kaiser Wilhelm-Marsch von I. von Bronsart!!, Musik, und wär's der Dudelsack, wir haben viel Appetit und wenig Geschmack.‹«[3]

Der persönliche Affekt dieser Bemerkung resultierte wohl aus der Tatsache, dass Richard Wagner – der sich in diesen Jahren auch mit intensiver publizistischer Propaganda für die »deutsche« und gegen die »welsche« Musikkultur hervortat[4] – vergeblich versucht hatte, seinen *Kaisermarsch* im exklusiven

---

[1] Cosima Wagner, 6. Dez. 1872; in: Cosima Wagner. *Die Tagebücher*, hrsg. und kommentiert von Martin Gregor-Dellin und Dietrich Mack, 2 Bde., München u. a. 1976/77, Bd. 1 (1869–1877), S. 608.
[2] Vgl. zu dieser Feier Katharina Hottmann, »Vom *Kaiser-Wilhelm-Marsch* zur *Wacht am Rhein*. Die musikalische Siegesfeier in der Berliner Hofoper am 17. Juni 1871«, in: *Feste – Opern – Prozessionen: Musik als kulturelle Repräsentation*, hrsg. von Katharina Hottmann und Christine Siegert (= Jahrbuch Musik und Gender, Bd. 1), Hildesheim 2008, S. 97–113.
[3] Cosima Wagner, 27. Juni 1871, in: Wagner, *Die Tagebücher*, Bd. 1, S. 406.
[4] Etwa in seiner *Beethoven*-Schrift (1870). Vgl. auch Michael Meyer, »Wagners politische Stellungnahme im deutsch-französischen Krieg«, in: *Von Wagner zum Wagnérisme: Musik, Literatur, Kunst, Politik*, hrsg. von Annegret Fauser und

Kontext der mit dem deutschen Sieg verbundenen Feierlichkeiten zu platzieren.[5] Dass stattdessen das Konkurrenzwerk einer Frau zum Zuge kam, die zudem nicht aus Deutschland stammte (ebenso übrigens wie Cosima Wagner selbst als Tochter der französischen Gräfin Marie d'Agoult[6]), war für das Ehepaar Wagner offenbar schwer erträglich.

Kontrapunktiert wird die Fremdzuschreibung als »undeutsch« durch eine von der *Neuen Zeitschrift für Musik* 1898 wiedergegebene Selbstzuschreibung: Ingeborg von Bronsart sei »nach eigenem Bekenntniß: als Künstlerin eine Deutsche!« Diese Sicht macht der Autor des Artikels sich zu Eigen und spricht von der Komponistin als »einer echt deutschen und echt vornehmen Frauenseele!«[7]

Bereits in den Jahren 1870/71 hatte Ingeborg von Bronsart ihre persönliche wie künstlerische Identifikation mit Deutschland durch die Publikation mehrerer patriotischer Werke demonstriert: neben dem oben erwähnten *Kaiser-Wilhelm-Marsch*[8] einen Männerchor auf Ferdinand Freiligraths berühmtes vaterländisches Gedicht *Hurrah Germaniah!*[9] und drei Lieder auf patriotische Texte.[10] Ihrem Ehemann stand gemäß herrschenden Geschlechterkonventionen eine andere Möglichkeit zu Gebote, sein nationales Engagement zu beweisen: Hans von Bronsart trat freiwillig in die Armee ein und berichtete

---

Manuela Schwartz (= Deutsch-französische Kulturbibliothek, Bd. 12), Leipzig 1999, S. 87–105.

[5] Peter Jost, »Gelegenheitswerk mit Ambitionen. Richard Wagners *Kaisermarsch*«, in: *Musik als Text. Bericht über den Internationalen Kongress der Gesellschaft für Musikforschung*, hrsg. von Hermann Danuser und Tobias Plebuch, Freiburg im Breisgau 1993, Kassel u. a. 1998, S. 368–372; Michael Fischer, »›Heil, Heil dem Kaiser!‹ Der *Kaisermarsch* Richard Wagners als nationalprotestantisches Symbol«, in: *Tagungsbericht Reichsgründung 1871. Ereignis – Beschreibung – Inszenierung, 1.–2. Februar 2008 in Dresden*, hrsg. von Christian Senkel und Michael Fischer (Druck in Vorbereitung).

[6] Vgl. hierzu wie allgemein zur Positionierung deutscher Musiker gegenüber Frankreich im 19. Jahrhundert Sabine Giesbrecht, »Beethoven 1870. Grundlinien einer nationalistischen Klassik-Rezeption«, in: *Louise Farrenc und die Klassik-Rezeption in Frankreich*, hrsg. von Rebecca Grotjahn und Christin Heitmann (= Schriftenreihe des Sophie-Drinker-Instituts, Bd. 2), Oldenburg 2006, S. 85–104, bes. ab S. 95.

[7] Wilhelm Asmus, »Ingeborg von Bronsart«, in: *NZfM*, Nr. 17, Jg. 65, Bd. 94, Leipzig, 27. April 1898, S. 194.

[8] Ingeborg von Bronsart, *Kaiser-Wilhelm-Marsch für Orchester*, Berlin 1872, Klavierfassung 1871.

[9] Ingeborg von Bronsart, *Hurrah Germania! für Männerchor*, Hannover 1871.

[10] Ingeborg von Bronsart, *Drei Lieder*, Mainz 1871.

seiner Frau von den Fronterfahrungen in fast siebzig Feldpostkarten und -briefen.[11]

Damit hat sich ein Quellenkorpus überliefert, der vielfältige Ansatzpunkte bietet für eine geschlechterhistorisch differenzierende Erkundung der Frage, wie ein Musikerpaar in der Situation des Deutsch-Französischen Krieges agierte. In beiden Quellensorten – Briefen und Kompositionen – werden mentale Modelle im Hinblick auf nationale Ideologien konstruiert. Werden diese Quellen zueinander in Beziehung gesetzt, gewinnt die musikalische Analyse eine zusätzliche Dimension, denn die Briefe interessieren nicht nur als biographische Dokumente eines Musikers, sondern sie verändern den Blick auf die Lieder seiner komponierenden Frau: Es wird spürbar, in welchem Ausmaß der nationale Diskurs dieser Epoche sich nicht nur in medialen Repräsentationen abspielte, sondern Teil der realen Lebenserfahrung von Frauen und Männern war.

Die folgenden Untersuchungen gehen daher sowohl biographischen wie ästhetischen Kontexten der patriotischen Lieder Ingeborg von Bronsarts nach. Der erste Teil skizziert prägende persönliche Voraussetzungen, soweit sie die unterschiedliche Motivierung des nationalen Engagements beider Ehepartner beleuchten. Der zweite Teil stellt die Korrespondenz Hans von Bronsarts mit seiner Frau in den Mittelpunkt, um Denk- und Kommunikationsweisen in Bezug auf die Erfahrung nationaler Identität zu veranschaulichen. Diese Denkmuster finden sich in den patriotischen Liedern Ingeborg von Bronsarts wieder. An ihnen sind im dritten Teil literarische wie kompositorische Ausdrucksformen nationaler Haltungen zu beschreiben, welche die Erfahrungen von Kampf, Tod und Sieg emotional verdichten. Die Aufführungskontexte der Lieder zeigen, wie die häufig als »unpolitisch« angesehene professionelle Musikkultur des 19. Jahrhunderts – etwa in Oper, Konzert und Salon – unter den Bedingungen von Krieg und Reichsgründung mit politischem Bekenntnis durchwirkt sein konnte.

Biographische Voraussetzungen

1840 kam Ingeborg Stark in St. Petersburg zur Welt. Ihr Vater, der Hofsattler Wilhelm Stark, stammte aus Stockholm, ihre Mutter Margarethe Elisabeth geb. Ockermann hatte finnische Wurzeln, so dass schon die engste familiäre Konstellation auf mehrfache nationale Zugehörigkeiten verweist. Nach dem

[11] Thüringisches Hauptstaatsarchiv Weimar (im Folgenden ThHstAW), Nachlass Hans Bronsart von Schellendorf 129. Herzlich danke ich Hinrik von Bronsart für die Überlassung von Abschriften der Briefe.

Zeugnis La Maras, der einzigen Quelle für die frühen Jahre, die wesentlich auf brieflichen Mitteilungen der Komponistin beruht, erhielt diese in dem Pensionat, das sie besuchte, Unterricht in fünf Sprachen – russisch, schwedisch, französisch, deutsch und italienisch[12] –, was für ihre künftige internationale Konzerttätigkeit sicher ebenso förderlich war wie für die persönliche Integration in ihr späteres Lebensumfeld.

St. Petersburg war um die Mitte des 19. Jahrhunderts eine kulturell aufregende Stadt mit enger Bindung an das westeuropäische Kulturleben. Die Familie eines ihrer Lehrer, Nicolas von Martinoff, ermöglichte Ingeborg Stark den regelmäßigen Besuch der italienischen Oper; ihr erster Kompositionslehrer Konstantin Decker war ebenso deutscher Herkunft wie der berühmte Pianist und Klavierpädagoge Adolf Henselt, der sie zwei Jahre unterrichtete, bevor sie 1858 nach Weimar ging, um ihre pianistische und kompositorische Ausbildung bei Franz Liszt zu vollenden. Ab wann sie ihre künstlerische Identität als »deutsch« empfand, lässt sich nicht rekonstruieren, die Verehelichung mit Hans von Bronsart, den sie im Lisztschen Schülerkreis kennengelernt hatte, entschied jedenfalls über ihre endgültige biographische Verankerung in Deutschland.

Dem 1830 in Berlin geborenen Hans Bronsart von Schellendorff war die erfolgreiche Musikerlaufbahn als Pianist, Komponist und Kapellmeister eigentlich nicht an der Wiege gesungen: Er war Spross einer Offiziersfamilie, deren Mitglieder seit dem späten 17. Jahrhundert der Preußischen Armee eng verbunden waren; der Stammsitz der Familie lag im ostpreußischen Schettnienen im Kreis Heiligenbeil. Hans' Vater Heinrich Bronsart von Schellendorff war Direktor des Militär-Ökonomie-Departements im Kriegsministerium und während des Deutsch-Österreichischen Krieges 1866 Generalintendant der Armee.[13] Drei seiner vier Söhne wurden Offiziere, zwei von ihnen wirkten im späteren Kaiserreich als deutsche Kriegsminister (Paul von Bronsart 1883–89, Walter von Bronsart 1893–96). Wie es kam, dass der älteste Sohn Hans nicht Soldat, sondern Musiker wurde, und ob das familiäre Konflikte auslöste, ist bislang nicht erforscht.

1861 heirateten Hans von Bronsart und Ingeborg Stark. Zeitgenossen schilderten die Eheleute als recht konträre Persönlichkeiten: sie als temperamentvoll und willensstark, ihn als zurückhaltend, fein und ausgleichend.[14]

[12] La Mara, *Ingeborg von Bronsart*, in: La Mara [Marie Lipsius], *Die Frauen im Tonleben der Gegenwart* (= Musikalische Studienköpfe, Bd. 5), ³Leipzig 1902, S. 125–144, hier S. 130.

[13] Art. »Heinrich Karl Christoph Bronsart von Schellendorf«, in: Kurt von Priesdorff, *Soldatisches Führertum*, Bd. 6, Hamburg 1938, S. 506f.

[14] So schrieb etwa Isidore Kaulbach, die Tochter des Hannoverschen Hofmalers

Beide arbeiteten zunächst künstlerisch weiter wie vor der Eheschließung, er leitete Abonnementskonzerte in Leipzig, Löwenberg und Berlin, sie trat international als Konzertpianistin auf. Diese Laufbahn fand jedoch ein Ende, als 1864 und 1868 die Kinder Clara und Fritz geboren wurden und 1867 Hans Intendant des Hannoverschen Hoftheaters wurde. Als Frau eines preußischen Hofbeamten durfte Ingeborg von Bronsart mit Ausnahme der Teilnahme an Benefizveranstaltungen nicht mehr konzertieren und komponierte stattdessen intensiver, besonders Lieder und Opern.

Ehebriefe von der Front

1870 meldete sich Hans von Bronsart freiwillig zur Armee, sein Regiment nahm an der Belagerung von Metz teil. Die Begeisterung für die nationale Sache teilte er bekanntlich mit vielen Künstlerkollegen, die jedoch mehrheitlich nicht die Konsequenz zogen, direkt am Kriegsgeschehen teilzunehmen. Wie ein Bericht des Bruders Paul bestätigt, spielte bei der Entscheidung, in den Krieg zu ziehen, die familiäre Konstellation eine Rolle:

»Ich war zum königlichen Diner befohlen worden; der König war heiter und erzählte mir, daß mein ältester Bruder Hans nun auch Offizier geworden wäre. Letzterer [...] hatte von uns 4 Brüdern nicht als einziger zu Hause bleiben wollen, und war, obgleich nie Soldat gewesen, freiwillig beim 57. Regiment eingetreten, welches er kurz nach den Augustschlachten vor Metz erreichte. Er erwarb sich noch vor der Kapitulation dort das Eiserne Kreuz, wurde Vizefeldwebel und jetzt nach den glücklichen Gefechten an der Loire Offizier. Der König sprach sich bei der Tafel mit vollster Anerkennung über sein Verhalten aus [...].«[15]

Friedrich Kaulbach: »Bronsarts selbst waren beide echte Künstler, ganz verschieden in ihrer Art. Hans v. Bronsart, zurückhaltend, fein und ausdrucksvoll in seinem meisterhaften Vortrag, seiner Erscheinung und seinem Wesen entsprechend. Seine Gattin spielte mit hinreißendem Feuer, leidenschaftlichem Temperament, ebenfalls in Übereinstimmung mit ihrem Naturell.« Isidore Kaulbach, *Friedrich Kaulbach: Erinnerungen an mein Vaterhaus*, Berlin 1931; abgedruckt in: Henning Rischbieter, *Hannoversches Lesebuch oder: Was in Hannover und über Hannover geschrieben, gedruckt und gelesen wurde*, Bd. 2: 1850–1950, Hannover 1978, S. 102.

[15] Paul Bronsart von Schellendorff, *Geheimes Kriegstagebuch 1870–1871*, hrsg. von Peter Rassow (= Deutsche Geschichtsquellen des 19. und 20. Jahrhunderts, Bd. 40), Bonn 1954, S. 225.

Hans von Bronsarts Nachlass enthält über siebzig Feldpostkarten und -briefe an seine Frau, wogegen sich als einziger Brief an ihn aus dieser Zeit nur ein Abschiedsbrief seiner Mutter Antoinette geb. d'Azemar de Rège findet. Diese wusste nun alle vier Söhne an der Front und versprach Hans, Ingeborg und den Kindern im Fall seines Todes beizustehen.[16]

Die Feldposteinrichtungen beförderten im deutsch-französischen Krieg ca. 100 Millionen Briefe und Karten. Sie rückten in den Blick der Militärgeschichtsschreibung, als diese die »Geschichte des kleinen Mannes« gegen die Geschichte der militärischen Eliten ins Feld führte – ein Prozess, den analog auch die Musikgeschichtsschreibung vollzogen hat. Dieser sozialgeschichtliche Ansatz fragte danach, wie sich in der Feldpost Kriegsrealität und Kriegserfahrung spiegelt. Mit der kulturwissenschaftlichen Wende in der Militärgeschichtsschreibung änderte sich das Erkenntnisinteresse ein weiteres Mal. Wie Christian Rak darlegt, befragen neuere Studien Feldpostbriefe »nicht in erster Linie auf den Kriegsalltag der Soldaten, sondern als Quellen, die über die Konstruktionsprozesse von Wirklichkeit Aufschluss geben«. Wichtig seien die »sprachlichen Implikationen von Kommunikation zwischen Front und Heimat«.[17]

Dieser Blickwinkel leitet auch die folgende Lektüre von Bronsarts Briefen, die zeigen, wie er sich wahrgenommen sehen wollte und welches Bild vom Krieg dadurch seiner Frau vor Augen stand. Er berichtet ihr am 10. September 1870:

> »Ich hatte mir einen vor dem Gehöft stehenden riesigen Heuschober (höher als unser Haus) als Observatorium eingerichtet, und stieg an einer Leiter zuweilen hinauf, um das vorwärts liegende Terrain zu übersehen. Einmal pfiff dicht über mir eine Chassepot-Kugel hinweg, als eben Lt. Marcard mit mir hinaufgestiegen war. Überhaupt wurden wir dort tüchtig von den Franzosen, die bis auf 1500–2000 Schritt schießen, complimentirt, doch ohne weiteren Erfolg, als daß einer unser braven Oldenburger bei einer nächtlichen Patrouille leicht verwundet wurde. Gestern ließ ich, um auch etwas Humor in die Sache zu bringen, einen Strohmann ausstopfen, ihn ei-

[16] »Mein innig geliebter Hans! Zieh hin in Gottes Namen Dein Vaterland zu vertheidigen! Ich hoffe, dich gesund und froh wieder in meine Arme zu schließen, das ist meine feste Zuversicht. – Sollte Gott der Allmächtige aber anders über dich beschlossen haben, so verspreche ich Dir feierlich bei Gott dem Allmächtigen, daß wir Inga und die Kinder niemals verlassen, sondern sie zu uns nehmen und ihr mit Rath und That bei der Erziehung der Kinder getreulich beistehen werden bis an unser Lebensende.« Antoinette von Bronsart an Hans von Bronsart vom 6. Aug. 1870, ThHstAW, Nachlass Hans Bronsart von Schellendorf 140.

[17] Christian Rak, *Krieg, Nation und Konfession: Die Erfahrung des deutsch-französischen Krieges von 1870/71* (= Veröffentlichungen der Kommission für Zeitgeschichte: Reihe B, Forschungen, Bd. 97), Paderborn u. a. 2004, S. 23.

nen Soldatenrock und Helm aufsetzen, und oben auf den Heuschober stellen, worauf die Franzosen ein mörderisches Feuer etwa eine Viertelstunde lang eröffneten, ohne jedoch einmal ihn zu treffen; endlich merkten sie wohl den Spaß und ließen den unerschütterlichen Helden in Ruhe.«[18]

In Bronsarts Erzählung lassen sich zwei gegenläufige Motive ausmachen. Einerseits stellt er seine Furchtlosigkeit heraus: Trotz der Gefahr durch Gewehrschüsse steigt er auf die Leiter. Andererseits muss er gleichzeitig die Gefahr herunterspielen, um seine Frau nicht zu ängstigen. Die Lösung dieser Ambivalenz findet er in der Abwertung des Anderen: Der Feind ist zu unfähig, um wirklich gefährlich zu sein. Das Lächerlichmachen des Gegners – hier nach gängiger Praxis mittels einer Attrappe – wirkt als Strategie, Ängste zu bewältigen, die eigenen wie die der Mannschaft.[19]

Bronsarts Briefe sind in vielen Aspekten typisch. Häufig macht er markige Sprüche über den Feind und bedauert, keine Schlacht zu erleben: »Paris wird wohl noch mit Waffengewalt genommen werden müssen, um der frechen übermüthigen Nation [...] den Fuß auf den Nacken zu setzen; leider haben wir gar keine Aussicht, dabei zu sein.«[20] Ein anderer Brief betont die angebliche Feigheit der Franzosen: »Wir waren schon gestern während des Marsches auf den Feind gestossen [...]. Aber die Herren Franzosen hatten zu große Eile gehabt.«[21] Zwar hatte Bronsart wegen seiner Sprachkompetenzen vergleichsweise viel direkten Kontakt mit Franzosen: »Ich habe ziemlich viel mit Requisition von Lebensmitteln zu thun, wobei ich mich sehr nützlich machen kann, da ich der einzige beim Bataillon bin, der geläufig Französisch spricht.«[22] Die Stereotype, mit denen er die Franzosen belegt, entsprechen jedoch im Kern den üblichen Zuschreibungen, die wir aus musikhistorischer Warte etwa auch aus Wagners Schriften kennen:

---

[18] Hans an Ingeborg von Bronsart vom 10. Sept. 1870, ThHstAW, Nachlass Hans Bronsart von Schellendorf 129.

[19] »Häufig werden die Schrecken zwar intensiv beschrieben, aber unbeteiligt und distanziert wiedergegeben. Es wird mitunter versucht, den Grundgehalt von Kriegserinnerungen durch eine humoristische Erzählweise oder durch Bezüge auf die ruhmvolle Seite des Krieges positiv umzuformen.« Frank Kühlich, *Die deutschen Soldaten im Krieg von 1870/71: Eine Darstellung der Situation und der Erfahrungen der deutschen Soldaten im deutsch-französischen Krieg* (= Europäische Hochschulschriften: Reihe 3, Geschichte und ihre Hilfswissenschaften, Bd. 672), Frankfurt am Main u.a. 1995, S. 36.

[20] Hans an Ingeborg von Bronsart vom 10. Sept. 1870, ThHstAW, Nachlass Hans Bronsart von Schellendorf 129.

[21] Hans an Ingeborg von Bronsart vom 22. Aug. 1870, ebd.

[22] Ebd.

> »Überhaupt wird nun in diesem Kampfe, wo sich alle niedrigen Charakterzüge dieser entarteten Nation mehr und mehr entfesseln, doch selbst von früher engagierten Franzosenfreunden anerkannt, wie dort Alles nur außen Eleganz und oberflächliche Tünche, innerlich aber faul und haltlos gewesen.«²³

Oft kritisierten indes bildungsbürgerliche Kriegsteilnehmer auch die eigenen Leute als oberflächlich und »materialistisch«:

> »Hoffentlich [komme] ich nun [...] zu einer Kompagnie, wo die Officiere nicht so mit – Fressen und Saufen in den Tag hineinleben, wie hier. Es sind ganz gute Leute, aber von einer Wuth, Alles zusammenzuschleppen, was eß- und trinkbar ist – mag es auch das unsinnigste Geld kosten – die wirklich geradezu lächerlich ist. Es dreht sich alles Interesse nur noch um ›Hühner‹, ›Eier‹, ›Lagerbier‹, ›Wein‹, selbst ›Champagner‹, ein entsetzlicher moussierender Landwein à Flasche 2 Rth 20 Sgr, ›Sardinen à l'huile‹ und alle nur erdenklichen sogenannten Delicatessen werden herbeigeschafft.«²⁴

Häufig wurde der Krieg idealisiert, indem man dessen »Romantik« und »Ästhetik« beschwor:

> »Die Gegend ist hier wunderschön, und unser Quartier ist wie gemacht für einen idyllischen Sommeraufenthalt. [...] [A]m Tage sehen wir die tausende von französischen Zelten. Abends und Nachts ist der Horizont besät mit Wachtfeuern, die sich nur durch die rötliche Farbe von den Sternen des Firmaments unterscheiden.«²⁵

Nachdem Bronsart regelmäßig in seinen Briefen bedauert hatte, keine Schlacht zu erleben, kam schließlich doch noch der »wahre Festtag«:

> »Die Kugeln sausten hier wohl 3/4 Stunde lang wie Hagel über und um uns her, schlugen auch theilweise bei uns ein, da sie ja alle im Bogen fliegen; glücklicherweise hatten wir wenig Verluste; ein Mann wurde dicht vor dem ersten Graben unmittelbar neben mir durch den Kopf geschossen, und fiel lautlos in den Graben; ich mußte mich so dicht neben ihn legen, daß ich ihn berührte. [...] Als [...] die [...] Truppen des 16 Regiments wieder avancirten, erhoben wir uns, und gingen mit ›Hurrah‹ im Laufschritt vor. [...] [Ich brachte ein Hoch auf den König aus und etablirte] sodann das Kriegsgeschrei: ›Haut sie auf den Chassepot-po!‹ [...], welches sofort aufgenommen wurde und aus vielen Kehlen wiederhallte. [... I]n 5 Minuten hatten wir die Position der

---

²³ Hans an Ingeborg von Bronsart vom 21. Sept. 1870, ebd.
²⁴ Hans an Ingeborg von Bronsart vom 7. Okt. 1870, ebd.
²⁵ Hans an Ingeborg von Bronsart vom 30. Aug. 1870, ebd.

Herrn Franzosen eingenommen, ohne daß es zum Bajonett-Gefecht kam, denn die Herren Chassepots sind in diesem Punkte sehr kitzlich. Sobald wir in der feindlichen Position standen wurde nun ein munteres Schnellfeuer den Herren nachgesendet; ob sie es erwiderten, konnte man nicht mehr hören, da es nun bei uns ebenso lustig knatterte, wie vorhin dort. Im dichten Pulverdampfe konnte auch nicht genau gezielt werden, und erst als wir dann wieder vorgingen, ersahen wir aus den ziemlich zahlreichen Todten und Verwundeten, daß die Zündernadeln ihre Schuldigkeit gethan.«[26]

Die Erfahrungen des 20. Jahrhunderts haben nur zu schmerzhaft ins Bewusstsein gerückt, dass sich Schöngeistigkeit und Gewalt nicht ausschließen. Dennoch überrascht, dass sich dieser sonst als sensibel beschriebene Mann hier so mitleidlos geben konnte. Hatte es einen Bekannten aus den eigenen Reihen getroffen, so zeigte er durchaus Betroffenheit: »Hollebens Tod hat mich tief betrübt. [...] Die arme Frau thut mir von Herzen leid. [...] Von allen Trauerkunden dieses Krieges hat mich Hollebens Tod am empfindlichsten getroffen, da ich ihn recht herzlich lieb gewonnen hatte.«[27] Deutlich aber scheint aus den Quellen hervor, wie wichtig es diesem anerkannten Musiker gewesen sein muss, einem gesellschaftlich geforderten Modell hegemonialer Männlichkeit zu entsprechen und sich auch als Soldat zu bewähren. In manchem ähnelten sich die Aufgaben durchaus, er hatte als Offizier wie als Intendant zu führen und zu überzeugen. Psychisch aber war der Mensch und Mann Bronsart anders gefordert – er musste als Vorbild die eigene Angst überwinden, seine Männer zum Kämpfen motivieren und mit der hautnahen Berührung des Todes umgehen.

Das wurde dann auch mit dem Eisernen Kreuz honoriert. Er war ungemein stolz darauf und bedauerte gegenüber seiner Frau, nicht die höheren Orden seiner Generals-Brüder bekommen zu können:

»[Es sei denn], daß ich noch etwa mit meinem Zuge eine feuernde Batterie erobere, oder eine Schanze stürme – was ich nicht ermangeln würde zu thun, sobald ich den Befehl erhielte. Das allein aber könnte mir solchen Brocken erster Klasse einbringen. Du mußt Dich also vorläufig schon mit der zweiten begnügen.«[28]

[26] Hans an Ingeborg von Bronsart vom 10. Okt. 1870, ebd.
[27] Hans an Ingeborg von Bronsart vom 4. Sept. 1870, ebd. Ingeborg von Bronsart widmete dem Offizier eine Violinromanze (*Romanze* in a-Moll für Violine und Klavier, Herrn Oberstleutnant Fritz von Holleben (gefallen bei Gravelotte den 18 August 1870) gewidmet, Weimar: Kühn 1873).
[28] Hans an Ingeborg von Bronsart vom 25. 1. 1871, ThHstAW, Nachlass Hans Bronsart von Schellendorf 129.

Durch militärische Ehrungen des Mannes fühlten sich Frauen mitausgezeichnet, und es war Hans von Bronsart offenbar bewusst, dass Ingeborg solche Erwartungen mindestens implizit an ihn richtete.

Die häufige Angst von Männern, ihre Frauen während langer Abwesenheit sexuell nicht so kontrollieren zu können, war ein Motiv, wenigstens mit starken Worten »Männlichkeit« zu demonstrieren. Denn die Frontkämpfer registrierten durchaus, wie sich daheim die Frauen betrugen: Bronsart kritisierte etwa die Frau des ihm vorgesetzten Generals Konstantin Bernhard von Voigts-Rhetz, der nach dem Deutschen Krieg 1866 Generalgouverneur der neuen preußischen Provinz Hannover geworden war und mit den Bronsarts gesellschaftlich verkehrte:

> »Wie hier erzählt wird, soll sie sich in Hannover mehr als gerade nöthig der französischen Verwundeten und auch Turkos annehmen, es ist vielleicht nur müßiges Gerede. Aber es hat überall einen sehr schlechten und peinlichen Eindruck gemacht, wo preußische Damen, getrieben von Hypersentimentalität oder dem Drange, ihr Französisch glänzen zu lassen, sich mehr mit den Franzosen beschäftigen, als mit den deutschen Verwundeten, welche durch ihre Tapferkeit sie vor diesen Bestien von Turkos etc. beschützen helfen.«[29]

Das Karitative war die Domäne der weiblichen Oberschicht; plastisch geht diese spezifisch weibliche Kriegs-Erfahrung aus einer Schilderung Adelheid von Schorns hervor, einer Freundin Ingeborg von Bronsarts aus dem Umfeld des Weimarer Liszt-Kreises:

> »Ich besuchte die beiden Lazarette, in Niederbronn und Reichshofen, und fand alles so schön eingerichtet, daß man meiner Hilfe nicht bedurfte. Ich habe nur einige Male geholfen, mittags den Verwundeten ihr Essen zu geben. Ein Turko mit bereits ergrauten Haaren ist mir in Erinnerung geblieben. Er hatte eine Wunde am Kopf und litt entsetzlich. Ich mußte ihn füttern, denn er durfte sich nicht bewegen, und sehe immer noch den dankbaren Blick, wenn ich ihm einige Löffel Suppe eingeflößt hatte.«[30]

Ingeborg von Bronsart war später Mitglied des Vaterländischen Frauenvereins,[31] ob sie sich vielleicht schon im Krieg 1870/71 dort engagierte, ist nicht

[29] Hans an Ingeborg von Bronsart vom 21. Sept. 1870, ebd.
[30] Adelheid von Schorn, *Zwei Menschenalter. Erinnerungen und Briefe aus Weimar und Rom*, ³Stuttgart 1920, S. 153.
[31] Elfriede Voigt-Deutsch, »Ingeborg von Bronsart und die Wohltätigkeits-Matinée am 18. April 1880 von Johannes Brahms und Joseph Joachim für den Vaterländischen Frauenzweigverein Hannover«, in: *Hannoversche Geschichtsblätter* NF 55/56 (2001/02), S. 117–155.

bekannt. Neben dem praktischen sozialen Engagement etwa in den Lazaretten eröffnete auch der Bereich der Wohltätigkeitsveranstaltungen Frauen Möglichkeiten öffentlichen Wirkens, worauf später zurückzukommen sein wird.

Durch das Fehlen der Gegenbriefe und anderer Quellen wissen wir nichts darüber, wie Ingeborg von Bronsart die intensiven Emotionen verarbeitete, die durch den Krieg allgemein und den Frontaufenthalt ihres Mannes speziell ausgelöst wurden: Stolz auf die Tapferkeit und Angst um das Leben ihres Mannes, dazu kam die weitgehend alleinige Verantwortung für Kindererziehung und Haushaltsfragen wie das Mieten einer neuen Wohnung und die Kommunikation mit dem Theaterpersonal. Obgleich ihr bewusst sein musste, dass der »Heldentod« des Mannes mit drastischen, nicht nur emotionalen, sondern auch sozialen Folgen für sie hätte eintreffen können, verklärt sie ihn in einem ihrer Lieder ebenso wie den Tod der Söhne für die »deutsche Sache«. Das ist aus heutiger Sicht umso schwerer nachzuvollziehen, als sie Mutter eines kleinen Jungen war, dessen Sozialisation jedoch ganz im Zeichen der Zeit stand:

> »Also Fritzchen sagt ›Armee‹? Und nun hat er zum Geburtstag eine Schachtel voll Diminutiv-Papas bekommen? Nun, wenn der Junge Soldat wird, dann weiß ich nicht, woran es liegt!«[32]

Nur zu deutlich vermittelt die Briefpassage die Selbstverständlichkeit, mit der im preußischen Adel des 19. Jahrhunderts militaristische Mentalitäten von klein auf in sozialen Praxen eingeübt wurden: Zinnsoldaten als Geschenk zum zweiten Geburtstag stehen für die Fortsetzung und spielerische Inkorporation der Familientradition, wie sie der Vater Hans von Bronsart in seinem Heimatbrief von der Front des Deutsch-Französischen Krieges hier durchaus positiv imaginiert. Fritz von Bronsart wurde später in der Tat Offizier und diente in Deutsch-Ostafrika.

Ingeborg von Bronsart: *Drei Lieder*

1871 ließ Ingeborg von Bronsart im Schott-Verlag *Drei Lieder* für Solostimme und Klavier drucken (Abbildung 1). Quelle der Texte war mit großer Wahrscheinlichkeit die weitverbreitete Sammlung *Lieder zu Schutz und Trutz: Gaben deutscher Dichter aus der Zeit des Krieges im Jahre 1870 und 1871*, die von Franz Joseph Lipperheide zwischen August 1870 (1. Sammlung) und Februar bis Juli 1871 (4. Sammlung) herausgegeben wurde (Abbildung 2).[33]

---

[32] Hans an Ingeborg von Bronsart vom 26. Nov. 1870, ThHstAW, Nachlass Hans Bronsart von Schellendorf 129.
[33] Berlin 1870/71.

Abbildung 1: Ingeborg von Bronsart, *Drei Lieder* für eine Singstimme mit Pianobegleitung, Mainz: Schott 1871

Abbildung 2: *Lieder zu Schutz und Trutz*, hrsg. von Franz Joseph Lipperheide, Berlin 1870/71

Die vier Sammlungen – eingeleitet von Ernst Moritz Arndts *Als Thiers die Welschen aufgerührt hatte* (1841) mit dem Refrain-Motto »In Frankreich hinein!« – enthalten neben einigen bereits anderweitig publizierten Dichtungen hauptsächlich Originalbeiträge von gut 100 Dichtern, darunter einschlägige vaterländische Autoren wie Felix Dahn, Ferdinand Freiligrath, Emanuel Geibel oder Heinrich von Treitschke. Auch wenige Dichterinnen waren vertreten: Amara George-Kaufmann, Ida von Düringsfeld und Adelheid von Stolterfoth. Die bibliophil gestalteten Bände drucken diverse Gedichte auch im Autograph ab und geben bei einem Teil der Lieder auch Melodien an, auf die der Text gesungen werden kann; Noten sind in keinem Fall beigefügt.

Aus diesem Konvolut mehrerer hundert Liedtexte wählte Ingeborg von Bronsart drei Gedichte verschiedener Autoren, die sich zu einem kleinen Zyklus fügen. Dieser zielt mit Durch-Nacht-zum-Licht-Dramaturgie auf die deutsche Einigung und Reichsgründung: *Frisch auf* ruft die deutschen Männer zu den Waffen, *Den Trauernden* tröstet die Frauen über den Tod ihrer Liebsten, und *Eil' hin mein Ross!* vermittelt den Frontkämpfern großdeutsche Sehnsüchte von Seiten der k.u.k.-Länder. In allen drei Texten weist die Strophenform Besonderheiten auf, was sie als Vorlage für die Komponistin womöglich besonders geeignet machte; die ungleich langen Verse kamen einer variablen, individuelle Formkonzepte suchenden Vertonung entgegen.

Die Folge beginnt mit dem im September 1870 komponierten Lied *Frisch auf, zum letzten Kampf und Streit*[34] auf einen Text von Heinrich Zeise[35], einem in Hamburg lebenden Dichter, der diverse patriotische Lyrikbände publiziert hatte. Der Text exponiert viele für den damaligen nationalen Diskurs typische Motive.[36] Erstens das Feindbild: »Frankreich will Deutsch-

---

[34] Das Autograph dieses einen Liedes findet sich in der Staatsbibliothek zu Berlin – Preußischer Kulturbesitz (Ms. autogr. I. v. Bronsart 2 N).

[35] »*Frisch auf* zum letzten Kampf und Streit,/Ihr Männer all' und Knaben,/Frankreich will Deutschlands Herrlichkeit/Vernichten und begraben./Rasch nehmt die Büchse von der Wand/Die scharfen Schwerter nehmt zur Hand./Frankreich will Deutschlands Herrlichkeit/Vernichten und begraben!

Nicht gilt's allein dem deutschen Rhein/Das Höchste gilt's erraffen./Ganz Deutschland strahlt in Waffenschein,/Das Volk in Wehr und Waffen./Es blitzt in jeder Hand das Schwert,/Wir kämpfen treu für Haus und Herd./Ganz Deutschland strahlt im Waffenschein,/Das Volk in Wehr und Waffen!

In unsrer Brust glüht Zorn und Hass,/Es gilt die Gluth zu kühlen,/Den Spartern gleich am Felsenpass/Der stolzen Thermopylen./Und naht sich der Franzosen Heer,/Den Persern gleich, wie Sand am Meer,/Wir schützen treu ohn' Unterlass/Die deutschen Thermopylen!

Frisch in den Kampf, die Trommel rührt,/Und Herz und Arm erhoben,/Der greise Heldenkaiser führt/Uns stolz ins Schlachtentoben./Wir folgen seinem Wink der Hand,/Zum Kampf für Gott und Vaterland./Frisch in den Kampf die Trommel rührt/Und Herz und Arm erhoben.

Und wer da fällt im Kampf als Held/Für unsre heil'ge Sache,/An dessen Wahlplatz steht und hält/Die deutsche Ehre Wache./Oh Vaterland, nimm unser Blut,/Wir kämpfen für das höchste Gut./Du Gott, hoch über'm Sternenzelt,/Schirm' Deutschlands heil'ge Sache!«

Lieder zu Schutz und Trutz: Gaben deutscher Dichter aus der Zeit des Krieges im Jahre 1870, gesammelt und hrsg. von Franz Lipperheide, Erste und zweite Sammlung (August und September 1870), 2., veränderte und vermehrte Auflage, Berlin 1870, S. 38.

[36] Vgl. auch die Analyse von Paloma Cornejo, die die kommunikativen Implikationen der »Wir«-Form in ihrer Funktion für die Konturierung eines Feindbildes

lands Herrlichkeit vernichten und begraben!« Zweitens die Ästhetisierung des Krieges: »Ganz Deutschland strahlt in Waffenschein [...]. Es blitzt in jeder Hand das Schwert, wir kämpfen treu für Haus und Herd.« Damit ist schon das dritte Motiv angesprochen: Männer werden zum Kampf motiviert durch die Behauptung, sie müssten ihre Frauen und Familien schützen, was auf die epochentypische Polarisierung der Geschlechtscharaktere verweist.[37] Viertens die Loyalität zum Kaiser: »der greise Heldenkaiser führt uns stolz ins Schlachtentoben«. Und fünftens die religiöse Rechtfertigung des Krieges: Gott möge die »heilige Sache« beschirmen. Auch mit der Sakralisierung der Nation ist eine gängige Gedankenfigur aufgegriffen. Wie Andreas Dörner feststellt, wird »mit Hilfe politischer Kategorien« ein »Sinnangebot und Heilsversprechen« vollzogen, das »nach der Aufklärung durch die Religion allein nicht mehr geleistet werden kann«: »In den deutschen, insbesondere in den protestantischen Ländern rückt das Politische jedoch nicht an die Stelle des Religiösen, sondern verbindet sich damit zu nationaler Religion und sakralisierter Nation. Die Nation erscheint als gottgewollt und somit längerfristig als unbesiegbar.«[38] Bis auf das Religiöse, das dort nur am Rande aufscheint, finden sich alle Motive auch zentral in Bronsarts Briefen: Frankreich als Bedrohung, Schutz der Frauen, Ästhetisierung des Kriegs und Kaisertreue. Briefe, Gedichte und Musik stehen in einem Kommunikationsraum über die Deutungsmuster des Krieges.

Die Vertonung stellt den Gestus des Kämpferischen mit marschartigen Punktierungen und Dreiklangsbrechungen in den Vordergrund. Das Ziel des Kampfes, nämlich die Integrität der Nation, hält Bronsart durch die harmonische Disposition präsent: Deutschland wird innerhalb der B-Dur-Grundtonalität durch die militärische Tonart D-Dur repräsentiert. Zweimal in den ersten drei Strophen, in der ersten Strophe auf der zwei Takte ausgehaltenen Schlusssilbe von »Deutschlands Herrlichkeit«, erscheinen D-Dur-

---

herausarbeitet (*Zwischen Geschichte und Mythos: La guerre de 1870 en chansons: Eine komparatistische Untersuchung zu den identitätsstiftenden Inhalten in deutschen und französischen Liedern zum Krieg* (= Epistemata: Reihe Literaturwissenschaft, Bd. 510), Würzburg 2004, S. 103 f.

[37] Vgl. zur funktionalen Komplementarität der Geschlechterrollen im Zusammenhang mit nationalem Bewusstsein und musikalischer Sozialgeschichte auch Dietmar Klenke, *Der singende »deutsche Mann«: Gesangvereine und deutsches Nationalbewußtsein von Napoleon bis Hitler*, Münster u. a. 1998, bes. Kap. III. 5. »›Leyer und Schwert‹ und Mann und Frau«, S. 132–139.

[38] Andreas Dörner, *Politischer Mythos und symbolische Politik: Der Hermannmythos: Zur Entstehung des Nationalbewußtseins der Deutschen*, Reinbek bei Hamburg 1996, S. 77.

Notenbeispiel 1: Ingeborg von Bronsart / Heinrich Zeise: *Frisch auf, zum letzten Kampf und Streit!* (Aus: *Drei Lieder*, Mainz 1871), S. 5.

Akkorde. Sie werden nach einem langsamen, stufenweise fortschreitenden Anstieg erreicht, der den Widerstand des Feindes und in den späteren Strophen das Durchhaltevermögen der deutschen Armee spürbar machen soll. Zwar sind die Akkorde eingebunden in Kadenz-Zusammenhänge, fallen aber durch Länge, Lautstärke und Fanfaren-Motivik bereits hier auf. Die beiden Schlussstrophen bestätigen die auf Deutschland bezogene Semantik endgültig: Jeweils vier Takte in geschlossener D-Dur-Tonalität heben sich, mediantisch in das B-Dur-Umfeld gesetzt, wie ein »Klangdenkmal« aus ihrem Kontext heraus bei den Worten »Wir folgen seinem Wink der Hand zum Kampf für Gott und Vaterland« sowie »O Vaterland, nimm unser Blut, wir kämpfen für das höchste Gut.« In spannungsvollem Piano begonnen und zum Forte gesteigert, erscheint das »Vaterland« wie eine Vision, die religiöse Assoziationen weckt (siehe Notenbeispiel 1).

A[lexander?] Dunkers *Den Trauernden*[39] fordert Frauen auf, den Tod ihrer Söhne und Männer nicht zu beweinen, da diese durch ihr Opfer Unsterblichkeit erlangen würden. Wieder klingt ein Marsch-Modell an, die marcia funebre. Die Vielschichtigkeit der im Gedicht beschworenen Gefühlslagen zwischen Trauer, Stolz und patriotischem Aufbruch findet sich im Wechsel dreier musikalischer Charaktere wieder: einem langsam schreitenden, der zugleich Trauer und Trost ausdrückt (Anfang), einem pathetisch deklamatorischen, der tragischen Stolz vermittelt (Takt 8–9), und einem vorwärtsdrängenden, der erst die Dramatik des Sterbens (T. 10–11), dann aber den Aufstieg »er starb fürs Vaterland« trägt (T. 18 ff.). Der Refrain formuliert die Aufforderung »O, weine nicht« dreimal unterschiedlich aus: Zuerst klart

---

[39] »O weine nicht, wenn blitzschnell, wie vom Wetterschlage,/Die süsse Hoffnung deines ganzen Lebens,/Die Stütze deiner alten Tage zusammenbrach,/Nun deine Hand, dein Mund/Den theuren Liebling sucht vergebens,/Den Sohn, den Sohn! er starb für's Vaterland./O weine nicht, o weine nicht, o weine nicht!
O weine nicht, wenn Der, als Gatte dir zu eigen,/In treuer Liebe innig dir verbunden,/Wenn deines Lebens höchster Schmuck muss neigen/Das edle Haupt, fernab von Feindeshand dahingestreckt,/Nicht achtend seiner Wunden,/Dich segnend, stirbt den Tod für's Vaterland,/O weine nicht, o weine nicht, o weine nicht!
O weinet nicht, ob ihr das Theuerste auch habt verloren!/Gewaltig schon die neuen Zeiten kreisen/Und Grosses wird in Schmerzen nur geboren./Der Lorbeer reicht der Palme schon die Hand,/Und herrlich, neugestählt durch Blut und Eisen,/Ersteht zum höchsten Glanz das Vaterland./Drum weinet nicht, denn die für solchen Preis sich hingegeben,/Sie sterben nicht, sie werden ewig leben!«
Lieder zu Schutz und Trutz, dritte Sammlung (October bis December 1870), S. 49. Von dem eigentlich fünfstrophigen Lied sind dritte und vierte Strophe nicht vertont.

Notenbeispiel 2: Ingeborg von Bronsart / A. Dunker: *Den Trauernden* (Aus: *Drei Lieder*, Mainz 1871), S. 6, 7.

sich das vorige es-Moll leuchtend nach Es-Dur auf, dann folgt ein zärtlich tröstender Melodiebogen, zuletzt heißt es sehr bestimmt: »O, weine nicht« (Notenbeispiel 2). In der dritten Strophe wird den Toten die Unsterblichkeit verheißen, mit Fanfaren im Klavier und einem apotheotischen Anstieg zum hohen *As* in der Gesangsstimme: Wiederum steigert sich die textliche wie musikalische Dramaturgie zu einer mit religiösen Topoi arbeitenden Heilsverheißung des Nationalen. Die Trauer bleibt mit dem Nachspiel, welches das Vorspiel wiederholt, aber präsent.

Die Verteilung der Geschlechterrollen, die in diesen beiden Liedern zur Identifikation angeboten werden, überrascht nicht: Die Männer kämpfen und sterben für das Vaterland, und die Frauen trauern mit Stolz und halten das Andenken der Helden lebendig. Beiden Liedern liegen Marsch-Modelle zugrunde, was verdeutlicht, dass beide Geschlechter das gleiche Ziel haben. Der Kontrast zweier Marsch-Typen aber macht die Polarisierung der Rollen dabei hörbar: Der kämpferische Marsch für den Mann, der Trauermarsch für die Frau. Nicht zufällig entfaltet das weibliche Modell das weitaus komplexere Gefühlsspektrum.

Der Text des letzten Liedes *Eil' hin mein Ross!*[40] stammt von Ernst Rudolf Neubauer, einem österreichischen Gymnasiallehrer und Lyriker, der in Wien studiert und sich dort 1848 an der Revolution beteiligt hatte, worauf er nach Czernowitz in der Bukowina strafversetzt wurde. Das Lied schließt den Zyklus mit einer großdeutschen Vision ab, indem die Länder Österreich-Ungarns der schwarz-rot-goldenen Fahne die Treue schwören und das Lyrische Ich als Vertreter des Südens diese Botschaft den »Heldenbrüdern« in West und Nord überbringen solle.

Das prägende rhythmische Modell ist nun kein Marsch mehr, sondern eine geschwinde Triolenfigur, wie sie charakteristisch zur Vertonung eines Rittes ist. Ingeborg von Bronsart beantwortet die ungewöhnliche Strophenform

---

[40] »Eil' hin mein Ross durch Wetter und Wind!/Geschwind! Geschwind!/Eil' hin dreihundert Meilen weit./Du bist geweiht dem schönsten Ritt,/Und führst das höchste Banner mit:/›Schwarz, Roth und Gold‹/So kühn enthüllt,/Zum Zeichen:/Dass Treue lebt trotz Raum und Zeit,/Dass nimmer wir in Ewigkeit/Von uns'rer Fahne weichen.

Sei flink mein Ross, und stürme nun fort/Nach West und Nord,/Bis du den Heldenbrüdern nah'./Dort künde laut, wie Nerv und Blut/Im Süden kocht; wie Fieberglut/Das deutsche Herz/Mit Lust und Schmerz/Durchdringet;/Und wie erbrausend dort und da,/Vom Ister bis zur Adria,/Das deutsche Lied erklinget!« *Lieder zu Schutz und Trutz*, dritte Sammlung (October bis December 1870), S. 33, mit der Datierung »Cernowitz in der Bukowina am 28. August 1870«.

Notenbeispiel 3: Ingeborg von Bronsart / Ernst Rudolf Neubauer: *Eil' hin mein Ross!* (Aus: *Drei Lieder*, Mainz 1871), S. 10.

durch eine freie Periodenstruktur, welche die Strophe an zwei Stellen mittels einer Fermate gliedert und durch Tempomodulationen das Grundmuster der Bewegung unterbricht, um rhetorische Wirkungen zu erzielen. Den Bewegungsfluss dämmend wird deklamatorisch im poco piu lento die Fahne »Schwarz, Roth und Gold« beschworen, wobei eine Zwischenkadenz nach e-Moll das Wort »Zeichen« mit einem farbigen, durch eine Fermate intensivierten Vorhaltsakkord auf die Dominante H-Dur führt (Notenbeispiel 3). Die folgenden im Endreim korrespondieren Verse, in denen der deutschen Fahne Treue gelobt wird, hellen die vorige tonale Konstellation, die auf G-Dur und seine Variante bezogen war, durch eine mediantische Wendung auratisch nach H-Dur auf – was als harmonische Idee die tonale Dramaturgie des ersten Liedes wieder aufgreift und gewissermaßen einen formalen Bogen schlägt. Die zweite und letzte Strophe bleibt an analoger Stelle befestigend im Rahmen der Grundtonart G-Dur und bekräftigt die Versicherung, dass das »deutsche Lied« »vom Ister bis zur Adria« erklinget, was schon fast mehr als großdeutsche Phantasien artikuliert.

Aus welchem Grund die Komponistin mit ihren nordeuropäischen Wurzeln und als Mitglied einer preußischen Offiziersfamilie ihre Liederfolge mit einer großdeutschen Sehnsucht aus südöstlicher Perspektive beschließt, kann die Quellenlage nicht aufklären.

So plakativ die musikalische Faktur auf gängige Topoi des Kämpferisch-Heroischen oder der Klage zurückgreift, so wenig gibt sie doch den Anspruch preis, der sich mit der Gattung des Klavierliedes in dieser Epoche verbindet. Die formale Gestaltung der drei variierten Strophenlieder ist individuell; Bronsart greift die verschiedenen Verslängen und Enjambements auf, um musikalisch neue deklamatorische Einheiten zu schaffen. In *Den Trauernden* vereint sie etwa am Anfang den mottoartigen Kurzvers »O weine nicht« mit dem zweiten Vers, am Strophenende weitet sie dagegen den Kurzvers durch zweimalige Wiederholung als schließenden Formteil aus; das Enjambement »die Stütze deiner alten Tage/zusammenbrach« wird musikalisch zu einem Vers zusammengezogen, so dass die kompositorische Syntax der sprachlichen entspricht. Die Dramaturgie der Liederfolge zeigt Analogien zum Sonatensatzzyklus, in dem die Stelle des Scherzo aus naheliegenden Gründen unbesetzt bleibt: Einem ausgedehnten Lied im Allegro moderato folgt als »langsamer Satz« das Lento, der Zyklus schließt mit dem mit Animato bezeichneten Finale, das die getragene Emotion des zweiten Liedes in schwungvolle Emphase löst. Der semantische Gegensatz zwischen »männlich« und »weiblich« konnotiertem musikalischen Material ist aus der Symphonik, vor allem der Symphonischen Dichtung Lisztscher Prägung geläufig; auch in Joachim Raffs programmatischer Symphonie

An das Vaterland (1859–61) ist der langsame Satz der Schilderung der weiblichen Sphäre gewidmet.[41]

Eigentlich war das Klavierlied – als Kunstlied im emphatischen Sinne – nicht die zentrale Ausdrucksform patriotischer Musik. Gab es auf der einen Seite eine überbordende Produktion von »Gebrauchsmusik« (Liederbücher mit Soldaten- und Kriegsliedern[42] oder Militärmusik),[43] so entstanden auf der anderen Seite unzählige patriotische Werke auf dem Gebiet der »Kunstmusik«, die auf massenwirksame und repräsentative Kontexte zielten und von daher meist große Besetzungen vorsahen. Neben den prominenten Beispielen, Richard Wagners *Kaisermarsch* und Johannes Brahms' *Triumphlied*[44], wurde eine Vielzahl von Festmusiken, häufig monumentalen Stücken für Chor und Orchester, geschrieben.[45] Patriotische Kunstlieder, die es gleichwohl gab, legten, wie die Bronsart-Lieder beispielhaft zeigen können, einer breiten Rezeption Hürden in den Weg, weil sie nicht kollektiv, sondern solistisch gesungen wurden und an die Interpreten nicht unbeträchtliche technische Anforderungen stellten, etwa den großen Stimmumfang und die weitgeschwungenen Phrasierungsbögen. Das wirft die Frage auf, in welchem Kontext solche Lieder aufgeführt wurden.

Eine Antwort hierzu findet sich in einem Brief der zu dieser Zeit am Hannoverschen Hoftheater engagierten Sängerin Aglaja Orgeni, die ihrer Familie am 5. Oktober 1870 schrieb: »Habe die Rosine im ›Barbier‹ gesungen, Frau von Bronsart komponierte eigens ein patriotisches Lied für mich, das ich einlegen

---

[41] Hans-Werner Boresch, »*An das Vaterland* von Joachim Raff. Überlegungen zum Zusammenhang von Musik und Nationalismus im 19. Jahrhundert«, in: *Musik im Spektrum von Kultur und Gesellschaft: Festschrift für Brunhilde Sonntag*, hrsg. von Bernhard Müßgens, Osnabrück 2001, S. 167–188, hier S. 175.

[42] Vgl. hierzu Cornejo, *Zwischen Geschichte und Mythos*.

[43] Sabine Giesbrecht-Schutte, »›Lieb' Vaterland, magst ruhig sein‹. Musik und Nationalismus im deutschen Kaiserreich«, in: *Vom hörbaren Frieden*, hrsg. von Hartmut Lück, Frankfurt am Main 2005, S. 413–442.

[44] Vgl. dazu u. a. Friedhelm Krummacher, »›Eine meiner politischen Betrachtungen über dies Jahr‹. Eschatologische Visionen im *Triumphlied* von Brahms«, in: *Studien zur Musikgeschichte: Eine Festschrift für Ludwig Finscher*, hrsg. von Annegrit Laubenthal u. a., Kassel u. a. 1995, S. 635–654; Peter Petersen, »Über das *Triumphlied* von Johannes Brahms«, in: *Mf* 52 (1999), S. 462–466; Thomas Leibnitz, »›Denn wahrhaftig und gerecht sind seine Gerichte …‹. Apokalypse als nationale Manifestation im *Triumphlied* op. 55 von Johannes Brahms«, in: *Apokalypse: Symposion 1999*, hrsg. *Carmen* Ottner, Wien u. a. 2001, S. 135–150.

[45] Vgl. etwa die von Sabine Giesbrecht-Schutte untersuchten Bismarck-Kompositionen (»Gründerzeitliche Festkultur – die *Bismarckhymne* von Karl Reinthaler und ihre Beziehung zum *Triumphlied* von Johannes Brahms«, in: *Mf* 52 (1999), S. 70–88.

mußte und das auch recht gefiel, wie überhaupt das Publikum sehr entzückt tat.«⁴⁶ Leider wissen wir nicht, von wem die Idee ausging, ein patriotisches Lied – vermutlich war es *Frisch auf* – in Rossinis *Barbier von Sevilla* einzulegen:⁴⁷ War es die Sängerin, der Kapellmeister, der Regisseur oder Ingeborg von Bronsart selbst? Sie unterhielt einen engen Kontakt zu den Künstlern der Oper, um zwischen ihnen und dem abwesenden Intendanten Informationen zu vermitteln, und sah vielleicht die Chance, sich mit einem Lied, dessen Motivation und Gesinnung niemand kritisieren konnte, als Autorin in die Öffentlichkeit zu rücken.

Orgenis Berichte benennen einen weiteren Rahmen, in dem solche patriotischen Lieder vermutlich einen bevorzugten Platz fanden: die Benefizveranstaltungen:⁴⁸

> »Ich habe heute so viel zu tun gehabt, morgen ›Domino‹, übermorgen wieder ein Wohltätigkeitskonzert, und so fort, jede Woche haben wir nun ein Wohltätigkeitsfest, in dem ich mitwirke, was ich ja mit Freuden tue. Hoffen wir, daß schönere Tage kommen für die Welt, für alle und einzelne [...].«⁴⁹

Orgenis Briefe belegen, wie sehr die politischen und militärischen Entwicklungen auch in Künstlerkreisen verfolgt wurden und Männer wie Frauen gleichermaßen okkupierten. »Ich lese sehr fleißig Zeitung [...]. Ach, so viel Trauriges! Ich lechze und stöhne nach dem Frieden«, schrieb die Sopranistin am 19. September 1870, und zehn Tage später heißt es:

> »Die politische Situation beschäftigt einen so mächtig, daß man schließlich alle Kleinigkeiten vergißt. Straßburg gefallen! Die arme Stadt muß entsetzlich zugerichtet sein. Nun noch Metz und Paris – ich habe ein or-

---

46 Erna Brand, *Aglaja Orgeni: Das Leben einer großen Sängerin; nach Briefen, Zeitquellen und Überlieferung*, München 1931, S. 267.
47 Die im 18. Jahrhundert gängige Praxis, »fremde« Arien einzulegen, die den Sängern der Hauptrollen Gelegenheit gab, ihre Virtuosität in für ihre Stimme besonders passenden Stücken zu präsentieren, war im 19. Jahrhundert weitgehend verschwunden. *Der Barbier von Sevilla* kann als Ausnahme gelten, da viele Primadonnen die Gesangsstunde im 2. Akt für wirkungsvolle Einlagen nutzten. Für diesen Hinweis danke ich Rebecca Grotjahn.
48 In einem »Concert im Logenhaus des Königl. Theaters, für die Verwundeten und die Hinterbliebenen der im Kriege Gefallenen« am 17. September 1870 wurde etwa Ingeborg von Bronsarts Männerchor *Hurrah Germania!* aufgeführt. Für diese Information danke ich dem Leiter des Theatermuseums Hannover, Carsten Niemann.
49 Brand, *Aglaja Orgeni*, S. 268.

dentliches Fieber, fürchte nur, es wird nicht gar so schnell gehen. Gott gebe ein baldiges Ende.«[50]

Sicher waren auch in den Salons der Epoche Krieg und Fragen nationaler Identität ein zentrales Thema, und so lässt sich vermuten, dass hier – im halböffentlichen Rahmen der Salonkultur – ebenfalls ein Aufführungsrahmen für patriotische Kunstlieder gegeben war, zumal, wenn die Beteiligten identisch mit den Akteuren der Benefizkonzerte und Opernvorstellungen waren. Elise Polkos Beschreibung des Bronsartschen Salons erwähnt neben der Sopranistin Orgeni auch eine Frau von Voigts-Rhetz, die sicher ein Mitglied der Familie des oben erwähnten Generals war, sowie den preußischen Politiker Albert von Maybach:

> »In den Matineen des Bronsartschen Hauses gaben sich damals in Hannover die auswärtigen wie einheimischen Künstler ein Rendezvous, sowie die elegante Gesellschaft. Ich erinnere mich verschiedener hochinteressanter Gestalten, die dort an mir vorübergegangen – vor allem der schönen, genialen Klavierspielerin Frau von Voigts-Rhetz, die nicht mehr ›Dilettantin‹, wohl aber Künstlerin war, der glänzenden Sängerin Aglaia Orgeni, des leidenschaftlichen Musikfreundes und späteren preußischen Ministers Maybach und seiner sanften, liebenswürdigen, nun auch heimgegangenen Frau, und des unvergeßlichen Max Stägemann, jetzigen Theaterdirektors in Leipzig und seiner reizenden Lebensgefährtin.«[51]

Der hannoversche Arzt und aufmerksame Chronist des städtischen Musiklebens Georg Fischer berichtet vom Bronsartschen Salon, dass sich dort die »vornehme Gesellschaft der Militär- und Zivilkreise« zusammenfand.[52]

Es lassen sich zusammenfassend also drei mögliche Aufführungskontexte für patriotische Klavierlieder benennen, die auf je verschiedene Weise die Durchdringung von künstlerischer Praxis und politisch-nationaler Bekundung erkennen lassen: Opernaufführungen, Benefizveranstaltungen und das Musizieren im Salon. Wieweit Lieder wie die vorgestellten – gerade im Gegensatz zum Repertoire der Männerchöre, die männerbündische Tendenzen pflegten – speziell mit weiblicher kultureller Praxis verbunden sind, müsste in eingehenderen Quellenstudien erkundet werden. Einen Hinweis in diese Richtung könnten jedenfalls auch die Widmungen geben: »Ihrer Kaiserlichen und Königlichen Majestät der Deutschen Kaiserin und Königin von Preußen Augusta in tiefster Ehrfurcht

---

[50] Ebd, S. 267.
[51] Elise Polko, »Ingeborg von Bronsart. Biographisches Skizzenblatt«, in: *Neue Musik-Zeitung* 9 (1888), S. 142f.
[52] Georg Fischer, *Franziska Ellmenreich*, Hannover 1919, S. 35.

gewidmet«, bilden die drei Lieder nämlich ein Gegenstück zu Bronsarts dem Kaiser gewidmeten *Kaiser-Wilhelm-Marsch*: Die Komponistin praktiziert in ihrer Adressierung von Musik ein Gendering, indem sie der weiblichen Widmungsträgerin die »private« Gattung des Liedes zuordnet, so sehr die Inhalte auch über das Private hinausreichen, und komplementär dem männlichen Widmungsträger den Militärmarsch als öffentliche Gattung zueignet.

Kultur spielt für die Inkorporierung der Idee des Nationalen auch deshalb eine so gewichtige Rolle, weil »die relativ abstrakte Kategorie der Nation«, wie Andreas Dörner feststellt, »in einer konkreten Symbolstruktur« versinnlicht werden müsse.[53] An den Liedern Ingeborg von Bronsarts lässt sich exemplarisch demonstrieren, wie durch Musik nationale Empfindungen mit emotionaler Tiefenwirkung kommuniziert werden konnten. Daneben zeigt der Aufführungskontext – die Einlage in Rossinis *Barbier von Sevilla* –, wie weit sich die kulturelle Praxis dem Bedürfnis von Künstlern und Publikum öffnete, die Identifizierung mit der nationalen Sache öffentlich erkennbar werden zu lassen. Dass sich von beiden Bronsarts nach 1871 keine dezidiert patriotischen oder militärisch konnotierten Kompositionen erhalten haben, bestätigt, dass das gesellschaftliche Klima der Jahre um die Reichsgründung so massiv mit nationalen Energien und gesellschaftlichen Erwartungen aufgeladen war, dass auch diejenigen erfasst wurden, die im übrigen weltläufig waren und als Künstler einen internationalen Repertoire-Horizont hatten.

Offen muss bleiben, ob neben einem patriotischen Ausdrucksbedürfnis und der von Ingeborg von Bronsart eventuell besonders drängend empfundenen Notwendigkeit, als »Undeutsche« ihre »deutsche« Gesinnung zu beglaubigen, solche Kompositionen auch dadurch motiviert gewesen sein könnten, ihrem kompositorischen Schaffen eine größere Öffentlichkeit zu geben, nachdem sie auf ihrem ursprünglichen Professionalisierungsfeld des Konzertierens auf die regionale Öffentlichkeit von Benefizgalen eingeengt war. Denn generell erweiterte das Feld patriotischer Bekundungen Frauen den Rahmen, sich zu äußern. Ute Planert vermutet, dass in der Nationalliteratur von Frauen »eine Identifikation mit der männlichen Subjektposition stattfand und so Machtfantasien artikuliert werden konnten, deren Äußerung bürgerlichen Frauen [...] sonst nicht zustand.«[54] Frauen hätten den Bezug auf Nationales

---

53 Vgl. auch Boresch, »*An das Vaterland*«, S. 168.
54 Ute Planert, »Vater Staat und Mutter Germania: Zur Politisierung des weiblichen Geschlechts im 19. und 20. Jahrhunderts«, in: *Nation, Politik und Geschlecht: Frauenbewegungen und Nationalismus in der Moderne*, hrsg. von Ute Planert (= Reihe Geschichte und Geschlechter, Bd. 31), Frankfurt/Main u. a. 2000, S. 15–65, hier S. 23.

also auch als Strategie benutzt, um sich im öffentlichen Raum eine Stimme zu geben.⁵⁵

Die Aufführungsgeschichte von Bronsarts *Kaiser-Wilhelm-Marsch* nahm vor diesem Hintergrund übrigens noch eine hübsche Wendung. Bei der Weltausstellung 1893 in Chicago gab es erstmals eine Frauenabteilung mit einem Konzert, in dem Werke nur von Komponistinnen erklangen.⁵⁶ Ingeborg von Bronsart lobte: »Amerika kommt auch darin uns Deutschen zuvor!«⁵⁷ Ausgerechnet ihr *Kaiser-Wilhelm-Marsch* eröffnete das Konzert, und so mutierte das einstige Finale einer national-chauvinistischen Siegesfeier zur Ouvertüre einer internationalen feministischen Veranstaltung.

---

55 Eine solche strategische Absicht, durch vaterländische Werke Öffentlichkeit zu erlangen, führte vermutlich 1918 auch bei der Tochter Clara von Bronsart, die mittels psychiatrischer Diagnosen von ihren Eltern entmündigt worden war, zum Schreiben und Publizieren nationalpatriotischer Gedichte wie dem folgenden, *Deutschland, halt aus!* (*Hindenburg-Lied*):
»Deutschland, halt aus! Es gilt das letzte Ringen,/Es gilt den letzten Kampf um Herd und Haus;/Es gilt, das letzte Opfer noch zu bringen:/Deutschland, halt aus! Viel Blut und viele Tränen sind geflossen,/Viel Helden zogen in den Kampf hinaus;/Doch Siegesjubel hast du schon genossen!/Deutschland, halt aus!«
Deutschland, halt aus, – daß nicht umsonst gewesen/Die schweren Opfer in dem harten Strauß!/Kannst Du den Sieg nicht in den Sternen lesen?/Deutschland, halt aus!
Um unsres leuchtend hellen Sternes willen,/Dess' Namen aller Feinde Furcht und Graus:/Um deine heil'ge Mahnung zu erfüllen,/Deutschland, halt aus!«
(Clara von Bronsart, München 1918. Auf der handschriftlichen Quelle findet sich der Hinweis, die Gedichte seien im Sommer 1918 in verschiedenen Zeitungen, u. a. der *Deutschen Warte*, abgedruckt worden. Akten des Prozesses, Staatsarchiv München, Landegerichte 850.) Auf persönlicher Ebene zeigt das Gedicht das Weitertragen einer Familientradition patriotischer Bekenntnisse, durch welches die seelisch zerrüttete Clara von Bronsart nach dem Tod ihrer Eltern 1913 an eine verloren gegangene familiäre Identität anknüpfen konnte. Auf diskursgeschichtlicher Ebene wird deutlich, wie wenig sich die sprachlichen Motive verändert haben, auch wenn sie im späteren Text zu noch schlimmeren Klischees verflacht sind.
56 Ann E. Feldman, »Being Heard: Women Composers and Patrons at the 1893 Worlds Columbian Exposition«, in: *Notes* 47 (1990), S. 7–20.
57 Ingeborg von Bronsart an unbekannten Empfänger vom 5. Februar 1893, Berlin – Staatsbibliothek unter den Linden Preußischer Kulturbesitz, N. Mus. ep. 1877.

Stephan A. Reinke
Die Orgel im Widerstreit der Nationen?
Deutsche und französische Orgelkultur zwischen 1870 und 1945

Als Reinhold Zimmermann – ein Aachener Schulleiter mit musikwissenschaftlichen Ambitionen[1] – 1942 seine populärwissenschaftliche Abhandlung *Cäsar Franck – Ein deutscher Musiker in Paris*[2] veröffentlichte, sollte er – zumindest aus deutscher Sicht – den Schlusspunkt unter eine bereits Jahrzehnte andauernde Diskussion über die Nationalität des 1822 in Lüttich geborenen Komponisten und Orgelvirtuosen setzen.[3] Schon die Titelwahl zeigt durch ihre augenscheinliche Orientierung an Richard Wagners gleichnamiger Novellensammlung die Stoßrichtung der von allerlei Blut-und-Boden-Kitsch durchtränkten, wenig wissenschaftlichen, dafür aber umso tendenziöseren Schrift an.[4] Ganz offenkundig ging es Zimmermann darum, durch die Gleichsetzung des vermeintlichen Scheiterns von Wagner und Franck in Paris, den Glauben an ein für wahre (ergo: deutsche) Kunst nicht offenes französisches Kulturleben zu verstärken und den Mythos des an der vermeintlichen Dekadenz der französischen Hauptstadt scheiternden deutschen Genius zu verstärken. Ebenso wie Wagner sei es Franck, dem »großgewachsenen, blauäugigen, germanischen Franken«, nie gelungen, »in seiner Wahlheimat innerlich Fuß zu fassen«,[5] weil dieser »aus blutlichem Müssen und aus verwandter schöpferischer

---

[1] Vgl. Fred K. Prieberg, *Musik im NS-Staat*, Frankfurt am Main 1982, S. 126.
[2] Reinhold Zimmermann, *Cäsar Franck. Ein deutscher Musiker in Paris*, Aachen 1942.
[3] Zu dieser hatte nicht zuletzt Zimmermann intensiv beigetragen. Vgl. hierzu Reinhold Zimmermann, »Ein Wort für César Franck«, in: *ZfM* 105 (1938), S. 71–72; Reinhold Zimmermann, »Caesar Franck«, in: *ZfM* 107 (1940), S. 522–527; Reinhold Zimmermann, »War Cäsar Franck ein ›urfranzösischer‹ Musiker?«, in: *ZfM* 108 (1941), S. 187–189; zudem: Wilhelm Mohr, *Cäsar Franck – Ein deutscher Musiker*, Stuttgart 1942; Walter Trienes, »Das deutsche Element in Caesar Francks Schaffen«, in: *ZfM* 107 (1940), S. 527–529.
[4] Vgl. Michael Gerhard Kaufmann, *Orgel und Nationalsozialismus. Die ideologische Vereinnahmung des Instruments im »Dritten Reich«*, Kleinblittersdorf 1997, S. 110.
[5] Zimmermann, »Musiker«, S. 187 f.

Kraft«⁶ sein Deutschtum nicht habe vernachlässigen können und daher unverstanden bleiben musste:

> »Durch seine Ausbildung zu Lüttich und Brüssel und durch seine Wirksamkeit in Paris ging Franck zwar dem deutschen Volksraum verloren. Sein Schaffen aber verleugnete die Herkunft aus deutschem Blute nicht. Die Art ist eben nun mal stärker als die Umwelt.«⁷

Sich Franck zuzuwenden und ihm dem durch das Ausland verschuldeten Vergessen zu entreißen, war in diesem Sinne für Zimmermann eine geradezu nationale Verpflichtung. Es wäre an der Zeit, »sich im Zuge der Besinnung auf das eigene Blut etwas mehr als bisher auf das Bleibende im Lebenswerke des über Gebühr Vernachlässigten zu besinnen.«⁸ So ist es dann für Wilhelm Mohr 1942 auch kein Zufall, dass eine verstärkte Zuwendung gerade in den Zeiten des Krieges erfolgte,

> »daß der lang gehegte Plan, ein Buch über Cäsar Franck, den deutschen Musiker [!], zu schreiben, gerade in dieser Zeit verwirklicht wird, in der Großdeutschland in dem gewaltigsten und entscheidensten aller Kriege die letzten Spuren alten Unrechts und alter Schmach auslöscht und sich aus eigener, neu gewonnener Kraft in seine Rechte wieder einsetzt. So will auch dieses Buch zu seinem Teil altes Unrecht wieder gutmachen und den geistigen und seelischen Bereichen deutschen Wesens ein Stück zurückerobern, das uns durch planmäßige Vernebelungsversuche unserer westlicher Nachbarn, aber auch durch unsere eigene Gleichgültigkeit verlorengegangen war [...]«⁹

Revanchismus und der Triumph des zu dieser Zeit noch als Kriegsgewinner auftretenden Deutschland über den französischen Erbfeind lässt Mohr erkennen, ebenso aber auch sein Unverständnis und vor allem seine Beschämung darüber, »daß ein großer deutscher Musiker ein halbes Jahrhundert lang tot sein kann, ohne daß das deutsche Volk weiß, daß er ein Deutscher war.«¹⁰ Die Überlassung Francks an das französische Musikleben habe sich insofern gerächt, als dass dieser als »einer der Reinsten und Größten unter den Musikern des 19. Jahrhunderts«¹¹ in der Fremde keine ihm angemessene Würdigung erfahren habe. Seine Rehabilitierung als deutscher Musiker ist dabei Teil einer

---

6   Zimmermann, »Wort«, S. 72.
7   Ebd., S. 71.
8   Ebd.
9   Mohr, *Cäsar Franck*, S. X.
10 Ebd., S. IXf.
11 Ebd., S. IX.

übergeordneten Strategie der Zurückgewinnung genuin deutscher Kultur, für die das Ausland nie den rechten Sinn gehabt hätte und daher nicht adäquat gepflegt habe und die es für das deutsche Volk wiederzuentdecken gelte.[12]

Tatsächlich führten nationalsozialistische Musikhistoriker neben der intensiv erforschten Genealogie der Familie Franck[13] vor allem seine vermeintlich geringe Popularität in Frankreich als Beweis für dessen deutsche Herkunft an und machten darauf aufmerksam, dass der Komponist »als deutsches Kuckucksei im eigenen völkischen Musikgehege«[14] von der überwiegenden Mehrzahl der

[12] Ein ähnliches Vorgehen sieht Pamela M. Potter in der »Germanisierung« Georg Friedrich Händels (Pamela M. Potter, *Die deutscheste der Künste. Musikwissenschaft und Gesellschaft von der Weimarer Republik bis zum Ende des Dritten Reiches*, Stuttgart 2000, S. 275–283.)

[13] Neben Mohr, der in seiner Franck-Monografie dessen Abstammung das Eingangskapitel widmet und dort neben einer Darstellung der lokalen Herkunft der Familie Franck unter anderem schreibt: »Seine Wesensart, seine Persönlichkeit, seine Menschlichkeit ebensosehr wie sein künstlerisches Lebenswerk sind niemals aus französischem Wesen zu erklären« (ebd., S. 7), hat sich vor allem Eberhard Quadflieg auf diesem Gebiet umgetan. Ähnlich wie Mohr kommt er zu dem Ergebnis: Franck »war *ein reinblütiger Deutscher*« und entstammte »nicht nur von Mutters, die eine Aachenerin war, Seite, sondern auch von Vaters Seite her von Geschlechtern und Ahnen, die nach Blut, Sprache, Kultur, Geschichte, kurz, die *rein deutsch waren.*« (Eberhard Quadflieg, »Caesar Francks deutsche Ahnen«, in: ZfM 107 (1940), S. 518; vgl. zudem: Eberhard Quadflieg, »Cäsar Francks Familienbeziehungen zu Aachen«, in: Mitteilungen der Westdeutschen Gesellschaft für Familienkunde e. V., Aachen, Bd. XII (1940), Heft 2, S. 115–128). Darüber hinaus versuchte etwa Ludwig Bonvin in musikalischer Hinsicht schon vor dem Ersten Weltkrieg in Francks Musik Merkmale einer deutschen »Stammesgenossenschaft« auszumachen. (Ludwig Bonvin, »César Franck. Seine germanische Abstammung und seine Kirchenmusik«, in: *Musica sacra* 46 (1913), S. 185.)
Genealogische Aspekte spielen jedoch in der belgischen und vor allem der französischen Argumentation eine entscheidende Rolle (vgl. hier vor allem: Vincent d'Indy, *César Franck*, Paris 1907). Eindrücklich zeigt sich hier die laut Christiane Strucken-Paland für die nationale Rezeption Francks typische Tatsache, dass »*identische* Aspekte entgegengesetzte Deutungen«erfahren und ihre Darstellung den jeweiligen nationalen Voreingenommenheiten und Interessen folgt (Christine Strucken-Paland, »César Franck als nationales Streitobjekt«, in: *César Franck. Werk und Rezeption*, hrsg. von Peter Jost, Stuttgart 2004, S. 295). Wie hartnäckig sich jedoch das Interesse an Francks nationaler Herkunft hält, zeigt der geforderte Perspektivwechsel, den André Manz zur 100. Wiederkehr des Todestages von Franck forderte: »Die immer wieder aufgeworfene Frage nach Francks Nationalität ist eigentlich belanglos, allenfalls Chauvinisten interessierend.« (André Manz, »Prélude, Fugue und Variationen über César Franck. Einige Gedanken anlässlich seines 100. Todestages«, in: *Musik und Gottesdienst* 44 (1990), S. 286.

[14] Zimmermann, »Musiker«, S. 189.

Franzosen aufgrund spezifisch – freilich jedoch nicht näher erläuterter – germanischer Bestandteile in seinen Kompositionen stets verschmäht worden sei. Wenn es sich aber, so die schlichte Argumentation, bei Franck tatsächlich um einen »urfranzösischen« Musiker handeln würde, wären die ihm entgegengebrachte Ablehnung seiner Zeitgenossen und die reservierte Rezeptionshaltung der Gegenwart kaum zu erklären. Wenn zudem selbst die Franzosen einzelne Aspekte seines Schaffens als nicht genuin französisch ablehnten, sei allein eine Schlussfolgerung möglich:

> »wenn schon die Franzosen selber feststellen, daß ›gewisse Charakterzüge der Musik Francks ein Ausfluß der völkischen Gemütsbeschaffenheit der germanischen Ostwallonen‹ (lies: der germanischen Westdeutschen, d. Verf.) sind, dann haben wir Deutschen erst recht keinen Grund, Caesar Franck künftighin als Franzosen zu betrachten.«[15]

Ein derartig offensiv vorgetragenes Plädoyer für César Francks Deutschtum war selbst während des Dritten Reiches nicht an der Tagesordnung.[16] Der erznationalsozialistische Herbert Haag etwa, gewissermaßen der »Chefideologie der Orgelarbeitsgemeinschaft der Hitler-Jugend«,[17] hatte in seiner 1936 erschienenen Dissertation *César Franck als Orgelkomponist* zwar in dessen Werk »schulmäßig deutsche Einflüsse erkennen«, insgesamt jedoch »eine national-deutsche Geste des Ausdrucks nicht ablesen« können. Weil Franck »sein ganzes Leben in Paris verbracht« habe und folglich seine »Einstellung zur Orgel [...] aus dem Geist des französischen Instrumentes und seines Klangbildes heraus geboren« sei, wären die unverkennbaren »Einflüsse deutschen Blutes« – bedauerlicherweise – »im Milieu des französischen Musiklebens« verloren gegangen.[18]

Schien man – wenn auch widerwillig – selbst zur Beginn des Dritten Reichs zunächst noch bereit dazu, den wenig später zum »reinen Volksdeutschen«[19] proklamierten Franck der französischen Musikkultur gewissermaßen zu überlassen, erhielt die Frage seiner Nationalität nach und nach »wesentlichste rassisch-völkische Bedeutung.«[20] Franck wurde als »Grenzdeutscher« zum »am

---

[15] Zimmermann, »Caesar Franck«, S. 522.
[16] Vgl. u. a. Michael Gerhard Kaufmann, »›Caesar Franck – Ein Deutscher!‹ Der Versuch einer Vereinnahmung der französischen Musikkultur im ›Dritten Reich‹«, in: *Musik und Kirche* 69 (1999), S. 326–333.
[17] Kaufmann, *Orgel*, S. 88 f.
[18] Herbert Haag, *César Franck als Orgelkomponist*, Kassel 1936, S. 68.
[19] Quadflieg, »Francks Ahnen«, S. 518.
[20] Zimmermann, »Musiker«, S. 187.

weitesten nach Westen vorgeschobenen Vorposten der deutschen Tonkunst«[21] erklärt, der sich als »großgewachsene[r], blauäugige[r] [...] Franke« stets durch eine »germanische Gemütsart und Geisteshaltung« ausgezeichnet habe.[22] Spätestens nach dem für Deutschland erfolgreich verlaufenen Frankreichfeldzug herrschte an Francks Deutschtum keinerlei Zweifel mehr – schon deshalb nicht, weil es sich bei seiner geografischen Heimat um »altes Reichsgebiet« handle, das jetzt endlich wieder »ins Großdeutsche Reich aufgenommen worden« sei. Der 50. Todestag des Komponisten war dementsprechend geprägt von »vielfältigen Anstrengungen westdeutscher Kreise, Franck [...] wieder ins Deutschtum zurückzuleiten, und damit seiner wahren Natur gerecht zu werden.«[23]
Resultat dieser »Anstrengungen« war auch die noch heute – freilich in modifizierter und »entschärfter« Neuauflage – gängige bereits zitierte Franck-Biografie von Wilhelm Mohr aus dem Jahr 1942, die ebenso wie ein Sonderheft der *Zeitschrift für Musik* aus dem selben Jahr unzweifelhaft festhält: »Cäsar Franck [...] war ein Deutscher!«[24]
Auch wenn es an dieser Stelle weder darum gehen soll, die Trugschlüsse und bewussten Verfälschungen der nationalsozialistischen Franck-Rezeption aufzuzeigen, noch darum, die Frage von Francks Nationalität eingehender zu betrachten, so bleibt doch festzustellen, dass – wie Pamela Potter gezeigt hat – derartige Annexionsversuche einer zumindest nicht eindeutig deutschen Musikkultur durchaus charakteristisch für eine nationalsozialistisch durchtränkte Musikwissenschaft waren und zu einer fast zwangsläufigen Ausweitung des ohnehin nur schwammig definierten Begriffs des »Deutschen« in der Musik führten.[25] Dass diese Musikwissenschaft offenbar der Erweiterung der Reichsgrenzen folgte, scheint sich auch im Falle Francks zu bestätigen:

> »Die Annexionen und Besetzungen während der Kriegszeit hatten den unvorhergesehenen Effekt, die Musikwissenschaftler zu einer erweiterten Definition des Deutschen in der Musik in dem Maße zu inspirieren, wie sich die Reichsgrenzen selbst erweiterten. Ein Überblick über die musik-

---

[21] Zimmermann, »Caesar Franck«, S. 525.
[22] Zimmermann, »Musiker«, S. 187f.
[23] Ebd., S. 189.
[24] Mohr, *Cäsar Franck*, S. IX.
[25] Vgl. Potter, *Die deutscheste der Künste*, v.a. S. 251–290. Zudem u. a.: Celia Applegate, »What is German Music? Reflections on the Role of Art in the Creation of a Nation«, in: *German Studies Review: Special Issue, German Identity* (1992), S. 21–32; Pamela M. Potter, »Musicology under Hitler. New Sources in Context«, in: *JAMS* 49 (1996), S. 70–113, v.a. S. 87–104.

wissenschaftliche Literatur von 1938 bis zum Ende des Krieges zeigt eine klar erkennbare Parallele: Kurz nach der Besetzung oder Annexion eines bestimmten Territoriums durch die deutschen Truppen stieg das Interesse an der Musikgeschichte dieser Gebiete an. Diese Literatur folgte den militärischen Fortschritten; sie konzentrierte sich vorübergehend auf die musikalische Geschichte einzelner Gebiete des zukünftigen Reichs und strengte sich an, zu beweisen, daß deutsche Musiker seit Jahrhunderten einen tiefgreifenden Einfluß auf sie ausgeübt hätten. Musikwissenschaftler, die von der Doktrin des ›Lebensraums‹ fasziniert waren, lieferten eine musikwissenschaftliche Rechtfertigung der aktuellen militärischen Fortschritte. Dabei erweiterten sie ihre Definition der deutschen Musik so sehr, daß diese schließlich einen Großteil Europas umfaßte.«[26]

Nach dem Muster dieser »musikwissenschaftliche[n] ›Lebensraum‹-Kampagne«[27] sahen zeitgenössische Autoren auch in dem im belgisch-deutschen Grenzgebiet geborenen Franck einen Künstler, den es – so der pathetische Ton der Zeit – »endgültig aus seiner künstlerischen Verklammerung in fremdem Kulturgefüge zu befreien« gelte, um »auch ihn, gleich so vielen anderen, die einst den Weg ins ›Elend‹ gingen, wieder heimzuholen ins Reich.«[28]

Ebenso wie in Deutschland war jedoch auch in Frankreich die Rezeption der Werke César Francks von stark nationalen Momenten durchzogen. Ausgehend von Vincent d'Indys groß angelegter Franck-Biografie von 1906 galt nicht selten Francks geografische Herkunft bereits als ausreichendes Indiz, in ihm einen französischen Komponisten zu erkennen; der Umstand, dass Franck ausschließlich französisch sprach und letztlich auch französischer Staatsbürger wurde, tat ein Übriges. Ein wie auch immer zu führender Nachweis über französische Elemente in dessen Musiksprache wurde zugunsten verschiedener Allgemeinplätze weitestgehend vermieden.

Neben Deutschland und Frankreich versuchte auch Belgien, sich César Francks als mustergültigen Exponenten oder gar Gründer einer nationalen Musikkultur zu bemächtigen, was sich im Detail als schwierig erwies, weil sich die Belgier – vielmehr die Flamen und Wallonen – selbst kaum als nationale Einheit verstanden.[29]

---

[26] Potter, *Die deutscheste der Künste*, S. 283 f.
[27] Ebd., S. 285.
[28] Zimmermann »Caesar Franck«, S. 522 (Hervorhebung im Original).
[29] Auf eine detaillierte Darstellung der französischen und belgischen Sicht auf die Nationalität Francks muss an dieser Stelle aus Platzgründen verzichtet werden. Vgl. hierzu: Strucken-Paland, *Streitobjekt*, S. 282–290.

Gleich drei Staaten also meldeten in dem nationalistisch aufgeladenen Klima des ausgehenden 19. und beginnenden 20. Jahrhunderts aus ganz unterschiedlichen Gründen aus einer jeweiligen nationalen Voreingenommenheit heraus, mit zum Teil sogar denselben oder zumindest sehr ähnlichen Argumenten, Besitzansprüche an Franck an.[30] Musikalische Argumente spielten in diesem Zusammenhang eine eher untergeordnete Rolle, einzelne Gattungen seines Œuvres finden allenfalls am Rande Berücksichtigung. Allein Francks sinfonisches Schaffen erlangte eine größere Beachtung. Seine Orgelwerke hingegen waren nicht Gegenstand der Diskussion, ebenso wenig seine generelle Bedeutung auf dem Gebiet der Orgelmusik, obwohl sich innerhalb dieser durchaus spezifische Nationalstile ausmachen ließen. Dass Francks Werke in ihrer Konzeption von einem in Frankreich entwickelten Orgeltypus ausgehen und dass sie daher mit einigem Recht als typische Repräsentanten einer genuin französischen Orgelschule bezeichnet werden können, ist kaum zu bezweifeln.[31]

Überhaupt ist gerade die Geschichte des Orgelbaus – und damit verbunden nicht zuletzt die Geschichte der Orgelmusik – auch die Geschichte unterschiedlichster Regional- und Nationalstile und die Orgel dabei nicht nur ein Spiegel ihrer Zeit und ihrer ästhetischen Umgebung[32], sondern vor allem auch ihrer nationalen und regionalen Herkunft. Dennoch aber entwickelten sich in Deutschland und Frankreich keineswegs eigenständige Orgelkulturen, die in offener Feindschaft zueinander standen und diametrale Gegensätze bildeten.

---

[30] »Die jeweiligen Absichten, mit denen Franck für ein bestimmtes Land vereinnahmt wird, sind aus dem historisch-politischen Kontext heraus zu verstehen: so diente Franck dem Franzosen Vincent d'Indy als Paradigma des Gründers einer französischen Nationalschule. Dagegen hängt der Versuch belgischer Forscher, Franck als eine Art Nationalkomponisten zu etablieren, wohl mit dem Bedürfnis der noch jungen Nation nach kulturellen Identifikationsfiguren zusammen. Für deutsche Franck-Forscher schließlich, die im Dritten Reich ihre nationalsozialistische Gesinnung wollten, bot es sich geradezu an, den aus einem vermeintlichen deutschen Grenzgebiet stammenden Komponisten mit mütterlich deutsche Vorfahren von Frankreich ›heim ins Reich‹ zu holen.« (Strucken-Paland, *Streitobjekt*, S. 280.)

[31] Vgl. u. a. *Zur Interpretation der französischen Orgelmusik*, hrsg. von Hermann J. Busch (= Veröffentlichungen der Gesellschaft der Orgelfreunde 103), Kassel 1986; Michael Murray, *French Masters of the Organ. Saint-Saëns, Franck, Widor, Vierne, Dupré, Langlais, Messiaen*, New Haven u. a. 1998; Sabatier, François, *César Franck et l'orgue*, Paris 1982.

[32] Vgl. Kerala J. Snyder, »Organs as Historical und Aesthetic Mirrors«, in: *The Organ as a Mirror of Its Time*, hrsg. von Kerala J. Snyder, Oxford u. a. 2002, S. 1–21.

Im Gegenteil: Trotz aller Unterschiede im Detail erweisen sie sich zumindest im Vergleich zu manch anderem Bereich des öffentlichen Musiklebens als sehr viel weniger ideologisch verblendet und in weit stärkerem Maße aufeinander bezugnehmend.[33]

Vor dem Hintergrund einer über Jahrhunderte hinweg gepflegten Rivalität zwischen Deutschland und Frankreich[34] erweisen sich die bilateralen Beziehungen auf dem Gebiet der Orgelmusik und des Orgelbaus bei genauerem Hinsehen als erstaunlich entspannt. Zwar haben sich gerade in Deutschland und Frankreich zwei deutlich voneinander abweichende Nationalstile entwickelt, doch finden sich gegenseitige Anfeindungen und Verunglimpfungen eher selten. Allenfalls eine gewisse Gleichgültigkeit, eine durchaus erstaunliche Neutralität gegenüber den Errungenschaften des jeweiligen Nachbarn lässt sich ausmachen – etwa die relativ schwache Rezeption der Orgelmusik Max Regers in Frankreich oder auch das generelle Desinteresse der deutschen Orgelbewegung an den Kompositionen französischer Meister.[35] Relativ unbeeindruckt voneinander suchte man dies- und jenseits des Rheins jeweils eigenständige Lösungen, um die in Frankreich wie in Deutschland als zentral empfundene Aufgabe zu bewältigen: die Weiterentwicklung der Orgel und der Orgelmusik, um deren Existenz im Musikleben der Gegenwart zu sichern.

An einigen Beispielen soll im Folgenden gezeigt werden, wie dieses Bemühen immer wieder auch zu Begegnungen führte, dass es ideologische Gemeinsamkeiten zeigte, gegenseitige Anerkennung zutage treten ließ und zuweilen gar Kooperationen und gemeinsame Aktivitäten ermöglichte, bis schließlich die Nationalsozialisten die Orgel einseitig in den Dienst des Dritten Reiches und damit einer nationalen Deutung zu stellen versuchten, dabei jedoch nur sehr gemäßigte Spitzen in Richtung Frankreich, wo sich zeitgleich die Orgelmusik zu einer ausgesprochenen Blüte entwickelte, abfeuerten.

[33] *Demarcation and Exchange. »National« Music in 19th Century Europe*, hrsg. von Dietrich Beyram, u. a. (= Journal of Modern European History 5/2007), München 2007; *Deutsche Meister – böse Geister? Nationale Selbstfindung in der Musik*, hrsg. von Hermann Danuser und Herfried Münkler, Schliengen 2001; *Nationaler Stil und europäische Dimension in der Musik der Jahrhundertwende*, hrsg. von Helga de la Motte-Haber, Darmstadt 1991; *Nationale Musik im 20. Jahrhundert. Kompositorische und soziokulturelle Aspekte der Musikgeschichte zwischen Ost und Westeuropa*, hrsg. von Helmut Loos und Stefan Keym, Leipzig 2002.
[34] Vgl. u. a. *Erbfeinde – Erbfreunde. Die deutsch-französischen Beziehungen zwischen 1870 und 1945 im Spiegel zeitgenössischer Literatur*, hrsg. vom Deutsch-Französischen Institut, Ludwigsburg 2007.
[35] Vgl. Michael H. Kater, *Die mißbrauchte Muse. Musiker im Dritten Reich*, München/Wien 1998, S. 336.

Eberhard Friedrich Walcker und Aristide Cavaillé-Coll – deutsch-französische Begegnungen auf dem Gebiet des Orgelbaus[36]

Wenn man zwei Orgelbauer des 19. Jahrhunderts als typische Repräsentanten ihrer jeweiligen Nation bezeichnen will, bieten sich am ehesten die beiden Namen Eberhard Friedrich Walcker (1794–1872) und Aristide Cavaillé-Coll (1811–1899) an. In einer Zeit, in der sich nicht zuletzt durch die zunehmende Industrialisierung massive Änderungen auch im Orgelbau vollzogen, suchten beide nach individuellen Ansätzen in klanglicher ebenso wie in handwerklicher Hinsicht.

Vor allem veränderte Klangvorstellungen machten im 19. Jahrhundert Änderungen im Orgelbau nötig, zogen doch die klanglichen Umbrüche im Orchester eine Neujustierung auch des Orgelklangs nach sich, die mit den traditionellen Mitteln des Orgelbaus nicht zu verwirklichen war. Die Ausrichtung an der Differenziertheit des sinfonischen Orchesters brachte den Hang zu immer umfangreicheren Dispositionen mit sich – mit der Folge, dass immer größere Instrumente mit nicht selten deutlich mehr als 50, oft sogar 100 Registern gebaut wurden. Zu einem zentralen Intonationsprinzip wurde die Verschmelzung der einzelnen – größtenteils auf Achtfußbasis stehenden – Stimmen. Die Manualaufteilung folgte nicht mehr dem Werkprinzip, sondern diente den unterschiedlichen dynamischen Abstufungen des Gesamtklangs. Um Instrumente dieser Art überhaupt spielbar und handhabbar zu machen, war zunächst die Aufgabe oder zumindest erhebliche Modifizierung der mechanischen und die Einführung der pneumatischen Spieltraktur unbedingte Voraussetzung. Zahlreiche – nicht zuletzt erst durch die Pneumatik ermöglichte – Spiel- und vor allem Registerhilfen sollten ebenso wie die reichlich anzutreffenden Schwellwerke der Dynamisierung des Orgelklangs dienen.

In Deutschland wurde dieser neue Stil gleich von einer ganzen Gruppe hochtalentierter Orgelbauer gepflegt – unter ihnen Eberhard Friedrich Walcker.[37] Seine Ausbildung zum Orgelbauer begann dieser im Alter von 14 Jahren im Betrieb seines Vaters; bereits zwölf Jahre später konnte er seine eigene

---

[36] Vgl. Paul Peeters, »Walcker and Cavaillé-Coll. A Franco-German Competition«, in: *Organ as a Mirror*, S. 242–259.

[37] Vgl. Hermann Fischer und Theodor Wohnhaas, »Eberhard Friedrich Walcker (1794–1872)«, in: *Orgelwissenschaft und Orgelpraxis, Festschrift zum 200jähr. Bestehen des Hauses Walcker* (= Veröffentlichungen der Walcker-Stiftung, Heft 8), hrsg. v. Hans Heinrich Eggebrecht, Murrhardt-Hausen 1980, S. 160–197; Johannes Fischer, *Das Orgelbauergeschlecht Walcker in Ludwigsburg*, Kassel 1966; Ferdinand Moosmann, und Rudi Schäfer, *Eberhard Friedrich Walcker (1794–1872). Zum Gedenken an seinen 200. Geburtstag 3. Juli 1994*, Kleinblittersdorf 1994.

Werkstatt im schwäbischen Ludwigsburg gründen und mit eigenen Orgeln erhebliche Berühmtheit erlangen. Zwischen 1820 und 1872 schuf er 245 Neubauten, nicht allein in Deutschland, sondern in ganz Europa und sogar in Übersee.[38]

Während Walcker in Deutschland mit Wilhelm Sauer, Friedrich Ladegast und anderen um die Vorrangstellung innerhalb seines Metiers kämpfte,[39] hatte Aristide Cavaillé-Coll das unumstrittene Monopol im französischen Orgelbau inne.[40] Ebenfalls auf eine Familientradition zurückblickend, ging er auf Geheiß seines Vaters mit 18 Jahren nach Spanien und überwachte dort einen Orgelneubau des väterlichen Unternehmens. Auch wenn er erst 1850 offiziell zum »patron« des Betriebs wurde, hat er schon früh eigene Vorstellungen umsetzen können. Mit 22 Jahren war er nach Paris gekommen und hatte fortan Kontakt zu zahlreichen einflussreichen Politikern, Wissenschaftlern, Künstlern und Geistlichen. Von der »Hauptstadt des 19. Jahrhunderts« aus unternahm er zahlreiche Versuche, die europäische Orgellandschaft mit neuen Impulsen zu versehen. Zwischen 1829 und 1898 verantwortete er etwa 520 Orgelneubauten.

Gemeinsam war beiden nicht nur die Herkunft aus einer Orgelbaufamilie, sondern auch der Wunsch nach neuen Klangmöglichkeiten. So wie Walckers Disponierweise[41] sicherlich seine bedeutendste Neuerung war, hat Cavaillé-Colls Konzept einer sinfonischen Orgel[42] zentrale Bedeutung für die Entwick-

[38] Zum Klang dieser heute nicht mehr im Originalzustand erhaltenen Instrumente vgl. Rudolf Schäfer, »»Was den Ton rein, bestimmt und sicher macht«. Die Wurzeln des Klangideals von Eberhard Friedrich Walcker«, in: *Organ. Journal für die Orgel* 2/2003, S. 46–58.

[39] Vgl. Hermann J. Busch, »Zwischen Tradition und Fortschritt. Zu Orgelbau, Orgelspiel und Orgelkomposition in Deutschland im 19. Jahrhundert«, in: *Mundus organorum. Festschrift Walter Supper zum 70. Geburtstag*, hrsg. von Alfred Reichling, Berlin 1978, S. 63–91; Urs Fischer, *Der deutsche Orgelbau in der zweiten Hälfte des 19. Jahrhunderts* (= Sonderbeitrag 15 zu den Studien zur Aufführungspraxis und Interpretation der Musik des 18. Jahrhunderts), Michaelstein/Blankenburg 1993.

[40] Im Gegensatz zu Walcker existiert daher auch eine insgesamt recht umfangreiche Forschung zu Cavaillé-Coll vor allem, aber nicht nur in Frankreich. Vgl. u. a. Aristide Cavaillé-Coll, *Sämtliche theoretischen Arbeiten*, hrsg. von Christoph Glatter-Götz, Schwarzach 1982; Fenner Douglass, *Cavaillé-Coll and the Musicians. A Documented Account of his First Thirty Years in Organ Building*, 2 Bde., Raleigh 1980; ders., *Cavaillé-Coll and the French romantic tradition*, New Haven u. a. 1999; Noisette Claude de Crauzat, *Cavaillé-Coll*, Paris 1984.

[41] Vgl. Moosmann/Schäfer, *Walcker*, S. 26ff und S. 57ff.

[42] Vgl. Kurt-Ludwig Forg, »Symphonisch oder orchestral? Die Symphonische Orgel Aristide Cavaillé-Colls – eine ›orchestrale‹ Orgel? Ein Beitrag zu 100. Todesjahr des großen Orgelbauers«, in: *Organ. Journal für die Orgel* 4/1999, S. 16–23.

lung eines neuen Orgelmusikrepertoires durch Komponisten wie Franck, Widor und andere mehr. Die Arbeitsweise beider Orgelbauer ist durch ihren experimentellen Charakter und dem Wunsch nach Innovation geprägt. Fortschrittlichkeit und handwerkliche Solidität sicherten ihnen ihre Stellung. Beide wurden getrieben von einem Gefühl der Unzufriedenheit mit dem zeitgenössischen Orgelbau, angespornt von dem Bewusstsein, Neues leisten zu müssen, um der Orgel einen ihr gemäßen Platz im zeitgenössischen Musikleben zu sichern.

Zwar sind immer wieder auch Äußerungen Walckers und Cavaillé-Colls zu finden, die nicht frei von nationalen Chauvinismen sind, dennoch aber kann von überschäumendem Patriotismus im Verhalten der beiden Orgelbauer nicht die Rede sein. Selbst wenn beider Leben nicht unerheblich von den Wirrnissen der deutsch-französischen Auseinandersetzungen im 19. Jahrhundert geprägt war,[43] hinderte sie die Tagespolitik doch nicht an einem persönlichen Kontakt.

Zu Studienzwecken unternahm Cavaillé-Coll zwei ausgedehnte Studienreisen durch Europa, von denen ihn die erste im Herbst 1844 durch das Elsass, in die Schweiz und schließlich nach Deutschland, in die Niederlande und nach London führte. Im Oktober 1844 suchte er Walcker persönlich in Ludwigsburg auf, konnte sich jedoch nicht gänzlich für dessen Instrumente begeistern. Über die berühmte Orgel der Frankfurter Paulskirche, die zu den bedeutendsten Instrumenten Walckers überhaupt gehört und ihm nach ihrer Fertigstellung im Jahr 1833 Beachtung in ganz Europa einbrachte, schrieb Cavaillé-Coll:

»Sie ist sehr schön, aber immer kalt, wie ein Deutscher. Majestätisch die Grundstimmen, mager die Zungen, schwach die Soloregister, der Gesamtklang etwas schwankend; den Lungen fehlt es an Kraft: von daher die Sanftheit und Milde im Klang des Instruments [...] Nichtsdestoweniger gibt es gute Dinge [in dieser Orgel], aber die Lungen sind schwach: ein schöner Mensch, befallen von der Schwindsucht.«[44]

Dass sich Cavaillé-Coll im weiteren Verlauf eines militärischen Vergleichs nicht enthalten kann, sollte in diesem Zusammenhang sicherlich nicht überbewertet werden:

»75 Register [tatsächlich: 74], drei Manualklaviere, zwei Pedalklaviere; all

---

[43] Walckers Kindheit und Jugend fiel in die unübersichtliche Zeit unmittelbar nach der französischen Revolution, als Erwachsener erlebte er die Vertreibung Napoléons aus Deutschland und drei seiner Söhne wurden im deutsch-französischen Krieg 1870/71 zum Militärdienst einberufen. Cavaillé-Coll erfuhr erhebliche finanzielle Einbußen in der 1848er Revolution sowie nach Frankreichs Kriegsniederlage 1871.

[44] Zit. nach: Hans Steinhaus, »Deutsche Orgeln im Urteil von Aristide Cavaillé-Coll«, in: *Acta Organolgica* 14 (1980), S. 217.

dies beeindruckt durch die Zahl. Aber wie ein einziger französischer Soldat fünf aus anderen Nationen gilt, so bietet eine Orgel von 15 Registern mit verschiedenen Winddruckhöhen mehr Kraft und mehr Nuancen im Klang als dieses kolossale Instrument.«[45]

Ungeachtet dieser Kritik aber ist Cavaillé-Colls Meinung über Walker von Hochachtung geprägt. Gerade im Vergleich zu anderen deutschen Orgelbauern habe er »bei Herrn Walcker aus Ludwigsburg mehr Forschergeist, mehr Erfindungsgabe gefunden, einen fähigeren Kopf, alle mechanischen und akustischen Schwierigkeiten zu beheben, die in den Instrumenten dieser Zeit vorkommen.«[46]

Dass er indes Kritik am Gesamtklang der Walckerschen Instrumente übt, ist insofern nicht verwunderlich und daher nicht als Relativierung seines Lobs zu verstehen, als sich gerade an dieser Stelle Cavaillé-Colls neues System einer Windversorgung mit abgestuften Winddrücken fundamental von der traditionellen Bauweise Walckers unterschied und tatsächlich erhebliche Klangunterschiede mit sich brachte. Walcker hatte zudem beim Bau der Paulskirchenorgel explizit darauf hingewiesen, dass er ein eher gedämpftes Klangideal bevorzuge:

> »Bessere Einsichten der neueren Zeit verwerfen all dies Gewirr von Tönen und halten sich an das, was den Ton rein, bestimmt und sicher macht, an die Einheit des Tones, die jedoch einer gemäßigten Anwendung einiger weniger Quinten und Terzen, wen man solche nun einmal haben will, nicht ausschließt; man zieht vor, viele Register zu haben, deren jedes von dem Spieler auch einzeln zum Vortrag einer Melodie gebraucht werden kann, die aber bei ihrer Einheit gleichwohl eine reiche Abwechslung in ihrem Charakter darbieten. Die Schönheit einer Orgel besteht nicht bloß im Geschrei und am wenigsten im konfusen Geschrei, davon ist man zurückgekommen. Sie besteht vielmehr darin, dass der Ton einen großen und ich möchte sagen heiligen Charakter habe.«[47]

Nun hat zweifelsohne auch Cavaillé-Coll nicht einem Ideal der »Schreiorgel« gefrönt, dennoch aber zielte dessen Verwendung von Mixturen und vor allem Zungenregistern stärker auf einen sinfonischen Gesamtklang als bei Walcker. So sind gerade die Klangwelten Cavaillé-Colls und Walckers kaum miteinander zu vergleichen, gegenseitige Kritik oder zumindest Reserviertheit auf diesem Gebiet überraschen daher kaum. Handwerklich jedoch schätzte Ca-

---

[45] Zit. nach ebd.
[46] Zit. nach ebd., S. 218.
[47] Zit. nach Klaiber, »Walcker«, S. 412.

vaillé-Coll Walcker ungemein, übernahm unterschiedliche von dessen Errungenschaften und übertrug sie in seinen Orgelbau.

Auch auf seiner zweiten Deutschlandreise kam es 1856 zu einer Begegnung mit Walcker. Schon die Tatsache, dass dieser ihm ein Empfehlungsschreiben ausstellte, das seinem Sohn die Ankunft des Pariser Kollegen in Ulm avisierte und um die Vorführung der dortigen Orgel bat, mag belegen, dass auch Cavaillé-Coll die Anerkennung Walckers genoss, wenngleich dieser in technischer Hinsicht weniger von seinem französischen Kollegen profitiert haben dürfte.[48] Abgesehen von einigen wohl vor allem taktisch motivierten Einwänden – Cavaillé-Coll buhlte zur Zeit seiner Reise um den Auftrag zur Fertigstellung der Kölner Domorgel – war sein Urteil über Walckers ehrgeiziges Bauprojekt ausgesprochen positiv:[49]

> »Die Arbeit im Orgelinneren ist imponierender: ein Hochwald von Pfeifen jeder Form und jeder Größe. Es scheint, als habe Herr Walcker in dieser Orgel alles vereinigen wollen, was die moderne Kunst [gegenüber früher] Vollkommeneres besitzt und wozu er selbst das Seine beigetragen hat.«[50]

Nicht unbescheiden fügte er jedoch hinzu: »Ich bin so eitel, zu glauben, daß dieselbe Orgel [...] durch die Anwendung meiner Prinzipien der Windversorgung sowie der überblasenden Register zu einem besseren Ergebnis gelangt wäre.«[51] Künstlereitelkeit also, aber eben kein nationaler Chauvinismus, der hier aus Cavaillé-Colls Worten spricht, war dieser immerhin bereit, in Walcker den besten Orgelbauer zu sehen, der ihm auf seinen Europareisen begegnet war, und ihn zu einem Gegenbesuch in Paris einzuladen. Diesen trat Walcker im Februar 1857 an. Offizieller Anlass für die Reise war der Bau der großen Orgel für die Musikhalle in Boston. Nachdem sich der Auftraggeber des monumentalen Projekts nach ausgedehnten Reisen durch Europa für Walcker als Orgelbauer entschieden hatte, kam diesem die Aufgabe zu, gemeinsam mit seinem Geldgeber Orgelbauer in Frankreich und England aufzusuchen, um auch von deren Errungenschaften profitieren zu können. Dass Walcker sich hierauf einließ, mag aufgrund seines nicht unerheblichen Prestiges zunächst erstaunen, zeigt jedoch seine Offenheit gegenüber Anregungen gerade auch aus dem Ausland.

---

[48] Die gegenseitige Beeinflussung Walckers und Cavaillé-Colls in orgelbaulicher Hinsicht wäre ein lohnenswertes Forschungsvorhaben, würde dies doch einen vertieften Einblick in den Orgelbau des 19. Jahrhunderts ermöglichen.
[49] Bei dieser Orgel handelte es sich um eines der avanciertesten Bauvorhaben Walckers, das er jedoch nicht vollständig nach seinen Plänen verwirklichen konnte (vgl. Rudolf Schäfer, »Wurzeln des Klangideals«, S. 52 ff.).
[50] Zit. nach: Steinhaus, »Deutsche Orgeln«, S. 223.
[51] Zit. nach: Ebd., S. 224.

Wenn Walcker und Cavaillé-Coll einzelne technische Errungenschaften voneinander übernahmen[52], so ist dies zwar ein Zeichen für eine generelle Offenheit gegenüber Entwicklungen aus dem Ausland, weniger jedoch ein Indiz dafür, dass sich der deutsche und der französische Orgelbau im 19. Jahrhundert einander angeglichen hätten. Letztlich waren die Voraussetzungen und Zielsetzungen zu unterschiedlich, um mehr als einzelne Übernahmen zu erlauben.[53] Insgesamt lässt sich mit Paul Peeters feststellen: »Cavaillé-Coll vermochte in Deutschland kaum unmittelbaren Einfluss auf den Orgelbau der Zeit auszuüben, und Walcker hat – von Elsass-Lothringen abgesehen – kaum Spuren in Frankreich hinterlassen.«[54] Dennoch aber kann von einer generellen deutsch-französischen Feindschaft auf dem Gebiet des Orgelbaus nicht gesprochen werden, allenfalls von einer Rivalität, die aber stets mit dem nötigen Respekt vor den offenkundigen Leistungen des Konkurrenten einherging.

Die elsässisch(-deutsch)e Orgelreform

Erst Albert Schweitzer sollte eine generelle Durchdringung unterschiedlicher nationaler Orgelbaustile anstreben. Die Tatsache, dass man in Deutschland und Frankreich in ganz unterschiedlicher Weise auf die Forderung eines neuen, am Ideal der Klangverschmelzung orientierten Orgeltypus reagierte, erschien ihm als eine Abkehr vom eigentlichen Sinn und Zweck der Orgelkunst und des Orgelbaus. Unmissverständlich stand für ihn fest: »Maßstab einer jeglichen Orgel, bester und alleiniger Maßstab, ist die Bachsche Orgelmusik!«[55] Zu ihrer Wiedergabe musste ein Instrument befähigt sein, weil sich in den Kompositionen Bachs

---

[52] Cavaillé-Coll etwa bediente sich mehrfach des von Walcker entwickelten freistehenden Spieltisches, verschiedener Vorrichtungen zur Steuerung der Schwellkästen, einzelner Register und sogar der Kegellade. Walcker baute in einige seiner Instrumente den sogenannten Barkerhebel ein – eine Vorrichtung, die es ermöglichte, auch sehr große Orgel mit einer mechanischen Traktur zu spielen. Diese ist zwar keine eigentliche Erfindung Cavaillé-Colls, doch ist er es gewesen, der sie zu einer allgemeinen Bekanntheit führte.

[53] Der vielleicht größte Unterschied zwischen Cavaillé-Coll und Walcker war dessen Hinwendung zu einer am technischen Fortschrittsglauben orientierten, fast schon industriellen Produktionsweise, während Cavaillé-Coll und dessen Schüler sehr viel traditioneller arbeiteten und auch technischen Möglichkeiten mit einer größeren Vorsicht begegneten.

[54] Paul Peeters, »Zwei Wegbereiter der Romantik. Eberhard Friedrich Walcker und Aristide Cavaillé-Coll – Ein Vergleich«, in: *Organ. Das Journal für die Orgel* 2/2003, S. 21.

[55] Albert Schweitzer, *Deutsche und französische Orgelbaukunst und Orgelkunst*, Leipzig 1906, S. 17.

das Ewiggültige der Orgelmusik manifestiere. Als Konsequenz daraus erhob er die Forderung: »Zurück zu der von Bach verlangten polyphonen, nicht orchestralen Orgel! Feinere Grundstimmen! Harmonische Einheit der Grundstimmen! Weg mit unseren wenigen schreienden Mixturen!«[56] Dass diese Orgel nicht nur für die Wiedergabe der Bachschen Orgelwerke geeignet wäre, lag für Schweitzer auf der Hand. Vielmehr würde ein solches Instrument das wahre Wesen der Orgel hervortreten lassen. Schweitzers Plädoyer für die Bach-Orgel ist somit augenscheinlich nicht primär musikhistorisch, sondern ästhetisch motiviert: »Es ist Zeit, daß die Ästhetik an die Stelle der Geschichte trete und das Wesen der Bachschen Kunst in seiner ganzen Tiefe und seiner reichen Mannigfaltigkeit zu erfassen suche.«[57] In diesem Zusammenhang schreibt Wolfram Adolph:

> »Er sieht seinen unbeirrten Kampf für die Durchsetzung der ›wahren‹ Orgel letztlich als einen Kampf um die Wahrheit selbst. Es mag nicht zuletzt der faule Verwesungsgeruch des nach Atheismus und Selbsterlösung riechenden Positivismus jener durch und durch technikgläubigen Industrialisierungsepoche gewesen sein, der am Beginn des 20. Jahrhunderts unter verschärften ökonomischen Maximierungsdenken das überlieferte Wertegebäude abendländischer Traditionen zum Einsturz zu bringen drohte, welcher dem Theologen und Humanisten Albert Schweitzer unangenehm in die Nase kroch und ihn bis in die tiefsten denkerischen und gefühlsmäßigen Tiefen eines Wesens empörte und beleidigte.«[58]

Dass im Zuge einer solchen quasi kulturphilosophischen Mission Nationalgrenzen von untergeordneter Bedeutung waren, dürfte nicht nur im Falle des Kosmopoliten Albert Schweitzer auf der Hand liegen. Eindringlich plädiert er in seiner durch die Arbeit an seiner großen Bachstudie inspirierten programmatischen Schrift *Deutsche und französische Orgelbaukunst und Orgelkunst* für einen Blick über den jeweiligen nationalen Tellerrand. Dass Schweitzers Bach-Monografie bekanntlich durch seinen französischen Orgellehrer Charles-Marie Widor[59] angeregt wurde, macht den übernationalen Charakter von dessen Auseinandersetzung mit Bach deutlich, der jeder deutschtümelnde Vereinnahmungsversuch fremd war.[60]

[56] Ebd., S. 28.
[57] Schweitzer, *Johann Sebastian Bach*, Wiesbaden ¹¹1990, S. 230.
[58] Wolfram Adolph, »›Es ist Zeit, dass die Ästhetik an die Stelle der Geschichte trete...‹ Albert Schweitzer und das Ideal der ›wahren Bach-Orgel‹«, in: *Organ. Journal für die Orgel* 3/2005, S. 23.
[59] Vgl. Sven Hiemke, *Die Bach-Rezeption Charles-Marie Widors*, Frankfurt am Main 1984.
[60] Vgl. Stefan Hanheide, *Johann Sebastian Bach im Verständnis Albert Schweitzers*,

Zwischen Bach und Widor pendelnd, entwickelte Schweitzer sein Orgelideal, das er in der soliden handwerklichen Arbeit einer »vorindustriellen« Orgel am ehesten verwirklicht sah. Grundsätzlich orientierte er sich dabei an den Silbermann-Orgeln seiner elsässischen Heimat – Prototypen des kunstvollen Barockorgelbaus Süddeutschlands, die seinen eigenen Worten zufolge stets sein Ohr leiteten.[61] Da er jedoch der festen Überzeugung war, dass Bach »der letzte gewesen [wäre], der neue technischen Methoden abgelehnt hätte«[62], sah er die Zukunft der Orgel keineswegs in einer bloßen Kopie barocker Instrumente. Diese gelte es zwar »als historische Kleinodien [zu] erhalten und möglichst sachgemäß und pietätvoll [zu] restaurieren«, gleichwohl aber offenbarten sie »Fehler und Schwächen«,[63] die erst durch den Orgelbau des 19. Jahrhunderts überwunden werden konnten:

> »Die besten Orgeln wurden etwa zwischen 1850 und 1880 erbaut, als Orgelbauer, die Künstler waren, sich die Errungenschaften der Technik zunutze machten, um das Orgelideal Silbermanns und der anderen großen Orgelbauer des 18. Jahrhunderts in höchstmöglicher Vollendung zu verwirklichen.«[64]

Als den eigentlichen Höhepunkt der Orgelbaukunst verstand Schweitzer den vorindustriellen Orgelbau des 19. Jahrhunderts, denjenigen vor jenem »Sündenfall«[65] also, der letztlich zur Entwicklung der Fabrikorgel geführt habe. Als solche betrachtete er nicht nur die Werke Aristide Cavaillé-Colls, der als wahrer »Genius des Orgelbaues«[66] die für Schweitzer zweifelsohne höchsten Offenbarungen auf dem Gebiet des modernen Orgelbaus geschaffen hatte, sondern auch diejenigen Eberhard Friedrich Walckers.[67] Eine Synthese beider

München/Salzburg 1990; zur nationalen Bach-Rezeption in Deutschland vgl. u. a. Wolfgang Sandberger, *Das Bach-Bild Philipp Spittas. Ein Beitrag zur Geschichte der Bach-Rezeption im 19. Jahrhundert*, Stuttgart 1997, v.a. S. 202–212; Ulrich Siegele, »Johann Sebastian Bach – ›Deutschlands größter Kirchenkomponist‹. Zur Entstehung und Kritik einer Identifikationsfigur«, in: *Gattungen der Musik und ihre Klassiker*, hrsg. von Hermann Danuser, Laaber 1988, S. 59–85.

[61] »Ich bin auf den Silbermann-Orgeln, die das Elsaß einst besaß, aufgewachsen. Ihren Klang trage ich noch im Ohr: Er leitet mich.« (zit. nach: Edouard Nies-Bourger, »Die Günsbacher Orgel und Albert Schweitzer«, in: *Ars Organi* 51 (1976), S. 17).
[62] Schweitzer, *Bach*, S. 230.
[63] Schweitzer, *Orgelbaukunst*, S. 60.
[64] Albert Schweitzer, *Aus meinem Leben und Denken*, Frankfurt am Main ³1954, S. 63 f.
[65] Brief an Wilibald Gurlitt vom 23.02.1926 (zit. nach: Albert Schweitzer, *Aufsätze zur Musik*, hrsg. von Stefan Hanheide, Kassel 1988, S. 227).
[66] Schweitzer, *Orgelbaukunst*, S. 17.
[67] Eine ausführliche Darstellung von Albert Schweitzers Orgelästhetik würde den

durch diese Meister repräsentierten Nationalschulen würde schließlich die einzig wahre Orgel – die ideale Bach-Orgel – hervorbringen. Diese war – so Wolfram Adolph, »letztlich natürlich eine universelle moderne Orgel, die sich klangästhetisch vornehmlich auf die kunsthandwerklich geprägte französische und oberrheinisch-süddeutsche bzw. mitteldeutsche Orgelbautradition des 18. und mittleren 19. Jahrhunderts stützte.«[68] So war es dann auch Ziel der von Schweitzer zusammen mit Emile Rupp initiierten Elsässischen Orgelreform[69], deutsche und französische Elemente im Orgelbau zusammenzuführen und in diesem Sinne – wie Markus Zepf bemerkt – »die in der Orchesterkultur seit einem halben Jahrhundert vollzogene Synthese aus deutschen und französischen Traditionen [...] auch für die deutsche Kirchenorgel [zu] erreichen und brauchbare Elemente aus süddeutscher und französischer Orgel des 18. und 19. Jahrhunderts in Analogie zum spät-romantischen Orchester zu einem neuen Orgeltyp zu verschmelzen.«[70]

Dass die Reformversuche der beiden von Zeitgenossen zuweilen als »deutsch-elsässische Orgelreformbewegung«[71] verstanden wurden, belegt deren übernationalen Charakter.[72] Auch wenn Rupp weit stärker der französischen Seite zuneigte als Schweitzer, konnte auch dieser sich nicht einer gewissen Hochachtung für den deutschen Orgelbau des 19. Jahrhunderts erwehren. Eberhard Friedrich Walckers Orgel des Ulmer Münsters schätzte er ebenso wie Cavaillé-Colls bedeutendes Instrument von St. Sulpice in Paris. Beide Orgeln repräsentierten den »Höhepunkt deutschen und französischen Schaffens, dort in dem mächtigen, würdevollen Labialcharakter germanischer Ernst, hier mit 35 Zungenstimmen unter 100 die Freude des Galliers an glän-

---

Rahmen dieses Aufsatzes sprengen. Vgl. hierzu u.a. Harald Schützeichel, *Die Orgel im Leben und Denken Albert Schweitzers* (= Schriftenreihe der Walcker-Stiftung für orgelwissenschaftliche Forschung, Band 4), Kleinblittersdorf 1991.

[68] Adolph, »Albert Schweitzer«, S. 25.
[69] Vgl. u.a. Hans Heinrich Eggebrecht, *Die Elsässische Orgelreform* (= Veröffentlichungen der Walcker-Stiftung für orgelwissenschaftliche Forschung, Heft 15), Kleinblittersdorf 1995; Emile Rupp, *Die elsässisch-neudeutsche Orgelreform* (= Kirchenmusikalisches Archiv 8), Leipzig 1910; Markus Zepf, *Die Freiburger Praetorius-Orgel. Auf der Suche nach vergangenem Klang* (= Freiburger Beiträge zur Musikwissenschaft, Band 7), Freiburg/Berlin 2005, S. 11–80.
[70] Zepf, *Praetorius-Orgel*, S. 33.
[71] Oscar Walcker, *Erinnerungen eines Orgelbauers*, Kassel 1948, S. 54.
[72] Rupp selbst hatte freilich durch seinen Aufsatz »Ein Wort zur Orgelreform«, in: *Zeitschrift für Instrumentenbau* 30 (1909/10), S. 777–778, dem er als regionale Komponente den Zusatz »Elsässisch-neudeutsche Orgelreform« beifügte, eine solche Begrifflichkeit nahegelegt. Zudem begünstige auch der unklare Nationalstatus des Elsass eine solche Sichtweise.

zenden, prachtvollen Tonwirkungen. Aber beide in ihrer Art nobel und vollkommen im Gesamtcharakter [...].«[73] Darüber hinaus lobte er besonders den »majestätischen, glänzenden und dabei doch edlen, würdevollen Orgelton« des Walckerschen Instruments.[74]

Einen solchen hatte er ohne Zweifel auch in der evangelischen Garnisonskirche in Straßburg erleben können, wo Rupp seit August 1897 seinen Dienst als Organist versah. Dass er zu ihrem Umbau im Jahr 1907 die Firmen Walcker und Cavaillé-Coll-Mutin unter einen Hut bringen konnte, ist Ausdruck genug dafür, dass er – ähnlich wie Schweitzer – allein in dem Zusammenwirken beider Bauprinzipien die Zukunft der Orgel sah und nur ein solches Instrument an seiner Wirkungsstätte wollte.

Die Zusammenarbeit der beiden traditionsreichen Unternehmen war zu dieser Zeit durchaus nicht verwunderlich. Ihr Kontakt war entspannt und von gegenseitigem Respekt erfüllt. Anerkennung der Leistungen des jeweiligen Konkurrenten ließen etwaige auf die Nationalität zurückreichende Differenzen verschwinden. Noch 1907 – zu einer Zeit, als politisch bereits erhebliche Missstimmungen herrschten – äußerte sich Oscar Walcker, der Enkel Eberhard Friedrich Walckers, lobend über die für Sacré-Cœur vorgesehene Orgel, die sich zu diesem Zeitpunkt noch im Ausstellungsraum der Firma Cavaillé-Coll-Mutin befand: »eine wundervolle Arbeit in allen Teilen, die einzelnen Register ausgezeichnet intoniert, von charakteristischem Klang, die Zungenstimmen von unerhörter Ausgeglichenheit und Schönheit; das Ganz von einer Klangpracht ohnegleichen.«[75]

Die politische Indienstnahme der Orgel durch den Nationalsozialismus

Obwohl es sich bei der Orgel zweifelsohne – wie Hans Heinrich Eggebrecht feststellt – um ein Musikinstrument handelt, »das von früh an und bis heute mit besonders vielen gleichsam ›außermusikalischen‹ Vorstellungen bedacht und belastet wurde«,[76] ist ihre Inanspruchnahme für spezifisch nationale Zwecke keineswegs an der Tagesordnung, letztlich wohl sogar die Ausnahme. Mu-

---

[73] Emile Rupp, »Hochdruck!«, in: *Zeitschrift für Instrumentenbau* 19 (1898/99), S. 348.
[74] Ebd., S. 347.
[75] Walcker, *Erinnerungen*, S. 77.
[76] Hans Heinrich Eggebrecht, »Vorwort«, in: *Orgel und Ideologie. Bericht über das fünfte Colloquium der Walcker-Stiftung für orgelwissenschaftliche Forschung 5.–7. Mai 1983 in Göttweig* (= Veröffentlichungen der Walcker-Stiftung für orgelwissenschaftliche Forschung, Heft 9), hrsg. von Hans Heinrich Eggebrecht, Murrhardt 1984, S. 12.

sikalischer Nationalismus entzündete sich – trotz der Tatsache, dass der Orgelbau schon immer stark regional oder auch national geprägt war – zumeist in anderen Bereichen als dem des Orgelwesens.

Dabei dürfte nicht allein entscheidend sein, dass Orgelmusik im 19. Jahrhundert – zu dem Zeitpunkt also, als sich ein Bewusstsein für musikalische Nationalstile herauszubilden begann – eher eine Randerscheinung des Musiklebens darstellte und folglich diejenigen, die sich um die Konstruktion wirksamer musikalischer Nationenbilder bemühten, nicht sonderlich interessiert an ihr zu sein brauchten. Im Vergleich zu den ungleich prestigeträchtigeren Gattungen Oper und Sinfonie erwies sich die Orgel aufgrund ihrer fehlenden Präsenz im allgemeinen Kulturleben trotz ihres hohen Symbolgehalts als für nationale Zwecke letztlich kaum verwertbar. Hinzu kommt, dass sie auch im 19. Jahrhundert noch immer primär als ein Instrument der Kirche galt. In dieser Funktion scheint sie – auch wenn sich im 19. Jahrhundert natürlich ein weltliches, aber freilich doch eher unideologisches Orgelwesen entwickelte – lange Zeit ihr symbolisches Potential erschöpft zu haben, so dass für nationale Assoziationen im Zusammenhang mit dem Orgelklang kein Raum blieb.[77]

Erst der Nationalsozialismus suchte in seinem pseudoreligiösen Gebaren, sich der Orgel und ihrer Symbolgehalts für nationale und völkische Momente zu bedienen[78] – nicht ohne dabei deren allein religiöse Aura zu hinterfragen. Ausdrücklich bestritt etwa Gotthold Frotscher, dass der Kirche »ein alleiniges Besitzrecht an der Orgel und ihrer Musik zukommt.«[79] Und Herbert Haag betont, dass daher »die Orgelfrage mit der Frage des Lebens, der Feste und Feiern unseres Volkes mittelbar verknüpft sein«[80] müsse:

77 In diesem Sinne erhellend ist auch, dass Eberhard Friedrich Walcker seine Tätigkeit als Orgelbauer stets als eine im Dienst der Kirche verstand: »Ich lebte in der Hoffnung [...], daß es [= die Orgel] seiner Hauptaufgabe, würdigen Antheil am Christlichen Gottesdienst zu nehmen, entspräche, und es war und blieb mir, der ich mich des Evangeliums nicht schäme, zeitlebens ein lichter Gedanke, durch meinen Beruf auch meinerseits der christlichen Kirche wenigstens indirect zu dienen.« (zit. nach: Klaiber, »Walcker«, S. 412).
78 Vgl. u. a. Kaufmann, *Orgel und Nationalsozialismus*; Albrecht Riethmüller, »Die Bestimmung der Orgel im Dritten Reich. Beispiel eines Fundierungszusammenhangs zwischen ästhetischer Anschauung und politischer Wirklichkeit«, in: *Orgel und Ideologie*, S. 28–67; Stefan Zöllner, *Orgelmusik im nationalsozialistischen Deutschland*, Frankfurt am Main 1999.
79 Frotscher, Gotthold, »Die Orgel in der nationalsozialistischen Feiergestaltung«, in: *Deutsche Instrumentenbau-Zeitung* 42 (1941), S. 99.
80 Herbert Haag, »Die Orgel im weltlichen Bereich. Geschichtliches und Grundsätzliches«, in: *Bericht über die zweite Freiburger Tagung für deutsche Orgelkunst vom 27. bis 30. Juni 1938*, hrsg. von Josef Müller-Blattau, Kassel 1939, S. 78.

»Die nationalsozialistische Feiergestaltung hat spontan und instinktiv erkannt und gefühlt, daß die Orgel mit ihr unlöslich verbunden sein müsse. Der Grund dafür ist im Wesen der Orgel selbst zutiefst zu suchen [...] Sie ist ein symbolisches, zeitloses und kosmisches, ja ein wahrhaft totales Instrument [...]. Welches Instrument könnte also besser einer totalen Weltanschauung und dem in ihren Feiern zum Ausdruck kommenden Willen dienen als die Orgel, die gleichzeitig das symbolische Instrument der Gemeinschaft ist?«[81]

Ihre besondere Symbolhaftigkeit also prädestinierte die Orgel geradezu dafür, in der nationalsozialistischen Strategie der Ritualisierung des Alltags eine besondere Rolle zu spielen. Im Zuge gezielter Maßnahmen der mystischen Verklärung eigenen Tuns wurde auch die Orgel Teil der zeittypischen Durchsetzung des Alltags mit politischen Maßnahmen – dem von Walter Benjamin als »Ästhetisierung der Politik«[82] bezeichneten Vorgang, der der Aufrechterhaltung des faschistischen Staatsapparates dienen sollte.[83]

In der Zeit des Dritten Reiches wurde die Orgel zu einem »im höchsten Sinne [...] ›politischen‹ Instrument«[84], zu einem nationalen Symbol. Zwar hat es solche Phasen, in denen die Orgel als Mittel staatlicher Repräsentationsaufgaben genutzt wurde, in ihrer Geschichte immer wieder gegeben, doch stellt die Proklamierung der Orgel zu demjenigen Instrument, das idealtypisch der herrschenden »totalen Weltanschauung« entsprechen,[85] einen Sonderfall dar. Wirkliche politische Relevanz erreichte sie erst zu einem Zeitpunkt, als – wie Peter Reichel schreibt – die Musik »zum bevorzugten Medium der – politischen wie unpolitischen – Gefühlskultur in Deutschland«[86] wurde.

Nationalsozialistische Orgelideologen entwickelten in diesem Zusammenhang die Legende einer Orgel, die durch eine Vereinnahmung von Seiten der Kirche ihrer genuin weltlichen Funktion beraubt worden war. Weil es sich bei der Orgel zudem um ein »klingendes Denkmal von Deutschlands Aufbruch«[87] handle, komme ihr die zentrale Aufgabe zu, als »Künderin« vor allem die

---

[81] Ebd., S. 84f.
[82] Walter Benjamin, »Das Kunstwerk im Zeitalter seiner technischen Reproduzierbarkeit. Zweite Fassung«, in: Ders., *Gesammelte Schriften*, Bd. VII, Frankfurt am Main 1991, S. 382.
[83] Vgl. Peter Reichel, *Der schöne Schein des Dritten Reiches. Faszination und Gewalt des Faschismus*, Frankfurt am Main 1991.
[84] Josef Müller-Blattau, »Orgel und Gegenwart«, in: *Bericht 1938*, S. 146.
[85] Haag, »Orgel im weltlichen Bereich«, S. 85.
[86] Reichel, *Der schöne Schein*, S. 33.
[87] Haag, »Orgel im weltlichen Bereich«, S. 87.

eigene nationale Überlegenheit der Welt mitzuteilen – ein Vorhaben, das in zahlreichen durchaus anspruchsvollen Orgelbauprojekten bereits im unmittelbaren Vorfeld der nationalsozialistischen Machtergreifung gipfelte.

So entstand etwa an der deutsch-österreichischen Grenze in der Nähe von Kufstein eine von Oscar Walcker 1931 entwickelte Heldenorgel, die unter freiem Himmel über die Staatsgrenzen hinweg die Einheit Deutschlands und Österreichs beschwören sollte. Wie kaum ein Orgelbau der 1930er Jahre zeigte diese »Heldenorgel des deutschen Volkes« die ideologische Aufladung des Instruments zwischen Hurra-Patriotismus und musikalischem Kulturstolz. Gleichzeitig bot ein solch ehrgeiziges Orgelbauprojekt, ähnlich wie die geplante Monumentalorgel des Reichsparteitagsgeländes, Gelegenheit, die technische Leistungsfähigkeit des deutschen Handwerks und der deutschen Industrie unter Beweis zu stellen.

Da letztlich jedoch jede Orgel durch Musik zum Erklingen gebracht werden muss, war die Suche nach den hohen Ansprüchen genügender Literatur von entscheidender Bedeutung. Auch hier habe Deutschland in der Vergangenheit Großes geleistet. »Wenn irgendwo«, so Wilibald Gurlitt, »so darf unser musikalischer Nationalstolz sich hier ganz frei entfalten [...]. Kein Volk hat je auf musikalischem Gebiet Ursprünglicheres und Selbstlebendigeres hervorgebracht; hier liegen wahrhaft unverlierbare Dauerwerte des Weltreichs der deutschen Musik [...].«[88]

In Verbindung mit dem allgemein vorherrschenden Selbstverständnis einer generellen Überlegenheit in kulturellen Angelegenheiten empfand man es in weiten Kreisen nahezu als nationale Verpflichtung, sich demjenigen Instrument, in dem man Deutschlands historische Vormachtstellung besonders deutlich auszumachen glaubte, auch außerhalb der Kirchenmusik anzunehmen: »Die Gefahr der Verkümmerung der deutschen Orgelkunst im verengten konfessionell-kultischen Bezirk liegt nahe. Kein Volk hat ein so reiches orgelmusikalisches Gut zu verwalten wie das unsrige. Es ist eine nationale Pflicht, sich dafür einzusetzen.«[89]

Der Organist wurde während des Dritten Reiches zum »Soldaten«[90] und die

---

[88] Willibald Gurlitt, »Die Wandlung des Klangideals der Orgel im Lichte der Orgelgeschichte«, in: *Bericht über die Freiburger Tagung für Deutsche Orgelkunst vom 27. bis 30. Juli 1926*, hrsg. von Wilibald Gurlitt, Augsburg 1926, S. 15.

[89] Wolfgang Auler, »Neue Wege der Orgelkunst«, in: *Musik in Jugend und Volk* 1 (1938), S. 284.

[90] »Gerade der Organist muß schon von seinem Instrument her mehr als jeder andere Instrumentalist der Forderung entsprechen, Künstler und Soldat zugleich zu sein. Sein Instrument verlangte von ihm höchste Ordnung, Disziplin und Genauigkeit [...] Diese Organisten müssen im besten Sinne ›Fanatiker der Orgel‹ sein,

Orgel im Sinne Martin Augusts zur »Waffe, mit der er die deutsche Kultur verteidigt und die Heimat schützt vor Gefahr der Zersetzung und Abstumpfung.«[91]

Gemeinsamkeiten

Selbst zur Zeit der Naziherrschaft witterte man eine solche Gefahr jedoch nicht aus Frankreich auf Deutschland zukommend. Zwar hielt man das französische Musikleben im gegenwärtigen Zustand für dekadent und verkommen, grundsätzlich aber wurden Frankreichs Leistungen anerkannt. Dass in diesem Sinne die Eroberung einer quasi absterbenden Kulturnation und deren Rettung vor dem eigenen Untergang auf deutscher Seite als Kriegsziel und -rechtfertigung, mithin als zivilisatorische Pflicht verstanden wurden, ist zwar eine perverse Übersteigerung, zeigt jedoch auch, dass Frankreich und seiner Kultur nicht die Vernichtung drohen, sondern dass deren Erhalt gesichert werden sollte.

Ebenso wie sich die literarische und künstlerische Mobilmachung im 19. Jahrhundert und zur Zeit des Ersten Weltkrieges kaum auf den Bereich der Orgelkultur auswirkte, galt Frankreich in diesem Sinne auch während des Dritten Reiches nicht als Bedrohung, sondern vielmehr als ebenso bedroht wie Deutschland selbst. Gefahr witterte man im Aufkommen der amerikanischen Wurlitzerorgel; mithin galt es, diese zum Inbegriff kultureller Zersetzung erklärte ›Pseudo-Orgel‹ zu bekämpfen, jene »›technische‹ Orgel, die man nicht eigentlich als Orgel mehr bezeichnen kann, die elektro-akustische Orgel, aber auch die kommerziellen Zwecken dienstbar gemachte Orgel, wie sie in Amerika im Warenhaus, im Hotel und in den großen Wolkenkratzern zu finden ist.«[92]

Um der Bedrohung aus Übersee zu beggnen, schlossen sich die Firmen Walcker, Sauer sowie Furtwängler & Hammer zu einer gemeinsamen GmbH zusammen, die mit dem keineswegs unumstrittenen Oskalyd einen gewissermaßen germanischen Typus der Unterhaltungsorgel kreieren sollte und damit erstaunlichen Erfolg hatte. Zwischen 1920 und 1931 entstanden 120 Instrumente dieses Typs, was einem Anteil von gut 45 % am deutschen Kinoorgelgeschäft entsprach. Zwar wusste Walcker durchaus um die generelle Unter-

---

weil die Orgel in der nationalsozialistischen Feier Künderin, nicht nur Instrument ist.« (Herbert Haag, »Die neuen Aufgaben und Forderungen für Orgelspiel und Orgelmusik«, in: *Die Orgel in der Gegenwart*, hrsg. von Guido Waldmann, Wolfenbüttel/Berlin 1939, S. 14 f.).

[91] August Martin, »Das Musikinstrument im Kriege«, in: *Jahrbuch der deutschen Musik*, hrsg. von Helmuth von Hase, Leipzig/Berlin 1943/1944, S. 74.

[92] Haag, »Die Orgel im weltlichen Bereich«, S. 78.

legenheit seiner Neukonstruktion gegenüber dem amerikanischen Vorbild, doch schien es schon aus nationalen Überlegungen heraus nicht sinnvoll, der ausländischen Konkurrenz das Feld kampflos zu überlassen. Kirchliche Kreise reagierten jedoch mit Schrecken sowohl auf das Oskalyd als auch auf die amerikanischen Kinoorgeln:

> »Schauervoll zu denken, daß dieses Klangwerkzeug, ein Bastard von Orgel und Kinoorchester, das ernsthaft als kirchlich brauchbar hingestellt wurde, unaufhaltsam immer weitere Kreise ziehen wird, denn es ist für unsere mehr und mehr amerikanischem Geschmack verfallenden kulturfremden Großstädter ein Idealinstrument. Bei dieser Gelegenheit möchte ich nicht unterlassen, auf eine Gefahr aufmerksam zu machen. Immer häufiger werden nach amerikanischem Vorbilde grosse Kinoorgeln gebaut. Schon jetzt gehen viele gerade der besten Begabungen unter den Orgelstudierenden der Kirche verloren, denn 600–1000 M monatlich lauten die Angebote der großen Filmgesellschaften für technisch gut vasierte [!] und improvisatorisch begabte Organisten. Erfahrungsgemäß färbt die tägliche Fron im Kino so stark ab, daß es auch dem frömmsten Gemüt bald schwer wird, sich am Sonntag in der Welt der Kirche wieder einzufühlen. Unsere Besten droht der Moloch Kino zu verschlingen. Gerade im evang. Kult, wo die Individualität des Spielers sich sehr stark auszuwirken vermag, kann es schmerzlich störend sein, wenn einer nicht Macht genug hat, sein Herz und Gemüt zu bewahren mit allem Fleiß.«[93]

Antiamerikanismus und ein generelles Missbehagen gegenüber einem allzu großen Einfluss der amerikanischen Unterhaltungskultur beschränkten sich in der Zeit zwischen den beiden Weltkriegen jedoch keineswegs auf Deutschland. Unumwunden sprachen stellvertretend für eine ganze Reihe amerikakritischer Intellektueller in Frankreich Robert Aron und Arnaud Dandieu 1931 von einem amerikanischen Krebsgeschwür, das die französische (und europäische) Zivilisation zu vernichten drohe.[94]

Nicht allein das amerikanische Wirtschaftssystem, sondern vor allem das im Hollywood-Kino kulminierende amerikanische Unterhaltungswesen würden die Sinne betäuben und ein eigenständiges Denken und Handeln nachhaltig behindern. Der Film galt dabei gewissermaßen als trojanisches Pferd, mittels dessen Amerika seine Welteroberungstaktik umzusetzen suchte. Dass in diesem Fahrwasser auch Kritik am ›Ungeist‹ amerikanischer Kinoorgeln deutlich wurde, liegt auf der Hand.

[93] Nachweis im Evangelischen Zentralarchiv, Berlin, EZA 1/2213.
[94] Robert Aron und Arnaud Dandieu, *Le cancer américain*, Paris 1931.

Das Gefühl, sich diesem gemeinsam entgegen zu stellen, erwies sich im Bereich der Orgelkultur als ein treffliches Beispiel für ein Phänomen, das stets zumindest latent das deutsch-französische Verhältnis prägte: das Bewusstsein, dass es bei allen Unterschieden im Detail doch darum gehe, als gemeinsamer Wahrer europäischer Werte diese gegen schädliche Einflüsse von außen zu schützen.

Im Gegensatz zu den USA und insbesondere auch zu England galt Frankreich selbst zur Zeit des Ersten Weltkriegs in Deutschland stets als eine Nation, die in kultureller Hinsicht auf Augenhöhe agierte – eine durchaus traditionelle Sichtweise. Nicht nur Heinrich Heine sah in Frankreich das »Mutterland der Zivilisation und der Freiheit«, sondern auch manche Franzosen – etwa Benjamin Constant – erhoben Deutschland zu Beginn des 19. Jahrhundert zu einem schon fast verklärten Ideal. Nicht zuletzt Madame de Staël hat mit *De l'Allemagne* 1813 die generelle Offenheit Frankreichs gegenüber deutschen Einflüssen betont. Nicht selten wurde sogar freimütig eine gewisse Überlegenheit Deutschlands konstatiert – im Bereich des Orgelwesens allemal.

Schon in den 1820er Jahren waren in Frankreich vereinzelte Stimmen gegen die vermeintliche Verflachung französischer Orgelkultur laut geworden. Unter anderem klagte der in Paris wirkende Belgier François-Joseph Fétis bereits 1827 in der von ihm begründeten *Revue Musicale*: »Allein die Organisten hier sind unfähig. Niemals ist der wahre Orgelstil gefunden worden […]. Heutzutage ist M. Benoist, der Organist des Königs, der einzig verdienstvolle; möge er doch Schüler heranbilden, die uns schließlich in die Lage versetzen, in dieser Hinsicht gegen die Deutschen anzutreten.«[95]

Zwei Missstände machte Fétis für die gegenwärtige Misere verantwortlich: zum einen das Fehlen kompositorischer Vorbilder, zum anderen eine zu geringe Anzahl mustergültiger Instrumente. Nach dem Tod Clicquots im Jahr 1790 konnte erst Cavaillé-Coll das entstandene Vakuum wieder füllen, doch in den gut vier Jahrzehnten hatte das Land offenbar sämtliche Organisten verloren, die dessen Instrumenten angemessen hätten bedienen können. Das Einweihungskonzert der Cavaillé-Coll-Orgel von Notre-Dame-de-Lorette kommentierte die *Revue et Gazette musicale* 1838:

> »Beim Anblick all der eleganten Leute in dieser Kirche, geschmückt mit ausgesprochen weltlichem Luxus, konnte man meinen, man befände sich in einem Konzert in der Rue Vivienne; und die Stücke, die dargeboten wurden, waren nicht von der Art, daß sie diesen Eindruck hätten zerstören können. Einige Walzer und kokette, weltliche Melodien, die an der Oper und die Salle Musard erinnerten: das war alles, was die Pianisten,

---

[95] Zit. nach Hiemke, *Bach-Rezeption*, S. 22.

die gekommen waren, um das Instrument zu prüfen, spielten. Es ist eine traurige Tatsache, aber nötig zu sagen: Die Kunst des Orgelspiels befindet sich heute in äußerster Dekadenz.«[96]

Als Indiz der Misere machte Félix Danjou – unter anderem Direktor der renommierten Orgelbaufirma Daublaine-Callinet, dem wichtigsten Konkurrenten Cavaillé-Colls – vor allem die Unfähigkeit französischer Organisten aus, Bachs Orgelwerke angemessen wiedergeben zu können. Das an den Orgelwerken Bachs geschulte Orgelspiel wurde auch in Frankreich zum Gradmesser einer hochstehenden Orgelkultur – nicht zuletzt deshalb, weil man sich nicht im Besitz eines französischen Pendants zu Bach wähnte. Nachdem Bachs Orgelwerke um 1850 in Frankreich noch relativ unpopulär waren, sollte sich im weiteren Verlauf die Herausbildung einer genuin französischen Organistenschule speziell an Fragen der Bach-Interpretation orientierten. Das Bewusstsein, der rechte Wahrer des Bach'schen Erbes zu sein, ist durchaus als konstitutiv für die sich nach 1860 entwickelnde Orgelkultur in Frankreich zu verstehen. Deren Begründer Jacques-Nicolas Lemmens, wie Fétis ein Belgier, hatte auf einer Deutschlandreise Unterricht bei dem Breslauer Virtuosen Adolph Friedrich Hesse genommen, dessen Spiel in Frankreich bereits bei der Einweihung des großen Instruments von Daublaine-Callinet in St. Eustache Aufsehen erregt hatte. Auf seinen Parisreisen kam Lemmens schnell in Kontakt zu Aristide Cavaillé-Coll, der in ihm den Prototyp eines modernen Organisten erkannte. An seinem vor allem auf Bach ausgerichtetem Spiel orientierte sich der Orgelbauer bei der Definition der Anforderungen seiner Instrumente. Betrachtete man in Frankreich bereits Lemmens durch seinen Unterricht bei Hesse als einen Enkelschüler Bachs – Hesse hatte Orgelspiel unter anderem bei Rinck erlernt, dessen Lehrer wiederum Schüler von Bach-Schülern waren –, so galt dies in noch weit stärkerem Maß für Charles-Marie Widor, der in Bach denjenigen sah, »der uns das Verständnis für die wahre Kunst des heiligen Instruments wieder eröffnet hat« und das Fundament für eine »neufranzösische Orgelschule«[97] darstelle.

Dabei ist es nicht von entscheidender Bedeutung, ob die französischen Organisten der zweiten Hälfte des 19. und des beginnenden 20. Jahrhunderts tatsächlich ein authentisches Bachspiel pflegten, wie zuweilen behauptet. Viel wichtiger ist der Wunsch nach historischer Legitimation, der aus diesem Rekurs auf Bach zu erkennen ist. Nicht erst seit Schweitzer also war Bach in Deutschland wie in Frankreich, bei Mendelssohn und Reger wie bei Franck und Widor der Dreh- und

---

[96] Zit. nach ebd., S. 24.
[97] Charles-Marie Widor, »Vorrede«, in: Schweitzer, *Bach*, S. IX.

Angelpunkt allen organistischen Denkens. Ein solch gemeinsamer Bezugspunkt aber verhinderte eine generelle Entfremdung, sorgte zwar für unterschiedliche Ansätze im Detail, führte letztlich aber selbst in Zeiten schlimmster nationaler Verblendung nie zu einem gänzlichen Abreißen der Kontakte und nie zu einem Versiegen gegenseitiger Bewunderung und Achtung.

Selbst wenn Bach im französischen Musikleben insgesamt keine allzu exponierte Rolle innehatte, so ist doch seine besondere Bedeutung für den deutsch-französischen Diskurs in Orgelfragen unverkennbar. Offenbar ist es so, dass Bach sein Werk durch eine universelle Orgelsprache, die unterschiedliche nationale Idiome miteinander verbindet, vor einseitig nationaler Einverleibung gleichsam geschützt hat.

Ausgesprochene Polemiken gegen die französische Orgel hat es in Deutschland nicht gegeben. Entgegen dem herrschenden Zeitgeist war das deutsch-französische Verhältnis im Bereich des Orgelbaus und der Orgelmusik auch nach 1870/1871 relativ ungetrübt. Zwar reagierten französische Kulturkreise nach der Kriegsniederlage nicht selten mit einer regelrechten Germanophobie. Das Bild des skrupellos machthungrigen, barbarischen Deutschlands, dem sich Frankreich als Wahrer der europäischen Kultur und Zivilisation entgegenzustellen habe, wurde jedoch nur sehr bedingt auf die Orgel übertragen. Die Pflege und Beschäftigung mit Bachs Kompositionen im Bereich der Orgel – womöglich im Gegensatz zu anderen Sparten des Musiklebens – war keine rein deutsche Angelegenheit, und gerade deswegen verschloss sich die Orgelmusik gegenüber allzu plakativen Nationalismen. Die Vorstellung, Bachs Erbe in einer als richtig erkannten Weise aufzuarbeiten, prägte bei allen Unterschieden im Detail nicht nur die Bemühungen deutscher, sondern gerade auch die französischer Organisten. Dass man hierbei auf Gemeinsamkeiten stieß, ist zwangsläufig, und dass man sich durch nationale Chauvinismen nicht abschrecken ließ, ebenso folgerichtig.

Nicht immer gelang dies, nicht selten jedoch versuchten Organisten, Orgelbauer und Musikwissenschaftler in Deutschland wie in Frankreich, sich Bach als einer zentralen Erscheinung der europäischen Orgelmusik jenseits aller nationalen Vorurteile und Reserviertheiten zu widmen und damit auch die Orgel insgesamt aus dem kleinlichen Streit der Nationen herauszuhalten.

Jeroen van Gessel
Mendelssohns Musik mit Wagners Ideen
Niederländische Vorstellungen nationaler Musik im 19. Jahrhundert

Das Thema »Musik in der deutschen Kulturnation« ist einerseits ein nationales Thema, indem es sich mit typischen Vorstellungen der deutschen Musik auseinandersetzt. Andererseits ist es ein internationales, insofern die These, dass der Charakter einer Nation die Eigenart ihrer Musik bestimmt und diese Kunst demnach ein konstitutives Element für die Gründung oder Aufrechterhaltung eines jeden Nationalstaates bilde, längere Zeit überall mit großer Selbstverständlichkeit hingenommen wurde. Die Tatsache, dass verschiedene Nationen ihre Selbstdarstellung weitgehend durch das Verhältnis zu den Nachbarstaaten prägen ließen, bietet einen zweiten Grund, internationale Dimensionen in eine Analyse des Themas »Musik in der deutschen Kulturnation« einzubinden. So war auch die Diskussion über den Charakter der nationalen Musik, wie sie im frühen 19. Jahrhundert in den Niederlanden geführt wurde, nur teilweise ein Versuch, anhand bestimmter nationaler Merkmale festzulegen, wie diese beschaffen sein sollte. Vielmehr war es eine Auseinandersetzung mit den wichtigsten europäischen Musiktraditionen, die zwangsläufig auf eine sich in Empfehlungen erschöpfende Darstellung hinauslief, wie man sich zu den vorherrschenden nationalen Richtungen in der Musik verhalten sollte. Selbstverständlich spielte die deutsche Musik – und die deutsche Kultur überhaupt – eine wichtige Rolle in der niederländischen Debatte.

In diesem Beitrag wird die in der ersten Hälfte des 19. Jahrhunderts geführte niederländische Diskussion über die Beschaffenheit einer nationalen Musik verfolgt und hinterfragt, welche Rolle die deutsche Musik dabei spielte. Die Diskussion drehte sich vornehmlich um zwei Bereiche: einerseits um die niederländische Musikgeschichte, die das nationale Prestige mit einer ruhmvollen Rolle in der europäischen Musikgeschichte bereichern sollte, andererseits um das Bestreben, durch Kompositionswettbewerbe dem niederländischen Komponieren internationales Ansehen zu verschaffen. Mit diesen Initiativen befassten sich hauptsächlich das 1808 gegründete »Koninklijke Instituut« (im Folgenden: Königliches Institut) und die 1829 gegründete »Maatschappij tot bevordering der toonkunst« (im Folgenden: Gesellschaft zur Förderung der Tonkunst). Anhand der Tätigkeit dieser beiden Institutionen soll gezeigt werden, wie die Bemühungen zur Voraussetzung der Förderung des zeitgenössischen Komponierens wurden und wie letztere Initiative aus auf eine Vorstellung der nationalen Musik als eine Verquickung von Wagners Ideen mit Mendelssohns Musik hinauslief. Zum Schluss wird zum Thema dieses Bandes zurückgekehrt: Wie verhalten sich die niederländischen musikalischen Initiativen aus dieser Epoche zu der Idee einer nationalen deutschen Musik und was lehrt uns die niederländische Wahrnehmung der deutschen Musik über deren internationalen Wirkung?

Das Königliche Institut und die niederländische Musikgeschichte

Das Königliche Institut war 1808 von Louis Napoleon, dem jüngeren Bruder Napoleons und von diesem 1806 zum König der Niederlande ernannt, gegründet worden.[1] Mit Sitz in Amsterdam, fungierte es als niederländisches Gegenstück des französischen »Institut national des sciences et arts«. Es sollte der zersplitterten Struktur des niederländischen intellektuellen Lebens, das sich bis dahin über eine kaum überschaubare Vielfalt von kleineren Gelehrtengesellschaften verteilt hatte, ein Ende setzen und diese in einem zentralen Reservoir der niederländischen wissenschaftlichen und künstlerischen Kenntnisse vereinigen. Obwohl es bisher keine offiziellen Musikinstitute in den Niederlanden gegeben hatte, wurde durch die Ernennung von vier Musikern zu Mitgliedern auch die Musik in dieser neuen Einrichtung mit einbezogen. Es handelte sich um die Komponisten Carel Anton Fodor, Johann Wilhelm Wilms und Johann Georg Rauppe – die beiden letzten waren deutscher Herkunft, jedoch schon seit Jahren in Amsterdam tätig – und den Kapellmeister von Louis Napoleon, Charles Henri Plantade. Innerhalb weniger Jahre wurde die musikalische Vertretung schon halbiert, denn Plantade folgte seinem Arbeitsgeber Louis Napoleon ins Ausland, nachdem dieser 1810 von seinem Bruder zum Rücktritt gezwungen worden war, und Rauppe verstarb 1814.

Obwohl das Institut seinem Wesen nach dem zentralisierten französischen Modell der Wissenschaftsförderung entsprach, wurde es vom 1815 nach dem Wiener Kongress neu gegründeten Königreich der Niederlande, das Belgien, die Niederlande und Luxemburg umfasste, übernommen. Seine Funktion änderte sich jedoch grundsätzlich. Hatte Louis Napoleon es als eine Regierungsinstanz betrachtet, die in allen wichtigen Entscheidungen über die Förderung

[1] Für einen Überblick über die musikalische Tätigkeit des Instituts siehe Jeroen van Gessel, »›Om de kunst te ondersteunen en den smaak te zuiveren en te verfijnen‹. Het Koninklijk Instituut en de muziek (1808–1851)«, in: *Tijdschrift van de Koninklijke vereniging voor Nederlandse muziekgeschiedenis* 49 (1999), S. 69–97. Das Archiv des Instituts wird aufbewahrt im Rijksarchief Noord-Holland in Haarlem unter Archivnummer 175.

von Wissenschaft und Kunst zu Rate gezogen wurde, sah der neue König Willem I das Institut bloß als ein beratendes Gremium, an deren Empfehlungen er keineswegs gebunden sei.

Mit dieser neuen Haltung dem Institut gegenüber verband sich eine grundlegende Wandlung der personellen Besetzung. Zwar wurden die alten Mitglieder beibehalten, aber bei der Ernennung neuer Mitglieder wählte die Regierung ab jetzt konsequent hauptsächlich Dilettanten aus den besseren bürgerlichen Kreisen. Zwei solcher neuen Mitglieder sollten die musikalischen Aktivitäten des Instituts weitgehend prägen: Der Kaufmann Jacob de Vos, ernannt 1814, und der 1822 ernannte Jurist Cornelis den Tex. Beide waren außerdem Vorstandsmitglieder in mehreren Amsterdamer Musikvereinen. Erst 1830 erhielt wieder ein professioneller Musiker einen Ruf: Der Amsterdamer Komponist Jan George Bertelman. Als 1844 und 1847 der Anteil der professionellen Musiker wieder erweitert werden sollte, blieb dies weitgehend wirkungslos, denn zu dieser Zeit hatte das Institut seine musikalischen Aktivitäten schon weitgehend eingestellt. 1851 wurde es von einer neuen Akademie der Wissenschaften abgelöst, in der es für die Künste keinen Platz mehr gab.

Die Außenwelt bekam im Allgemeinen wenig mit von der Tätigkeit des Instituts, die hauptsächlich aus regelmäßigen Versammlungen im Amsterdamer Institutsgebäude bestand. Dort hielten Mitglieder Reden und man diskutierte neue Entwicklungen in Kunst und Wissenschaft. Wenn das Institut mit musikalischen Aktivitäten in die Öffentlichkeit trat, geschah dies in Form von Preisausschreiben. 1816 und 1830 gab es Kompositionswettbewerbe, aber diese blieben erfolglos. Viel einflussreicher erwies sich die 1824 veröffentlichte Preisaufgabe für eine Abhandlung über die Frage: »Welche Verdienste haben sich die Niederländer, namentlich im 14., 15. und 16. Jahrhundert, in der Tonkunst erworben, und in wie weit haben die damaligen niederländischen Tonkünstler, die sich in Italien niedergelassen haben, die Kompositionsschulen, die sich bald später dort geformt haben, beeinflusst?«[2] Aus den Akten des Instituts geht leider nicht hervor, von wem die Idee zu dieser Frage herrührte. Eine unbestätigte Quelle verweist auf den Genter Professor Jacob Lodewijk Kesteloot, der in einer nicht überlieferten Rede von 1820 auf die Verdienste der damaligen niederländischen Musiker hingewiesen haben soll.[3]

---

[2] »Welke verdiensten hebben de Nederlanders, vooral in de 14ᵉ, 15ᵉ en 16ᵉ Eeuw in het vak der Toonkunst verworven, en in hoe verre kunnen de Nederlandsche Kunstenaars van dien tijd, die zich naar *Italiën* begeven hebben, invloed gehad hebben op de Muziekscholen, die zich kort daarna in *Italiën* hebben gevormd?«

[3] [Nekrolog auf Kesteloot,] *Album der schoone kunsten* 3 (1852), Beiheft, S. 6.

Letztendlich mag die vorhandene Literatur zur Musikgeschichte diese Preisaufgabe motiviert haben. So hatte schon Johann Nikolaus Forkel in seiner *Allgemeinen Litteratur der Musik* (1792) betont, dass in früheren Jahrhunderten die Niederlande der Welt die wichtigsten Musiker und Komponisten geschenkt hatten und namentlich im 16. Jahrhundert »so viele große Tonkünstler« besessen haben, »daß es das übrige Europa fast eben so damit versehen konnte, wie nachher Italien that.«[4] Die Aufgabe ging wahrscheinlich auf solche Aussagen zurück, denn eine Aktennotiz deutet an, dass in der ursprünglichen Form nur das 16. Jahrhundert erwähnt wurde und dass man erst kurz vor deren Veröffentlichung in der Formulierung das 14. und 15 Jahrhundert hinzufügte, auf Vorschlag von Den Tex.[5] Wahrscheinlich ist jedenfalls, dass man mit dem Preisausschreiben nicht bloß eine musikgeschichtliche Frage klären wollte, sondern hoffte, eine umfassende Untermauerung von Forkels These zu empfangen.

Erfolg hatte man erst nach der wiederholten Ausschreibung der Preisaufgabe. 1829 trafen zwei anonym eingereichte Manuskripte ein, denen beiden der Preis, Veröffentlichung auf Kosten des Instituts, zugesprochen wurde. In der Versammlung vom 29. Oktober 1829 wurden die verschlossenen Briefumschläge mit den Namenszetteln geöffnet und bekannt gegeben, dass sie von François-Joseph Fétis und Raphael Georg Kiesewetter eingereicht seien. Als der Name des letzteren verlesen wurde, bemerkte Den Tex, dies sei ihm eine besonders angenehme Überraschung: Das mit der Preisaufgabe verbundene nationale Prestige, so Den Tex, sei bei Kiesewetter in sicheren Händen, sei dieser doch in der musikalischen Welt rühmlich bekannt und genieße in Deutschland wegen seiner Kenntnisse allgemein Hochachtung.[6] Es ist jedoch zweifelhaft ob es ihn wirklich überraschte, denn Den Tex war mit Kiesewetter persönlich bekannt, wie Briefe aus seinem Familienarchiv belegen.[7] Außerdem heißt es im Protokoll der Versammlung vom 5. Mai 1828, aus Frankreich sei eine Einsendung eingetroffen und nun erwarte man noch eine Antwort aus Wien, obwohl keine Schriftstücke im Archiv des Instituts auf eine solche Einsendung aus Wien hinweisen. Diese Notiz geht also wahrscheinlich auf eine mündliche Mitteilung von Den Tex zurück, der vielleicht sogar Kiesewetter selbst eingeladen hat, sich an der Preisaufgabe zu beteiligen.

Diese Details sind keine bloßen Marginalien im Ablauf dieses Preisausschrei-

---

4   Johann Nikolaus Forkel, *Allgemeine Litteratur der Musik*, Leipzig 1792, S. X.
5   Rijksarchief Noord-Holland (im Folgenden: RANH) Archiv 175, Nr. 142/352, S. 373 (Protokoll der Versammlung vom 8. November 1824).
6   RANH 175, Nr. 143/353, S. 123.
7   Stadtarchiv Amsterdam (im Folgenden: SAA), Archiv 199, Nr. 8k. Aus den Briefen geht hervor, dass Den Tex und Kiesewetter schon 1825 freundschaftliche Beziehungen unterhielten.

bens. Sie illustrieren, wie sehr die musikalischen Initiativen des Instituts inzwischen durch die Dilettantenmitglieder geprägt wurden. Es handelt sich dabei nicht nur um die quasi nebenbei gemachte Bemerkung von Den Tex über das nationale Prestige der Preisaufgabe, sondern um den ersten und einzigen Hinweis in den Akten des Instituts, der eindeutig belegt, dass die Aufdeckung der nationalen Musikgeschichte von vornherein eng mit dem Ruhm des Vaterlandes verbunden war. Die professionellen Musiker im Institut mischten sich in solche Debatten nicht ein; ihr Interesse für Musikgeschichte war gering und ihre wenigen Äußerungen dazu belegen, dass sie sich damit auch kaum auskannten. Allerdings stand es um die konkreten Kenntnisse der alten Musik bei den Dilettanten nicht viel besser. Über eine Handschrift mit dem ersten Buch von Boethius' *De institutione musica* wusste Den Tex nicht mehr zu sagen, als dass dieser Text sich nicht durch klare Entfaltung der Gedanken auszeichnete und außerdem nichts enthielt, was für Wissenschaft oder Kunst nützlich sein könne.[8]

Mehr als inhaltliches Interesse für die geschichtliche Entwicklung war also der potenzielle Ruhm für das Vaterland der ausschlaggebende Grund zur Ausschreibung dieser Preisaufgabe gewesen. Diese Rechnung schien aufzugehen, denn sowohl Kiesewetter als auch Fétis betonen in ihren Abhandlungen die große Bedeutung der niederländischen Musiker für die Musikgeschichte. In seinem Vorwort greift Kiesewetter sofort den Mythos an, »alle Musik sey von Italiën aus über Europa verbreitet worden«, welcher dazu führe, dass man »sonderbar überrascht« sein müsse, »wenn man irgendwo zum ersten Mal erfährt, dass es Niederländer waren.«[9] Auch Fétis hatte ein klares Auge für die nationale Bedeutung der Preisaufgabe, indem er seinen Text mit der Bemerkung beginnen lässt: »Gloire et honneur à la Société savante qui, guidée par son patriotisme, vient d'élever cette grande et belle question […] dont la solution fera voir la musique moderne prenant en quelque sort naissance dans les Pays-Bas, et les artistes Neerlandais répandus dans toute l'Europe, instruisant leurs contemporains dans cet art divin.«[10]

Für Kiesewetter gab es einen ersten Preis, für Fétis einen zweiten, und außerdem wurden beide Abhandlungen 1829 publiziert. Im Ausland und namentlich in Deutschland wurde ihre Bedeutung sofort anerkannt.[11] Von den auslän-

[8] RANH 175, Nr. 137/344, Nr. 23, S. [4].
[9] Raphael Georg Kiesewetter, *Die Verdienste der Niederländer um die Tonkunst*, Amsterdam 1829, S. 1.
[10] François-Joseph Fétis, *Mémoire sur cette question: »Quels ont été les merites des Neerlandais dans la musique […]«*, Amsterdam 1829, S. 1.
[11] Siehe die Besprechungen in der *Allgemeinen Musikalischen Zeitung* 32 (1830), Sp. 381–395, in der *Berliner Allgemeinen Musikalischen Zeitung* 7 (1830), S. 229–231 und in *Eutonia* 5 (1831), S. 224–236.

dischen Mitgliedern des Instituts dürfte Spohr wohl am besten den gewünschten Tonfall getroffen haben. Er habe »als deutscher sich besonders darüber gefreuet [...], daß in ihnen klar erwiesen, daß man die ersten Anfänge einer Kunst, die von den deutschen jetzt mit besonderer Vorliebe kultivirt wird, einer ihr so nahe verwandten Nation, und nicht, wie bisher der Glaube allgemein war, den Italiänern zu danken hat!«[12] Aus dieser Sicht war die Musik dank dieser Forschungsergebnisse erst recht eine wirklich deutsche Kunst geworden: in der Gegenwart namentlich in Deutschland auf großer Höhe angelangt, aber aufgrund der Vorarbeit des verwandten Nachbarvolks.

Der Ruhm, den man sich in den Niederlanden mit diesen Abhandlungen erworben zu haben glaubte, gewann eine noch größere Bedeutung aufgrund der damaligen Vorstellungen der Musikgeschichte. Diesen zufolge hatte die Musik in der Antike eine Blütezeit erlebt, sei darauf jedoch in Verfall geraten. Erst am Ende des Mittelalters habe es eine Wiederbelebung gegeben, die sich dann bis zum Ende des 18. Jahrhunderts fortgesetzt hätte. Wenn diese Wiedergeburt jedoch auf einen grundlegenden niederländischen Beitrag zurückzuführen war, folgte daraus, dass sich die ganze aktuelle europäische Musiktradition auf niederländische Fundamente stützte. Auch ohne selbst in den letzten Jahrzehnten Komponisten von internationaler Prominenz hervorgebracht zu haben, konnten die Niederlande deshalb ein Anteil an der zeitgenössischen Blüte beanspruchen.

Einem ähnlichen Argumentationsverfahren begegnet man in einer Rede, die George Grove am 12. Dezember 1881 in Manchester anlässlich eines Banketts zugunsten des noch zu errichtenden Royal College of Music hielt. Statt der alten Niederländer war es hier der Kanon »Sumer is icumen in«, der als Beweis der musikalischen Verdienste eines ganzen Volkes herangezogen wurde. »This tiny glee« war, so Grove, »the germ of modern music, the direct and absolute progenitor to the oratorios of Handel, the symphonies of Beethoven, the operas of Wagner«.[13] Konnte man also behaupten, zu der europäischen Musikgeschichte maßgeblich beigetragen zu haben, dann war es gewissermaßen gleichgültig, dass es im aktuellen Musikleben keine prominenten Komponisten aus dem eigenen Land gab. Dem Vorwurf, dieser Nation mangele es an Musikalität, konnte mit einem Hinweis auf die historischen musikalischen Leistungen genügend widersprochen werden.

Diese Argumentation enthielt jedoch ein wesentliches Problem. Da sie einem deutlichen Fortschrittsglauben verpflichtet war, ergab sie zwangsläufig, dass das musikhistorische Verdienst dieser alten Komponisten für die zeitgenös-

---

[12] Spohr an De Vos, 20. Mai 1830; RANH 175, Nr. 127/307, Nr. 60.
[13] R. Stradling, M. Hughes, *The English musical Renaissance 1860–1940: Construction and deconstruction*, London 1993, S. 23.

sische Musik keine künstlerische Bedeutung mehr haben konnte. Die Meister aus dem 14., 15. und 16. Jahrhundert mochten Großartiges geleistet haben, aber die Weiterentwicklung der Musik hatte ihre Arbeit weitgehend obsolet gemacht. Der neu aufgedeckten rühmlichen Vergangenheit fehlte demnach das Potenzial, als historisches Erbe allgemein zugänglich gemacht zu werden, denn sie könne, so die allgemeine Auffassung, mit der zeitgenössischen Musik nie mithalten, abgesehen davon, dass sie nur in Manuskriptform existierte und damit weitgehend unbekannt war.

Es sollte jedoch noch schlimmer kommen. Die belgische Revolte von 1830 führte zum Krieg mit den nördlichen Niederlanden und ein Jahr später zur Trennung der beiden Länder, eine Lage, die 1839 offiziell anerkannt wurde. Das bedeutete, dass das niederländische Königreich auf seine heutige Größe zusammenschrumpfte. Belgien und Luxemburg waren nun selbständige Staaten geworden. Da jedoch fast sämtliche von Fétis und Kiesewetter aufgelisteten Komponisten aus dem Gebiet des neuen Königreich Belgiens stammten, mussten die Niederlande sich von der musikhistorischen Prominenz verabschieden, die sie erst zwei Jahre vorher erworben hatten.

Das Königliche Institut und das niederländische Komponieren

Die letzte öffentliche Aktivität des Instituts im Bereich der Musik war die Ausschreibung einer Preisaufgabe in 1842. Man wünschte sich eine Abhandlung über die Frage: »In wiefern können aus den Komposition aus den verschiedenen Zeitaltern, bei den neueren Völkern Europas, Schlüsse gezogen werden hinsichtlich des Zeitgeistes und des Charakters der Nation, aus der diese Kompositionen hervor gegangen sind.«[14] Antworten wurden nicht eingereicht, und weder die 1846 wiederholte Ausschreibung noch ein Schreiben an Fétis aus demselben Jahr, in dem dieser aufgefordert wurde, selbst einen Versuch zu wagen, brachte ein Ergebnis.

Diese Initiative stand am Ende einer Beschäftigung mit den gewünschten Charakterzügen der niederländischen Musik, die sich über zwei Jahrzehnte erstreckt hatte. Ab ungefähr 1820 wurden regelmäßig Vorträge über die aktuellen musikalischen Entwicklungen gehalten, wobei immer wieder versucht wurde, die gewünschte Beschaffenheit einer nationalen niederländischen Musik zu definieren. Auffallend war auch hier, dass es hauptsächlich die Dilettanten waren, die sich für diese Frage interessierten. Der einzige Beitrag von Johann Wilhelm Wilms, vorgetragen in September 1822, beschäftigte sich mit

---

[14] RANH 175, Nr. 144/354, S. 291 (Protokoll der Versammlung vom 14. November 1842).

der Frage, wie die Wirkung der Musik zu erklären sei.[15] Das Referat, das sein Kollege Fodor 1827 hielt, ist leider nicht erhalten. Aus der Zusammenfassung in den Protokollen geht jedoch hervor, dass er eine Übersicht über die Entwicklungen in der europäischen Musik der letzten fünfzig Jahre gab.[16] An eine Beurteilung wagte er sich nicht heran; stattdessen beschränkte er sich auf die Feststellung, dass die Geschmacksunterschiede zwischen Publikum und Kennern in den letzten Jahren immer größer geworden waren. Ersteres hatte eine deutliche Vorliebe für Rossini, während die Kenner sich überwiegend für die neuen Werke von Beethoven und Spohr interessierten.

Die europäische Begeisterung für Rossini war Gegenstand eines Referats von Den Tex vom April 1825.[17] Er schreibt Rossinis Erfolge der Leichtsinnigkeit zu, die sich in ganz Europa beim Publikum durchgesetzt habe. Die »stille Bewunderung im Ausdruck von edlen Gefühlen« habe der bloßen Unterhaltung der Sinne Platz gemacht. Diese Entwicklung sei verstärkt worden durch die Neigung der deutschen Komponisten, in ihren Kompositionen die Kenntnis der Harmonie über alles zu stellen, Schwierigkeiten hinterherzujagen und äußerst komplizierte, schwer nachvollziehbare musikalische Vorstellungen als das »nec plus ultra« der Kunst anzusehen. Den Tex beklagt weiterhin, dass es keine Komponisten zu geben schien, die den Mittelweg zu gehen wussten. Dies zu tun, schien ihm die richtige Aufgabe für niederländische Komponisten zu sein, denn »die gemeine und platte Oberflächlichkeit ist unserm Charakter nicht weniger fremd als das Geheimnisvolle und Mystische, womit die deutschen Komponisten ihre besten Schöpfungen ausstatten.«

Jacob de Vos, der andere musikalisch interessierte Dilettant im Institut, hatte dieses Thema schon einen Monat vorher in einer »Abhandlung über die Tonkunst« angesprochen.[18] Er gesteht ein, nicht über musiktheoretische Kenntnisse zu verfügen, meint aber, das sei auch nicht nötig, da er beabsichtige, die allgemeinen ästhetischen Anforderungen an Kunstwerke, die »zu Recht als wahrlich schön und vorzüglich« gelten, auf die Musik zu übertragen. Er stellt fest, dass

---

[15] RANH 175, Nr. 133/137, Nr. 12. Siehe zum Inhalt des Vortrags: Jeroen van Gessel, *Een vaderland van goede muziek. Een halve eeuw Maatschappij tot bevordering der toonkunst (1829-1879) en het Nederlandse muziekleven*, Utrecht 2004, S. 122–125.

[16] RANH 175, Nr. 143/353, S. 73–74 (Protokoll der Versammlung vom 9. April 1827).

[17] RANH 175, Nr. 133/137, Nr. 17.

[18] RANH 175, Nr. 133/137, Nr. 12. Der Vortrag wurde nahezu unverändert veröffentlicht unter dem Titel: »Iets over de hedendaagsche muzijk« [»Etwas über die zeitgenössische Musik«], in: *Magazijn voor wetenschappen, kunsten en letteren* 7 (1827), S. 297–331.

nur »Einfalt und Wahrheit« zur wahren Kunst führen, und fährt mit einer Beurteilung der aktuellen Musik aufgrund dieser Kriterien fort. Die deutsche Musik, mit Beethoven, Spohr und Weber als ihren wichtigsten Vertretern, erschöpfe sich im Haschen nach Neuem, Prickelndem, und spiegele in ihrer Unruhe und Verworrenheit die gesellschaftlichen Entwicklungen der letzten dreißig Jahren wider. Aber auch Rossini und seine Nachfolger hätten »den früheren klassischen Geist« ganz verkannt. Die Musik Mozarts und Haydns kam De Vos' Ansprüchen am besten entgegen, denn darin werde nie die Melodie den Anforderungen der Harmonie geopfert. Genau wie Den Tex widmet er am Ende seines Referats der niederländischen Musik in ihrem europäischen Kontext noch einige Gedanken:

> »Konnten wir, namentlich die [Einwohner] der nördlichen Provinzen [...], auch in der Tonkunst uns gelten lassen, so würde zweifelsohne derselbe Charakter der Wahrheit und natürlichen Einfalt, der immer unsere Malerschule geprägt hat und auch heute noch prägt, sich in unserer Musik offenbaren. Wir würden weder zu italienischer Virtuosität, weder zu deutscher Mystik noch zu französischer Oberflächlichkeit neigen, sondern unsere Musik würde den Stempel unserer Gediegenheit tragen.«[19]

Dies lasse sich am besten durch eine Neubelebung der »alten klassischen Musik« erreichen, »von Leo, Allegri, Durante, Jomelli, Maio und noch so vielen anderen, von Händel, Graun, Hasse und ähnlichen, die heute ganz vergessen sind. Man würde dann fühlen und lernen, welcher tiefe Geist darin herrscht, und viel Umständliches und Gesuchtes der späteren [Komponisten] erst recht erkennen.«[20]

Dass De Vos bei diesem ungewöhnlichen Rezept die »alten Niederländer« nicht erwähnt, dürfte darauf zurückzuführen sein, dass erst wenige Monate vorher die Preisfrage nach deren Verdiensten veröffentlicht worden war. Seine Empfehlung bezeugt allerdings, dass manche Mitglieder sich von der Wiederentdeckung einer ihr unbekannten alten niederländischen Musik auch einen guten Einfluss auf das zeitgenössische nationale Komponieren versprochen haben dürften. Das bedeutet jedoch keineswegs, dass man eine konkrete Vorstellung von dieser Musik hatte. Sogar De Vos musste eingestehen, dass er außer Pergolesis *Stabat mater* und Händels *Messias* keine ältere Musik kannte.

Dieses Eintreten für den Mittelweg erinnert an Quantz' »vermischten

---

[19] Ebenda, S. 328. »[...] konden wij, vooral die der noordelijke provintien [...], ook in de toonkunst ons doen gelden, ongetwijfeld, zou hetzelfde karakter van waarheid en natuurlijke eenvoudigheid, dat onze schilderschool altijd gekenmerkt heeft en nog blijft kenmerken, zich ook in onze muzijk openbaren. Wij zouden noch tot de Italiaansche *Virtuositeit*, noch tot Duitsch *Mysticismus*, noch tot Fransche oppervlakkigheid vervallen, maar onze muzijk onze muzijk zou het merk onzer degelijkheid dragen.«

[20] Ebenda, S. 329.

Geschmack«, aber es gibt keine Belege, dass man sich auf Musiktraktate des mittleren 18. Jahrhunderts stützte, und es ist sehr unwahrscheinlich, dass die ältere Diskussion die Grundlage für diese niederländische Debatte bildete. Vielmehr handelte es sich hier um ein allgemeines Ideal, das als ein wesentlich nationales Merkmal empfunden wurde und auch in den damaligen Auseinandersetzungen über den Charakter der niederländischen Literatur, Malerei und sogar Philosophie immer wieder auftauchte. Hier wurde Ästhetik mit einer bürgerlichen Ethik verquickt, welche die Vermeidung jeglicher Exzesse als höchste Tugend ansah. Es handelte sich hier zugleich um ein europäisches Ideal, dass im Bereich der Musik auch in anderen Ländern auftauchte. So war – um nur ein Beispiel zu nennen – auch Michail Glinka der Auffassung, dass eine wirklich russische Musik nur aus einer Verschmelzung von Intellekt (deutscher Musik) und Emotion (italienischer Musik) hervorgehen konnte.[21]

Die nachhaltige Wirkung dieses Ideals zeigt sich in ihrem wiederholten Auftauchen. Als Den Tex 1831 rügte, dass manche Komponisten sich zu viel nach den Wünschen des Publikums richteten, wurde ihm von anderen Mitgliedern entgegnet, dass manche Musik, die nur für die gelehrten Kenner geschrieben sei, für die Mehrheit des Publikums unzugänglich sei. Dies sei namentlich bei den letzten Werken Beethovens der Fall. Auch De Vos wiederholte 1836 anlässlich einer Aufführung von Webers *Euryanthe*, dass die deutsche Musik auf einen Irrweg geraten sei, indem sie sich von den »wahren und reinen Prinzipien« der Kunst abgewandt hatte.[22] Zwei Jahre später konnte er jedoch anlässlich der ersten niederländischen Aufführung von Mendelssohns *Paulus* in einer Versammlung bekannt geben, dass es jetzt einen zeitgenössischen Komponisten gebe, dessen Musik genau seinen Vorstellungen entsprach: Felix Mendelssohn Bartholdy. De Vos' Bemerkungen wurden im Protokoll festgehalten:

> »Er hält es [das Oratorium *Paulus*] für eine erwünschte Erscheinung in der musikalischen Welt, sowohl in Betreff der Textbehandlung als auch hinsichtlich der Komposition, die, streng kirchlich und Bach und Händel nachempfunden, sich durch Klarheit und Einfalt, kombiniert mit schönen Melodien und Kraft des Ausdrucks, günstig von dem vorherrschenden deutschen Stil abhebt; weshalb er meint, dass die Nachahmung von [Felix Mendelssohn] Bartholdys Komposition namentlich den niederländischen Tonkünstlern zu empfehlen sei.«[23]

[21] Richard Taruskin, *Defining Russia musically. Historical and hermeneutical essays*, Princeton 1997, S. 67.
[22] RANH 175, Nr. 144/354, S. 36–37 (Protokoll der Versammlung vom 22. Mai 1836).
[23] Ebenda, S. 72–73 (Protokoll der Versammlung vom 7. Mai 1838). »Hij beschouwt

In den nachfolgenden Jahren sollten auch noch andere bemerkenswerte Neuigkeiten diskutiert werden, wie Félicien Davids *Le désert* und Schumanns *Das Paradies und die Peri*. Keines dieser Werke erntete jedoch die uneingeschränkte Anerkennung, die man im Institut Mendelssohns Musik zollte. 1844 wurde Mendelssohn zum korrespondierenden Mitglied ernannt, und als er drei Jahre später starb, wurden in einer Versammlung seine Verdienste aufgelistet: Seine Musik zeichne sich aus durch ihren »edlen, einfachen und religiösen Charakter« und müsse daher einen bleibenden Einfluss auf die niederländische Musik haben.[24]

Die Gesellschaft zur Beförderung der Tonkunst und ihre Kompositionswettbewerbe

Die 1829 gegründete Gesellschaft zur Förderung der Tonkunst verdankt ihr Entstehen dem unermüdlichen Fleiß eines Rotterdamer Gymnasiallehrers, Adrianus Catharinus Gerardus Vermeulen. Über ihn ist nicht sehr viel bekannt. Er studierte einige Jahre in Leiden, wo er Vorlesungen des Universitätsmusikers besuchte, verließ aber die Stadt ohne akademisches Diplom und verbrachte darauf einige Jahren als Lehrer im nördlich gelegenen Franeker. 1821 veröffentlichte er eine kleine Sammlung Romanzen mit französischem Text. In einer Rezension wurde er charakterisiert als »ein junger Dilettant«, der bekannt war wegen seiner Klavierimprovisationen, die ihn als Bewunderer Moscheles' erkennen ließen.[25] Der Besuch des Niederrheinischen Musikfestes 1825 in Aachen soll ihn tief beeindruckt haben, und nachdem er sich in Rotterdam als Lehrer niedergelassen hatte, gründete er dort einen Chorverein. Dieser musikalische Wirkungskreis genügte ihm jedoch nicht, denn 1828 skizzierte er einen Plan zur Gründung einer nationalen Gesellschaft zur Förderung der Tonkunst, die vor allem jedes Jahr ein Musikfest veranstalten sollte. Als zusätzliche Aktivitäten erwähnte Vermeulen die Ausschreibung von Preisaufgaben über allgemeine Aspekte der Musik und das Abhalten von Kompositionswettbewerben.

> hetzelve als eene gewenschte verschijning in de Muzijkale wereld, zoo wel wat de behandeling van den tekst aangaat, als ten opzigte der compositie, die, streng kerkelijk en gemodelleerd naar *Bach* en *Haendl*, zich door helderheid en eenvoudigheid, gepaard aan schoone melodien en kracht van uitdrukking, gunstig van den heerschenden duitschen stijl onderscheidt; waarom hij vermeent, dat de navolging van *Bartholdy's* compositie in dit vak der kunst, vooral aan de Nederlandsche Toonkunstenaars, mag aanbevolen worden.«

24 RANH Nr. 175, Nr. 145/355, S. 158 (Protokoll der Versammlung vom 24. April 1848).
25 »Iets over de romancen van den heer A.C.G. Vermeulen« [»Etwas über die Romanzen des Herrn A.C.G. Vermeulen«], Amphion 4 (1822), S. 24–30.

Als Organisationsmodell kopierte er dasjenige der bekanntesten und größten niederländischen bürgerlichen Gesellschaft, der 1784 gegründeten »Maatschappij tot nut van 't algemeen« (»Gesellschaft zum Vorteil des Allgemeinen«): ein Hauptvorstand in Amsterdam und relativ unabhängige Satelliten in den anderen Städten. Dort wurde sein Plan wohlwollend aufgenommen, aber in Amsterdam gab es Probleme, denn im Gegensatz zu den sonstigen Musikvereinen in den Niederlanden hatten die dort ansässigen schon eine so große Mitgliederanzahl, dass sie selbst groß angelegte Musikaufführungen veranstalten konnten.[26] Sie standen daher dem Plan ziemlich kühl gegenüber und wurden in ihrer Ablehnung bestärkt von De Vos und Den Text, den prominenten Musikdilettanten aus dem Institut und zugleich Vorstandsmitgliedern in verschiedenen wichtigen Amsterdamer Musikvereinen. Die Verhandlungen mit ihnen führten zu dem Ergebnis, dass sie Vermeulen ihre Mitwirkung nur unter der Bedingung zusagten, dass die Rangordnung der Aktivitäten grundsätzlich geändert wurde. Das zeigte sich bei der endgültigen Aufstellung der Satzungen der Gesellschaft.[27] Die Musikfeste wurden erst an letzter Stelle genannt, und von ihrer alljährlichen Veranstaltung war nicht mehr die Rede. Stattdessen stand die Förderung der Komposition durch regelmäßiges Ausschreiben von Preisfragen ganz vorn. Vermeulen hatte sich die Mitwirkung der Amsterdamer teuer erkauft. Die ihm wichtige Tätigkeit war fast komplett vom Programm verschwunden. Kein Wunder, dass er in späteren Jahren, auf die Gründung zurückblickend, fand, sein Plan sei bei der Gründung ganz misslungen.[28]

Das Ergebnis war dagegen ein großer Sieg für die Amsterdamer Institutsmitglieder. Die dort geführte Debatte über das niederländische Komponieren war eigentlich immer eine ziemlich anonyme Angelegenheit geblieben, weil von diesen Diskussionen fast nichts an die Öffentlichkeit geriet und es an Möglichkeiten fehlte, diese Ideen praktisch zu verwirklichen. Nun hatte man es jedoch geschafft, die neue Gesellschaft mit einem Programm auszustatten, das genau die eigenen Ziele widerspiegelte.

Die Gesellschaft zur Förderung der Tonkunst war damit eine ziemlich ungewöhnliche Organisation geworden. Statt sich um die Interessen der Mitglieder zu kümmern, die als Dilettanten nichts von Kompositionswettbewerben zu erwarten hatten und durch den vorläufigen Verzicht auf Musikfeste auch sonst kaum deutliche Vorteile von ihrer Teilnahme hatten, verfolgte man Ziele, die ausschließlich auf dem Gebiet des nationalen Prestiges lagen. Diese Tendenz

---

[26] Van Gessel, *Een vaderland*, S. 167–186.
[27] *Wetten der Maatschappij tot bevordering der toonkunst*, o. O. 1829, S. 5.
[28] Vermeulen an Heije, 18. November 1845; Stadtarchiv Amsterdam, Privatarchiv (im Folgenden: SAA PA) 611, Nr. 52, Nr. 5.

verstärkte sich wesentlich beim Antritt von Jan Pieter Heije als Sekretär im Jahre 1842. Heije war Arzt, Vorstandsmitglied verschiedener Wohltätigkeitsvereine und Dichter. Er kombinierte eine gewisse Kühnheit in seinem Auftreten mit unermüdlichem Fleiß und dem Willen, sich durchzusetzen. Obwohl in erster Linie ein Idealist mit einem festen Glauben an die Möglichkeit, Menschen und Gesellschaft zu veredeln, war Heije keineswegs ein Schwärmer. Sich mit Erfolg als ein zupackender Verwalter präsentierend, gelang es ihm Pläne durchzuführen, denen es nicht selten die Unterstützung der Mehrheit fehlte. Immer wieder betonte er den Mitgliedern gegenüber, die Gesellschaft zur Förderung der Tonkunst sei nicht da, um ihnen Dienste anzubieten, sondern um für das niederländische Musikleben zu wirken. Bezeichnend für sein unverblümtes Auftreten, das nicht frei von Selbstüberschätzung war, ist diese Aussage im vereinseigenen Album: »Wer als Gegenleistung für den Mitgliedsbetrag für sich selbst Vorteil erwartet, der weiche! Wer durch ein kleines finanzielles Opfer kräftig beitragen möchte zur Förderung von Volksbildung und Volksglück, er komme zu uns und helfe in dem hier verkündeten Geist mit säen und pflanzen für eine segenreiche Zukunft!«[29]

Eben diese ungewöhnliche Konstellation ermöglichte es, fast fünfzig Jahre lang Kompositionswettbewerbe zu veranstalten. Zwischen 1829 und 1842 wurde fast jedes Jahr eine Aufgabe veröffentlicht. Zusätzlich gab es die Möglichkeit nach Belieben Werke einzureichen, die bei positiver Beurteilung auf Kosten der Gesellschaft veröffentlicht werden sollten. Diese Möglichkeit entfiel 1842, um einem neuen System der Preisausschreibung Platz zu machen. Ab diesem Jahr wurde jährlich ein ganzes Programm an Preisaufgaben veröffentlicht. Es gab immer eine Aufgabe für ein großes Werk (Sinfonie oder Kantate); dazu kamen mehrere Aufgaben im Bereich der Kammermusik oder Sonaten für Klavier oder Orgel. Zum Schluss gab es jedes Jahr noch eine Aufgabe für kleinere Vokalwerke mit niederländischem Text wie Sololieder, Duette oder Chöre. Die Preise bewegten sich in Höhe von ƒ300 bis ƒ500 für die großen Aufgaben, ƒ80 bis ƒ200 für erfolgreiche Einsendungen in der Kategorie Kammermusik und schließlich ƒ40 bis ƒ100 für Vokalstücke.[30] Diese Summen waren sehr verlockend, denn das durchschnittliche Jahresgehalt eines städtischen Kapellmeisters betrug nicht mehr als ungefähr ƒ400.

---

[29] *Album der Maatschappij tot bevordering der toonkunst*, Nr. 2 (1844), S. [1]. »Wie, in vergelding van zijn jaarlijksche bijdrage, *voor zich zelven* genot verlangt, wijke! Wie door eene kleine geldelijke opoffering krachtig wil bijdragen tot de bevordering van volksbeschaving en volksgeluk, hij kome tot ons, en helpe in den hier verkondigden geest zaaijen en plannen voor eene zegenrijke toekomst.«

[30] Für eine komplette Auflistung der Preisaufgaben, Einsendungen, Preise und Beurteiler siehe van Gessel, *Een vaderland*, S. 441–456.

Für die Beurteilung der Einsendungen wurden natürlich die etwas älteren niederländischen Komponisten herangezogen, wie die Institutsmitglieder Johann Wilhelm Wilms, Jan George Bertelman und Carel Fodor sowie auch der Rotterdamer Pianist Carl Mühlenfeldt, der Amsterdamer Komponist Johannes Bernardus van Bree und der Direktor des Konservatoriums in Den Haag, Johann Heinrich Lübeck. (Die zwei letzteren wurden 1844 beziehungsweise 1847 auch noch zu Mitgliedern des Instituts ernannt.) Insgesamt schrieben sie ungefähr die Hälfte sämtlicher Gutachten, die alle im Archiv der Gesellschaft erhalten sind. Die andere Hälfte der rund 500 aufbewahrten Beurteilungen kam jedoch von Komponisten und Musikschriftstellern aus dem Ausland.

Bei der Auswahl hatte man sich vor allem an Musiker aus dem deutschen Kulturgebiet gewandt. Zu diesen Gutachtern gehörten unter andere Gottfried Wilhelm Fink, Moritz Hauptmann, Adolph Friedrich Hesse, Ferdinand Hiller, Johann Nepomuk Hummel, Johann Wenzel Kalliwoda, Franz Lachner, Peter Lindpaintner, Carl Loewe, Heinrich Marschner, Adolf Bernhard Marx, Felix Mendelssohn Bartholdy, Ignaz Moscheles, Carl Reinecke, Carl Reissiger, Ferdinand Ries, Julius Rietz, Johann Christian Heinrich Rinck, August Gottfried Ritter, Ignaz Seyfried, Gustav Schilling, Alois Schmitt, Xaver Schnyder von Wartensee, Johann Friedrich Schneider, Johann Gottlob Schneider, Robert Schumann, Louis Spohr und Gottfried Weber. Sogar Franz Liszt und Richard Wagner begutachteten Einsendungen, jedoch beide nur einmal und, im Fall Wagners, mit größtem und unverhohlenem Widerwillen. Von den sonstigen ausländischen Gutachtern hatten mehrere stärke Beziehungen zum deutschen Musikleben, wie Niels Gade, Alexej de Lvov, George MacFarren und William Sterndale Bennett. Aus anderen Ländern wurden Kritiken eingereicht von Antonín Reicha, Hector Berlioz, François-Joseph Fétis, Gaspare Spontini, Ferdinando Paër, Henry Litolff und George Onslow. Die Anzahl der nichtdeutschen Gutachter war also wesentlich geringer als die der deutschen, und diese unausgeglichene Lage wirkte sich verstärkt aus, weil die letztgenannten Gutachter mit Ausnahme von Onslow selten in Anspruch genommen wurden.

Die Gutachter wurden vom Vorstand vorgeschlagen, wobei allerdings der erste Eindruck einer Einsendung ausschlaggebend war für die Auswahl. Es galt als selbstverständlich, dass Werke, denen man keine große Qualität unterstellte, nicht an ausländische Beurteiler gelangen dürften. Beim Vorstand galt zudem noch eine inoffizielle Rangordnung der ausländischen Gutachter. So misstraute Heije dem Urteil Spohrs, da er ihm zu großes Wohlwollen unterstellte.[31] Als besonders wichtig galt dagegen das Urteil Mendelssohns. Als 1842 auf die Preisaufgabe für eine Psalmkantate zwei Versuche eintrafen, bestimmte

---

[31] Heije an Vermeulen, [Dezember 1857]; SAA PA 611, Nr. 64, Nr. 31.

der Vorstand, man müsse unbedingt ein Gutachten bei Mendelssohn einholen, denn nur mit der »Autorität eines Gutachters wie Mendelssohn könne jeder Zweifel beseitigt werden«.[32]

Das Problem war allerdings, dass mit der Auswahl der Gutachter fraglich wurde, in wieweit die im Königlichen Institut regelmäßig diskutierten und später bei der Gesellschaft eingebrachten Ideen über das niederländische Komponieren als ein Mittelweg zwischen den wichtigsten europäischen Richtungen sich noch aufrecht erhalten ließen. Die ausländischen Jurymitglieder wussten nichts von dieser Debatte, und es ist sogar fraglich, ob ihnen diese Ideen sympathisch gewesen wären. Schumann hatte in seiner Zeitschrift den »Juste-Milieuismus« regelmäßig gerügt. Über eine Ouvertüre von Marschner bemerkte er, es sei wünschenswert, »daß das Fach der Dutzend- und Juste-Milieu-Ouvertüren, in denen ¼ italienisch, ¼ französisch, ⅛ chinesisch, ⅜ deutsch und die Summe null ist, nicht auch noch von unsern besten Komponisten kultiviert werde«.[33] Überhaupt gibt es in den Beurteilungen keine Spur von Rücksichtnahme auf die nationale Herkunft der Einsendungen. Die einzige Ausnahme bildet ein Gutachten von Loewe, der über ein ihm vorgelegtes Quintett für Klavier und Bläser bemerkte: »In Summa, dieser Komponist ist in der Musik ein echter Niederländer, wie seine Maler der Vorzeit. Natürlich, wahr, gesund, liebenswürdig, schalkhaft, höchst bedeutend.«[34]

Auch innerhalb der Gesellschaft gab es Meinungsverschiedenheiten. De Vos betonte Vermeulen gegenüber, er sei nicht so begeistert von den gegenwärtigen deutschen Komponisten wie viele andere.[35] Die Formulierung suggeriert, dass er sich bewusst war, einer Minderheit anzugehören, die allerdings auch Jurymitglieder einschloss. Das zeigt ein Gutachten von Bertelman über eine Kantate, in dem er die harmonischen Freiheiten kritisiert, die der Komponist sich erlaubt hatte. Die Entscheidung, ob die Arbeit den Preis verdiene, überließ er dem Vorstand, weil er »früher ein Vorstandsmitglied mal sagen hörte, ›es wäre zu wünschen, dass die niederländischen Komponisten einem solchen deutschen Stil nachfolgen würden‹, obwohl es meiner Meinung nach inzwischen etwas viel von solchen treuen Nachfolgern gibt, die zuviel Genie haben, um sich noch um die Regel der Kunst zu kümmern.«[36]

Diese Aussage suggeriert, dass man sich von dem Ideal einer Musik, die zwischen den wichtigsten europäischen Traditionen vermitteln konnte, bald ver-

---

32   Van Hees an Vermeulen, 12. April 1842; SAA PA 611, Nr. 48, Nr. 94.
33   Robert Schumann, *Gesammelte Schriften über Musik und Musiker*, hrsg. von Martin Kreisig, Leipzig ⁵1914, Band 1, S. 146.
34   Loewe an Vermeulen, 31. Januar 1856; SAA PA 611, Nr. 447.
35   De Vos an Vermeulen, Dezember 1833; SAA PA 611, Nr. 40, Nr. 26.
36   Bertelman an Vermeulen, 15. August 1842; SAA PA 611, Nr. 445.

abschiedet hatte. Obwohl in den vereinseigenen Publikationen darauf nie mehr angespielt wurde, scheint es jedoch nicht ganz außer Sicht geraten zu sein. Als Verhulst 1844 der Gesellschaft einige neu veröffentlichte Liederhefte schenkte, schrieb Heije ihm einen (leider nicht erhaltenen) Brief und lobte darin den Versuch, eine solche vermittelnde Musik zu schreiben. Das geht aus Verhulsts Antwort hervor, in der er verneint, eine solche Absicht gehabt zu haben: »So habe ich mein Bestes getan, um ein Kleinigkeit zur Entstehung unserer nationalen Musik beizutragen. Dass diese nun eine Musik sein würde, die weder deutsch, italienisch noch französisch sei, will ich nicht gemeint haben. Mein Ziel war eher eine Musik auf holländische Texte.«[37] Und so schien der letzte kleine Rest der Institutsdebatte bei der Gesellschaft selbst von den Einsendern gar nicht mehr gewürdigt zu werden.

Eine nationale Aufgabe

Wie sehr die Kompositionswettbewerbe unter deutschen Einfluss gerieten, zeigt die Ausschreibung 1832 für eine Ouvertüre mit Bühnenmusik für die Tragödie *Gijsbrecht van Aemstel* von Joost van den Vondel. Dieses Trauerspiel erzählt die Geschichte einer Schlacht um Amsterdam aus dem 14. Jahrhundert. Zwar geht die Stadt in dieser Schlacht unter, aber am Ende des Stücks erscheint ein Engel, der ihr eine große Zukunft verspricht. Der Autor, der wichtigste niederländische Dichter des 17. Jahrhunderts, hatte dieses Stück zur Eröffnung des Amsterdamer Stadttheaters geschrieben, wo es jedes Jahr am 1. Januar gegeben wurde. Das Trauerspiel hatte daher eine große nationale Bedeutung, und das mag der Grund gewesen sein, warum die Aufgabe ein lebhaftes Echo fand. Nicht weniger als sechs Einsendungen trafen zwischen 1832 und 1836 ein. Die Qualität der ersten fünf reichte für den ausgelobten Preis – *f*300 und Veröffentlichung auf Kosten der Gesellschaft – nicht aus, aber dem letzten Versuch ging es besser. Es handelte sich um eine Komposition von Johannes Verhulst (1816–1891), der sich schon zu dieser Zeit einen gewissen Ruf im niederländischen Musikleben erworben hatte (siehe Notenbeispiel). Sein erster Beitrag zu den Wettbewerben, eine kleine Motette für Männerchor und Orgel, wurde mit sechs Golddukaten belohnt, und seine zwei nächsten Einsendungen, ein *Tantum ergo* für Chor und Orchester und eine Ouvertüre in h-moll, wurden auf Kosten der Gesellschaft publiziert.

---

[37] Verhulst an Heije, 22 August 1844; SAA PA 611, Nr. 50, Nr. 163. »Zoo heb ik mijn best gedaan een scherflein bij te dragen tot de opbouw onzer nationale muzijk; dat dit nu eigenlijk eene muzijk zoude zijn welke noch duitsch nog italiaansch of fransch zij, wil ik niet gemeend hebben – mijn doel was meer eene muzijk op *hollandsche* woorden.«

Notenbeispiel: Johannes Verhulst, Ouvertüre *Gijsbrecht van Aemstel*, op. 3 (Schluss)[38]

Alfred Julius Becher und Xaver Schnyder von Wartensee reichten Gutachten über Verhulsts Musik zu *Gijsbrecht van Aemstel* ein. Letzterem zufolge sei die Ouvertüre »ein recht schwungvoller, frischer Satz mit mehreren überraschenden Wirkungen«.[39] Dass sie verschiedene Anklänge an Spohr enthielt, sei nicht störend. Obwohl nicht »ganz fehlerfrei und klassisch«, verdiene die Einsendung den Preis, denn es handele sich um eine verdienstvolle Arbeit, die ja auch wesentlich besser sei als die anderen Preisantworten. Allerdings riet Schnyder von Wartensee von der Herausgabe der ganzen Bühnenmusik ab, denn das Vondelsche Schauspiel sei außerhalb der Niederlande kaum bekannt. Der zweite Juror, Alfred Becher, hatte viel mehr an der Einsendung zu beanstanden. Obwohl sie

[38] Johannes Verhulst: Ouvertüre *Gijsbrecht van Aemstel* op. 3. Abschrift aus dem Manuskript (Kopie), NL-DHk NMI hk 19 A 10.
[39] Schnijder von Wartensee an [Vermeulen], 23. Juni 1837; SAA PA 611, Nr. 444.

von der guten Gesinnung des Einsenders zeuge, bewege sie sich im Großen und Ganzen auf einer zu niedrigen Sphäre.[40] In vieler Hinsicht sei die Musik der erschütternden Wirkung der Dichtung nicht gewachsen und manchmal sei die musikalische Verarbeitung des Stoffes geradezu unpassend. Vor allem kam ihm die Wiedergabe der Schlusswendung des Gedichts, die Erscheinung des Engels, ganz und gar verfehlt vor: »Das versöhnende Dazwischentreten des Himmels und die Aussicht auf eine schöne Zukunft durch den achtmal forzando angegebenen verminderten Septakkord und einen lang anhaltenden schmetternden Dur-Dreiklang ausdrücken zu wollen ist arg!«

Die Jahresversammlung kam auf der Basis dieser Urteile zu dem Entschluss, die Ouvertüre mit der Summe von zwanzig Golddukaten zu belohnen und herauszugeben, allerdings ohne Hinweis auf Vondels Drama. Über eine Herausgabe der restlichen Bühnenmusik möge der Einsender – die Teilnahme geschah unter streng gewährter Anonymität – mit dem Vorstand verhandeln.[41] Zu einer solchen Herausgabe kam es nie. Bei der Drucklegung der Ouvertüre folgte man streng den Bedingungen des Vorstands, so dass auf der Titelseite jegliche Erwähnung des Vondelschen Schauspiels fehlt. Obwohl aus den Kompositionswettbewerben der Gesellschaft hervorgegangen und bei diesen preisgekrönt, war das Stück eigentlich nicht der erhoffte Erfolg, denn als die gewünschte Lösung der nationalen Preisaufgabe war es für unzulänglich befunden worden.

Im Ausland sollte es allerdings trotzdem als Ouvertüre zu einem niederländischen Schauspiel bekannt werden. In seiner *Neuen Zeitschrift für Musik* widmete Schumann der Arbeit eine wohlwollende Kritik, in der er deren Herkunft auch einbezog. Der Name Verhulst sei inzwischen den Deutschen einigermaßen geläufig geworden, denn er lebe zurzeit »unter uns« und einige seiner Kompositionen seien schon anerkennend erwähnt worden. (Dass Schumann auch noch bemerkte, diese neue Ouvertüre sei als Einleitung zum Schauspiel *Gijsbrecht van Aemstel* gedacht, ist wohl auf seine persönliche Bekanntschaft mit Verhulst zurückzuführen.) Schumann widmete der Arbeit wohlwollendes Lob, wobei er namentlich die Instrumentierung hervorhob. Diese Komposition, so meinte er, zeuge von dem Willen des Verfassers, immer mit sicheren Schritten vorwärts zu wollen, und so könne man »von Jahr zu Jahr immer reifere und reichere Frucht« erwarten von diesem Stamm, »mit den Wurzeln schon nach deutscher Erde herübertreibend«. Dann würde »sich nach und nach auch der Blütenüberhang nach dem Lande hinwenden, das so

---

[40] Becher an Vermeulen, o.D.; SAA PA 611, Nr. 444.
[41] Verslag van de [...] Algemeene Vergadering der Maatschappij tot bevordering der toonkunst [im Folgenden: VMBT] 1837, S. 8–9.

vielen großen Tondichtern Nahrung und Kraft gegeben, und ähnlich, wie wir in der Dichtkunst Ausländer wie Oehlenschläger, Chamisso u. a. wie die Unsrigen betrachten, dürfen wir auch ihn als Ehrenmitglied deutscher Kunstbrüderschaft begrüßen, deren Zahl sich immer mehren möge.«[42]

Bei der Gesellschaft wurde die Rezeption in der ausländischen Presse immer mit größter Aufmerksamkeit verfolgt, und eine so lobende Anerkennung in einer prominenten Zeitschrift konnte dem Vorstand nur angenehm gewesen sein, auch wenn man dafür in Kauf nehmen musste, jetzt als eine Filiale Deutschlands dazustehen. Das war allerdings die unvermeidliche Konsequenz der Juryzusammenstellung. Ohne dass der Vorstand sich je in der Öffentlichkeit zu den Verdiensten der zeitgenössischen deutschen Komponisten geäußert hatte, bezeugte die Auswahl der Gutachter, dass man in Vorstandskreisen den Blick nach Osten gewendet hatte. Es wäre jedoch verfehlt, daraus zu schließen, dass man sich die neue niederländische Nationalmusik als eine bloße Kopie der deutschen vorstellte, auch wenn nach 1850 immer unverblümter auf deutsche Kompositionen und Komponisten als Muster für Preisaufgaben hingewiesen wurde.

Zwischen Mendelssohn und der Neudeutschen Schule

Die wichtigsten Preisaufgaben für groß angelegte Kompositionen trugen ab 1850 immer deutlicher den Stempel ihres Urhebers, des neuen Sekretärs Jan Pieter Heije. Um seine Ideen innerhalb der Gesellschaft bekannt zu machen, hatte er 1844 die Edition eines Albums begonnen. Es war eine jährliche Ausgabe von etwa acht Seiten, mit Notizen über die Tätigkeit der verschiedenen Abteilungen und einigen neuen Kompositionen, die der Vorstand von den Verdienstmitgliedern erbeten hatte. Zwar sollten namentlich diese Musikstücke das Interesse des Publikums auf das Album lenken, aber dessen eigentlicher Hauptbestandteil waren die längeren Ausführungen über Zweck und Tätigkeit der Gesellschaft, die der unermüdliche Heije für jede Nummer verfertigte.

Heije war es auch gewesen, der 1842 für die Abschaffung der Möglichkeit, nach Belieben eigene Werke bei den Wettbewerben einzusenden, argumentiert hatte. Stattdessen versuchte er, die Förderung der niederländischen Musik bewusster zu lenken. Sein bemerkenswertester Beitrag in diesem Bereich war die in 1852 veröffentlichte Ausschreibung einer Preisaufgabe für eine Sinfonie mit Chorfinale. Als Textvorlage hatte Heije ein eigenes Gedicht vorgeschrieben, mit dem Titel *Onsterfelijkheid* (Unsterblichkeit). Als Preisgeld war die bisher höchste Summe ausgesetzt: ƒ500.

---

[42] Schumann, *Gesammelte Schriften*, Band 1, S. 419–420.

In einer ungewöhnlich langen Erläuterung erklärte Heije den Gedanken, der hinter dieser Aufgabe steckte.[43] Es sei seine Absicht gewesen, große Chormassen zu einem innigen Bestandteil des Orchesters zu machen und so den mehr bestimmten poetischen Gedanken mit der grenzenlosen Ausdrucksfähigkeit der Instrumentalmusik zu verbinden. Als Beispiele nennt er Beethovens *Chorphantasie*, seine neunte Sinfonie und Mendelssohns *Lobgesang*, in denen allerdings die vollkommene Verschmelzung von Wort und Ton noch nicht erreicht sei. Ziel dieser Aufgabe sei, eben diese gegenseitige Auflösung von Ton- und Dichtkunst in einer vollendeten musikalisch-poetischen Einheit zu verwirklichen. Da eine solche Kunstform eine möglichst vollendete sein solle, und Richard Wagner zufolge Das Kunstwerk der Zukunft bilde, seien hier alle Kunstmittel aufzugreifen, die dann jedoch nicht länger als Ziel, sondern lediglich als Mittel zu einem höheren Zweck: die Überbrückung der Kluft zwischen Musik und Poesie.

Heije erklärte nicht nur den Hintergrund, sondern skizzierte auch, wie die konkrete Ausarbeitung beschaffen sein sollte. Es sollte zwei Chorgruppen geben, eine der Gläubigen und eine der Heiden. (Für die Empfindung einzelner Personen sei hier kein Platz, daher könne es keine Solisten geben.) Ihre Motive und Themen sollten das sinfonische Gewebe ausmachen und so den Kampf der beiden Gruppen illustrieren. Ihr Schicksalsstreit sollte dann in einen Sieg der Religion münden, in dem das Orchester in einem langen Schlusshymnus der Menschheit noch einmal alle Motive und Themen aufgreifen würde. Die Klimax dieses Hymnus bilde das ehrfürchtige Anbieten der Trophäe der »Unsterblichkeit« vor dem Thron Gottes.

Der konkrete Anlass zu dieser Preisaufgabe war zweifelsohne die Veranstaltung eines großen Musikfestes zur Feier des 25jährigen Jubiläums der Gesellschaft im Jahre 1854.[44] (Zu den Preisen gehörte auch das Angebot, das preisgekrönte Werk bei diesem Musikfest selbst zu dirigieren.) Man hätte das Fest kaum besser abschließen können als mit einer groß angelegten Komposition, die ihr Entstehen den unermüdlichen Bestrebungen der Gesellschaft verdankte. Es gab allerdings nur zwei Einsendungen, die nicht nur qualitativ unzureichend waren, sondern auch noch erst nach 1854 bei der Gesellschaft eintrafen.

Trotz dieses mäßigen Erfolgs wurden in den folgenden Jahren immer häufiger Preisaufgaben gestellt, die deutlich auf die neuen Ideen der Neudeutschen Schule zurückgingen. 1856 forderte man die niederländischen Komponisten auf, eine »sinfonische Komposition für Bläser« nach dem Charakter des

---

[43] VMBT 1852, S 36–37.
[44] Siehe dazu van Gessel, *Een vaderland*, S. 292–297.

Gedichtes *Duinzang* [Dünengesang] von David Jacob van Lennep einzureichen, mit dem Hinweis, das Gedicht solle als Anlass des Werks funktionieren, in dem Sinne, dass der Komponist sozusagen die wichtigsten Momente seiner Kompositionen den dichterischen Vorgaben zu entnehmen habe, jedoch ohne denselben sklavisch zu folgen.[45] Ein Jahr später wurde eine »sinfonische Komposition« nach dem Gedicht *Kaiser Karl V* verlangt, mit der Bemerkung, das Werk solle in dem Geist von Beethovens 9. Sinfonie abgefasst sein, jedoch mit der Möglichkeit, die Form neu zu gestalten und den Text – und damit die Chorstellen – verteilt über das ganze Werk anzubringen und nicht nur im Finale zu vertonen.[46] 1859 folgte dann die Aufgabe für ein Orchesterstück nach einem vom Einsender selbst zu wählenden niederländischen Gedicht. Die gewünschte Beschaffenheit der Einsendung war der Erläuterung zum Preisausschreiben von 1856 zu entnehmen, wobei allerdings jetzt auch die Möglichkeit geboten wurde, das Gedicht deklamatorisch zu behandeln, nach dem Beispiel von Schumanns Ballade *Schön Hedwig* (opus 106).[47]

Eine andere Richtung sprach jedoch aus der Preisausschreibung für einen Oratoriumstext, welche 1852 veröffentlicht wurde. Das Ziel war, zuerst einen qualitativ hochwertigen Text zu finden, den man dann als Vorlage eines Kompositionswettbewerbs nutzen konnte. Auch in diesem Fall wurden Aufbau und Stoff ziemlich genau bestimmt. Die Dichtung solle dem Modell der besten großen Vokalwerke folgen, wie Mendelssohns *Elias* oder Schumanns *Das Paradies und die Peri*. Besonders erwünscht war, dass der Text reichlich Gelegenheit bot zu einer breiten Entfaltung von großen Chorsätzen, wobei als Beispiel das Gedicht für die Chorsinfonie *Unsterblichkeit* erwähnt wurde. Der Stoff solle eine wichtige Begebenheit aus der Geschichte des Volkslebens darstellen, vorzugsweise eine, die noch immer eine gewisse aktuelle Bedeutung hatte. Neben dem historisch-dramatischen Aspekt sei allerdings auch das religiöse Element zu berücksichtigen und einzubinden. Zum Schluss betonte man, dass die Charaktere scharf umrissen dargestellt werden sollten und dass die solistische Teile eng mit breit angelegten Chören zu verbinden seien.

Diese Ausschreibung blieb jedoch ohne Erfolg, wie auch die progressiv angehauchten Kompositionsaufgaben. Die niederländischen Komponisten wussten damit offenbar nichts anzufangen. Stattdessen konzentrierten sie sich lieber auf die inzwischen fest verwurzelten Genres der Kammer- und Orchestermusik, wie Sonate, Trio, Quartett, Quintett und Sinfonie.

Dass Heije sich von Wagners Schrift *Das Kunstwerk der Zukunft* und

---

45 VMBT 1856, S. 8–9.
46 VMBT 1857, S. 9.
47 VMBT 1859, S. 8.

den Ideen der Neudeutschen Schule hatte inspirieren lassen, bedeutet jedoch keineswegs, dass er die Musik Wagners und Liszts kannte oder besonders schätzte. Heije hat sich nur einmal über die Musik seiner Zeit geäußert, und zwar in einem Aufsatz aus seiner Studentenzeit.[48] Hauptgegenstand des Textes war eine Würdigung der Verdienste von Haydn, Mozart und Beethoven, die auf die Einleitung aus E.T.A. Hoffmanns berühmter Rezension der 5. Sinfonie Beethovens zurückging. Heije war jedoch keineswegs bereit, für die zeitgenössische Musik einzutreten, so wie Hoffmann es für Beethoven getan hatte. Als Beethovens wichtigsten Nachfolger nannte Heije Marschner und Spohr, warf beiden jedoch vor, sie führten ihre Musik zu oft in die entlegensten Winkel von »Mysticismus« und Exzessen. Wie Heijes Musikgeschmack sich in späteren Jahren entwickelt hat, lässt sich mangels Quellen kaum rekonstruieren. 1856 kam er aus in Deutschland verbrachten Ferien mit Liszts sämtlichen bisher veröffentlichten sinfonischen Dichtungen zurück und plädierte beim Vorstand, man möge die Orchesterstimmen sofort abschreiben lassen und in die Bibliothek aufnehmen. Da sein Vorschlag abgelehnt wurde, musste er bis 1860 warten, als zum ersten Mal in den Niederlanden eine Lisztsche Sinfonische Dichtung gespielt wurde, nämlich *Les Préludes*. An Vermeulen schrieb er aus diesem Anlass, die Musik käme ihm »sehr interessant« vor, erwähnte allerdings auch die zwiespältige Reaktion des Publikums.[49] Vielleicht, so fuhr er weiter, könnte Vermeulen einige Chorwerke von Liszt für die Bibliothek der Gesellschaft anschaffen, vorausgesetzt sie seien »nicht all zu groß angelegt oder zu exzentrisch«, eine Formulierung, die auf eine gewisse Zurückhaltung angesichts der kompositorischen Praxis der Neudeutschen Schule deutet.

War es also nicht in erster Linie die Musik Wagners und Liszts, die Heije inspiriert hatte, bleibt die Frage, was stattdessen sein Interesse ausgelöst hatte. Bei der Lektüre von Wagners *Das Kunstwerk der Zukunft* hat Heije wahrscheinlich am meisten der These zugestimmt, dass dieses Kunstwerk aus dem vereinten Volk hervorgehen musste und eben deswegen diesem allgemein verständlich und zugänglich sein würde. »Das Kunstwerk der Zukunft«, so Wagner, »ist ein gemeinsames, und nur aus einem gemeinsamen Verlangen kann es hervorgehen. Dieses Verlangen [...] ist praktisch nur in den Genossenschaften aller Künstler denkbar«, und zwar durch »die Vereinigung aller Künstler [...] zu einem bestimmten Zwecke.« Dieser Zweck war das Wagnersche Drama, das nur »aus dem gemeinsamen Drange aller Künste zur unmittelbarsten Mittheilung an eine

---

[48] Janus Petrinius [Pseudonym von Jan Pieter Heije], »Het karakter der toonkunst in de XIX eeuw« [»Der Charakter der Tonkunst im 19. Jahrhundert], in: *De vriend des vaderlands* 8 (1834), S. 214–223.

[49] Heije an Vermeulen, 21. Januar [1860], SAA PA 611, Nr. 66, Nr. 82.

gemeinsame Öffentlichkeit« hervorgehen könne.⁵⁰ Dazu müsse jede Kunstform auf die eigenen Ziele verzichten, denn in ihrer Selbständigkeit seien die Künste nur durch Kenntnis verständlich. Erst ihre Vereinigung ermögliche ein unmittelbares und zugleich allgemeines Verständnis durch das Gefühl.

Wichtig ist in diesem Kontext, dass Heije nicht nur Vorstandsmitglied der Gesellschaft zur Förderung der Tonkunst war, sondern sich auch in verschiedenen Wohltätigkeitsvereinen betätigte, die eine allgemeine Verbesserung des sittlichen und geistigen Lebens der Bevölkerung anstrebten. Selbstverständlich zielte man dabei auf deren in relativ schlechten und armen Verhältnissen lebenden Teil, dessen Musikkenntnisse äußerst beschränkt waren. In Wagners Schrift steckte für Heije, als Vorstandsmitglied sowohl dieser Wohltätigkeitsvereine als auch der Gesellschaft zur Förderung der Tonkunst, eine außerordentlich verlockende Perspektive: Die Kreierung einer neuen musikalischen Kunstform, die einerseits dem ganzen Volk zugänglich sei, anderseits direkt bei den zeitgenössischen kompositorischen Entwicklungen anschloss. Das schon im Institut wiederholt diskutierte problematische Verhältnis zwischen der Verständlichkeit der neuen Musik, und dem dafür unumgänglich erachteten Verzicht auf Anwendung all zu komplexer Kompositionstechnik einerseits und anderseits die notwendige Weiterentwicklung und Verbesserung der Kunst, die allerdings riskierte, dem Publikum gleichgültig zu bleiben, war mit einem Schlag aufgehoben.

Heije war also beeindruckt von Wagners Ideen und meinte, dieses Konzept einer Verbindung von Musik und Dichtkunst in der Musik der Neudeutschen Schule wahrzunehmen. Seine musikalischen Vorlieben hatten hiermit nichts zu tun. Wie bereits angedeutet, kannte er kaum Musik von Wagner und Liszt, und er war nie ein begeisterter Anhänger irgendwelcher musikalischen Fortschrittsparteien. Wenn in den Preisaufgaben Musikstücke als Beispiel erwähnt wurden, waren es vor allem die großen Werke von Mendelssohn. All dies führte zu dem Paradox, dass Heije für einen kompositorischen Stil eintrat, dem eine explizit formulierte Ideologie fehlte, und sich später zu der in Wagners Schriften vorgeführten Vision eines allgemein verständlichen Kunstwerks bekannte, ohne das er eine Ahnung von dessen kompositorischer Verwirklichung hatte. Er wünschte sich also ein Wagnersches Kunstwerk der Zukunft im Mendelssohnschen Gewand.

---

⁵⁰ Richard Wagner, *Sämtliche Schriften und Dichtungen*, hrsg. von R. Sternfeld, Leipzig ⁴1907–1919, Band 3, S. 162, 150.

Fazit

Es ist kaum eine Übertreibung, zu behaupten, dass die Wiederentdeckung der niederländischen Musikgeschichte und die Diskussion über den erwünschten Charakter einer nationalen Musik ohne deutschen Einfluss geradezu undenkbar gewesen wären. Kiesewetter hatte den ersten Preis beim Preisausschreiben des Instituts mit seinem Beitrag über die Verdienste der niederländischen Komponisten des 14., 15. und 16. Jahrhunderts errungen. So glorreich die neu aufgedeckte Vergangenheit auch war, sie hatte keine aktuelle künstlerische Bedeutung und kam außerdem den Niederlanden nach der Teilung des Königreichs 1831 schon wieder abhanden. Eben diese Umstände machten es umso dringlicher, eine ganz neue nationale niederländische Musik das Licht der Welt erblicken zu lassen.

Die beschriebenen Vorgänge scheinen auf eine wenig konsequente Politik zu deuten. Im Institut trat man für eine Musik ein, deren Charakter als typisch niederländisch empfundene Bürgertugenden widerspiegeln würde, indem sie sich den Extremen anderer nationaler Traditionen fernhielt. Es gelang den Institutsmitgliedern bei der Gründung der Gesellschaft zur Beförderung der Tonkunst entgegen den Wünschen des Initiators Vermeulen, die Förderung der nationalen Komposition zur wichtigsten Tätigkeit zu bestimmen. Zu diesen Wettbewerben sollten allerdings namentlich deutsche Komponisten die Gutachten einreichen, die jedoch keine Ahnung von den vorhergehenden Debatten hatten und manchmal nur geringe Sympathien für das Idealbild eines »juste milieu« mitbrachten.

Den in den Institutsdebatten erwähnten Idealen widersprach diese Praxis jedoch nicht. Einige Sympathie für die Idee einer vermittelnden Nationalmusik gab es immer noch, auch wenn davon nie mehr etwas deutlich in die Öffentlichkeit gelangte. Wichtiger war allerdings, dass man in den beispielhaften deutschen Komponisten eben keine typisch deutschen Charakterzüge erkannte. Schon im Institut wurde Mendelssohn aufgrund von Eigenschaften gewürdigt, die wenig mit deutlich ausgeprägten neuen kompositorischen Entwicklungen zu tun hatten. Auch der in seiner Musik wahrgenommene Rückgriff auf die alten Meister des 18. Jahrhunderts war nicht ausschlaggebend. Seine Musik wurde gelobt, weil man in ihr die Vertonung von Idealen des bürgerlichen Lebens zu erkennen meinte. Sie wurde als einfach, edel und religiös empfunden, Eigenschaften, die man nicht als typisch deutsch wahrnahm. Eben deshalb ist es auch verständlich, dass De Vos 1838 betonte, Mendelssohns Musik unterscheide sich im günstigen Sinne von der zeitgenössischen deutschen Musik. Auch Heijes Begeisterung für Wagner hatte mit einer speziellen Vorliebe für deutsche Musik nichts zu tun. Ihn interessierte bloß die These, dass ohne Einschränkung der kompositorischen Mittel eine musikalische Kunstform denkbar sei, die für das ganze Publikum, inklusive den ungebildeten Teil, verständlich und wirkungsvoll sein konnte. Demnach war die deutsche Musik vor allem aus dem Grunde äußerst wichtig für die niederländische, weil sie zeigte, wie Musik sich über ihre nationale Herkunft hinwegsetzen konnte. Eben in dem Moment, in dem sie nicht mehr als deutsch, sondern als klassisch und allgemeingültig empfunden wurde, konnte die deutsche Musik die niederländische am besten beeinflussen.

Werner Keil
»Il faut méditerraniser la musique«
Zur Musikästhetik deutscher Philosophen im 19. Jahrhundert

Vorbemerkung

Der folgende Beitrag befasst sich mit drei deutschen Philosophen des 19. Jahrhunderts, die sich eingehender zur Musik geäußert haben: Hegel, Schopenhauer und Nietzsche. Ihre Einsichten und Ansichten gingen und gehen nicht immer konform mit dem Musikverständnis der Musikwissenschaft oder jedenfalls dem einiger ihrer Vertreter; nach meinem Vortrag wurde ich prompt mit dem Vorwurf konfrontiert, die von mir behandelten Philosophen und ihre Musikauffassungen seien doch bereits im 19. Jahrhundert als laienhaft und vom Diskurs der Fachwissenschaft abgekoppelt angesehen worden. Es ist einer der ältesten Topoi der Musikwissenschaft, ›philosophische Laienästhetik‹ als für das Fach irrelevant zurückzuweisen: Hermann Kretzschmar gehörte 1909 zu den Ersten, die besorgt »die Musikästhetik in die Hand von Dilettanten gekommen« sahen, »vorwiegend in die von musikalisch unzureichenden Philosophen«.[1]

Die Gegenfrage muss natürlich lauten: Wer waren denn die maßgeblichen ›Fachleute‹ in der ersten Hälfte des 19. Jahrhunderts, zu Zeiten Hegels oder Schopenhauers? Waren von Winterfeld, Kiesewetter, Jahn, Spitta und sogar Hanslick, der erste Ordinarius des Faches, nicht auch musikwissenschaftliche ›Dilettanten‹, nämlich an Musik interessierte Juristen oder Altphilologen? Vischer, der prominenteste nachhegelsche Ästhetiker – auch er ein musikalischer Dilettant – hat das Musikkapitel in seiner Ästhetik oder Wissenschaft des Schönen größtenteils von einem *ghostwriter* verfassen lassen (Karl Köstlin). Oder will man nur schreibende Komponisten als ›Fachleute‹ gelten lassen, sodass die Musikwissenschaft im 19. Jahrhundert durch Schumann, Wagner oder Liszt vertreten worden wäre? Tatsächlich waren zu der Zeit, als die Musikforschung als akademische Wissenschaft sich allmählich etablierte, so gut wie alle am Diskurs über Musik Beteiligten mehr oder weniger ›Dilet-

---

[1] Hermann Kretzschmar, *Anregungen zur Förderung musikalischer Hermeneutik* (1909), Wiederabdruck in: *Basistexte zur Musikästhetik und Musiktheorie*, hrsg. von Werner Keil, Paderborn 2007, S. 266–284, hier S. 268.

tanten‹. Die Hybris mancher Fachvertreter des 20. und 21. Jahrhunderts, auf philosophische Gedankengänge zur Musik als ›Laienästhetik‹ herabzublicken, ist, wenn sie sich nicht bloßer Borniertheit verdankt, ein leicht zu durchschauender Abwehrreflex: Man will nicht und lässt nicht an sich heran, dass ein Geistesriese wie Hegel mit Beethoven wenig anzufangen wusste und sich bei der Musik Bachs langweilte, dagegen voller Begeisterung Rossinischen Opernaufführungen zujubelte. Oder dass heute ein Medienwissenschaftler wie Friedrich Kittler im Anhang seiner Studie *Musik und Mathematik* gleichermaßen Györgi Ligeti wie John Coltrane und Paul McCartney Dank sagt.[2]

I.

»Ich hörte gestern – werden Sie es glauben? – zum zwanzigsten Male Bizet's Meisterstück. […] Wie ein solches Werk vervollkommnet! Man wird selbst dabei zum »Meisterstück«. – Und wirklich schien ich mir jedes Mal, dass ich Carmen hörte, mehr Philosoph, ein besserer Philosoph […] Darf ich sagen, dass Bizet's Orchesterklang fast der einzige ist, den ich noch aushalte? […] Diese Musik scheint mir vollkommen. Sie kommt leicht, biegsam, mit Höflichkeit daher. Sie ist liebenswürdig, sie schwitzt nicht. ›Das Gute ist leicht, alles Göttliche läuft auf zarten Füssen‹: erster Satz meiner Aesthetik […]. Und nochmals: ich werde ein besserer Mensch, wenn mir dieser Bizet zuredet […]. [D]ies Werk erlöst […]. Mit ihm nimmt man Abschied vom feuchten Norden […]. Diese Musik ist heiter; aber nicht von einer französischen oder deutschen Heiterkeit. Ihre Heiterkeit ist afrikanisch […], sie hat […], was zur heissen Zone gehört, die Trockenheit der Luft, die limpidezza in der Luft. Hier ist in jedem Betracht das Klima verändert […]. Sie sehen bereits, wie sehr mich diese Musik verbessert? – Il faut méditeraniser la musique: ich habe Gründe zu dieser Formel.«

Diese Sätze aus dem zu Lebzeiten erfolgreichsten Werk Friedrich Nietzsches, seinem Brief *Der Fall Wagner*, wurden im Frühjahr 1888, im letzten Lebensjahr vor dem geistigen Zusammenbruch, niedergeschrieben.[3] Nietzsche stellte in diesem Essay in beispielloser Schärfe Bizet und Wagner einander gegenüber, um den Letzteren mit allen Mitteln zu schmähen. Der ehemals glühende Wagner-Jünger stilisierte sich zum radikalen Antipoden des Bayreuther Meisters,

---

[2] Friedrich Kittler, *Musik und Mathematik*, Bd. 1, München 2006, S. 339.
[3] Friedrich Nietzsche, »Der Fall Wagner«, in: Ders., *Kritische Studienausgabe* in 15 Bänden (*KSA*), hrsg. von Giorgio Colli und Mazzino Montinari, 2. Auflage, Berlin und New York 1988, Bd. 6, S. 13–16.

dessen Musik in allen Punkten das Gegenteil der Bizetschen bilde, demnach also ›unvollkommen‹, ›schwer‹, ›unhöflich‹ und ›nordisch‹ sei, die ›schwitze‹ etc. Nachdem ihn dies die Freundschaft seiner meisten Anhänger gekostet hatte, legte er am Jahresende in Nietzsche contra Wagner noch einmal nach:

> »Was man deutsche Musiker nennt, die grössten voran, sind Ausländer, Slaven, Croaten, Italiäner, Niederländer – oder Juden; [...] Ich selbst bin immer noch Pole genug, um gegen Chopin den Rest der Musik hinzugeben: [...] Ich würde Rossini nicht zu missen wissen, noch weniger meinen Süden in der Musik, [...] Wenn ich ein andres Wort für Musik suche, so finde ich immer nur das Wort Venedig. [...] Auch jetzt noch ist Frankreich der Sitz der geistigsten und raffinirtesten Cultur Europa's [...]. In diesem Frankreich des Geistes [...] ist heute schon Schopenhauer mehr zu Hause als er es je in Deutschland war; [...], so dass ich es jetzt vorziehe, Schopenhauer französisch zu lesen [...]. Gar nicht zu reden von Heinrich Heine [...]. Was wüsste deutsches Hornvieh mit den délicatesses einer solchen Natur anzufangen!«[4]

Nietzsches Lust, Chopin, Rossini oder Bizet gegen Wagner auszuspielen, Italien und Frankreich gegen Deutschland, besaß eine Hauptursache im Zerwürfnis mit Cosima und Richard Wagner. Drei Ursachen gab Nietzsche für seine Formel von der ›Mediterranisierung‹ der Musik an: 1. Wagners Deutschtümelei, 2. Wagners Antisemitismus und 3. Wagners Rekatholisierung. Diese drei Eigenschaften, deretwegen Nietzsche sich von Wagner abwandte, sah er im *Parsifal* auf unglückselige Weise vereint.

Man könnte einwenden, deutscher Selbsthass, wie er Nietzsches späte Schriften durchzieht, die Anbetung des Südens, des Französischen, des Jüdischen, sei nichts als verschmähte Liebe, wie schon die vom Fall Wagner brüskierte Nietzschefreundin und Wagnerianerin Malvida von Meysenbug gleich nach seinem Erscheinen gemutmaßt hat.[5] Im Briefwechsel mit dem Musikkritiker Carl Fuchs gab Nietzsche zu, Bizet nur ins Spiel gebracht zu haben, weil Wagner auf den Erfolg *Carmens* eifersüchtig gewesen sei. Dass man Nietzsches Äußerungen in den späten Schriften aber deshalb weniger ernst nehmen sollte (auch wenn ihnen 1889 der Zusammenbruch folgte), hat wenig für sich. Immerhin fühlte der stets von Krankheiten geplagte Philosoph sich 1888, in seinem fruchtbarsten Jahr, so wohl wie schon lange nicht mehr, genoss das Leben in Italien (»[d]as Merkwürdigste ist hier in Turin eine voll-

---

[4] KSA, Bd. 6, S. 420f. und S. 427.
[5] Rüdiger Safranski, *Nietzsche. Biographie seines Denkens*, München und Wien 2000, S. 328.

kommene Fascination, die ich ausübe – in allen Ständen. Ich werde mit jedem Blick wie ein Fürst behandelt«[6]) und bemerkte erste positive Reaktionen auf seine Schriften. Er selbst war davon überzeugt, Wagner und das, wofür ihm dieser stand – décadence – endgültig überwunden zu haben. Seine ›späte‹ Philosophie (Nietzsche war, vergessen wir es nicht, gerade erst 44 Jahre alt geworden) der limpidezza, der Klarheit, seine Vorstellung einer Kultur des Südens, sind sein letztes Wort in Sachen Musik; keiner sah schärfer die Schwächen einer Kunst als Nietzsche, der einmal ihr glühendster Anhänger gewesen war.

II.

Georg Friedrich Wilhelm Hegel, der preußische Staatsphilosoph, hat in seinen Vorlesungen über die Ästhetik ein umfangreiches Kapitel der Musik gewidmet. Er verstand Musik als Kunst der »subjektiven Innerlichkeit«, als »Kunst des Gemüts, welches sich unmittelbar an das Gemüt selber« wende;[7] der »innere Sinn, das abstrakte Sichselbstvernehmen« sei es, was die Musik erfasse und wodurch sie den »Sitz der inneren Veränderungen, das Herz und Gemüt«, in Bewegung bringe.[8] »Herz« – »Gemüt« – »Innerlichkeit«: Diese Vokabeln lassen darauf hoffen, in Hegel einen Gewährsmann deutscher Selbstbefindlichkeit in Sachen Musikästhetik anzutreffen. Das ist bekanntlich nicht der Fall. Woran Hegel dachte, wenn er in seiner Ästhetikvorlesung die Musik behandelte, vermitteln seine sechs Briefe aus Wien an seine Frau, als er dort nämlich 1824 seinen ersten Erholungsurlaub verbrachte und detailliert von seinen Reiseerlebnissen berichtete.[9] Am 20. September des Jahres 1824, einem Montag, kam er um 18 Uhr in Wien an, nach 36 Stunden dauernder Fahrt in der Postkutsche aus Prag, und rannte sogleich, ohne die schmutzige Reisekleidung zu wechseln oder sich um sein Gepäck und die Zoll- und Passformalitäten zu bekümmern, in die italienische Oper. In Wien gastierte zu der Zeit eine italienische Operntruppe, die, so schreibt Hegel seiner Frau, nach Meinung der Kenner die beste gewesen sein soll, die seit 50 Jahren in Wien gespielt hätte: Es handelte sich mit großer Wahrscheinlichkeit um Musiker des Impresarios Domenico Barbaja, der in Neapel die königlichen Theater S. Carlo und Fondo betrieb und zeitweilig auch

---

[6] Zitiert nach Safranski [Anm. 5], S. 327.
[7] Georg Friedrich Wilhelm Hegel, *Vorlesungen über die Ästhetik III* (= *Werke*, Bd. 15), hrsg. von Eva Moldenhauer und Karl Markus Michel, Frankfurt am Main 1986, S. 135.
[8] Ebd., S. 152.
[9] *Briefe von und an Hegel*, Bd. III: 1823–1831, Nr. 478–483, hrsg. von Johannes Hoffmeister, 3. Aufl. Hamburg 1969. Vgl. auch Inge Blank, »Dokumente zu Hegels Reise nach Österreich«, in: *Hegel-Studien* 16 (1981), S. 41–55.

das Wiener Kärntnertor-Theater sowie das Pariser Théâtre-Italien bespielte. Seit 1815 war Rossini bei ihm unter Vertrag; zu seinen Gesangsstars gehörten beispielsweise Isabella Colbran, Giuditta Pasta, Giovanni David und Giovanni Battista Rubini. Hegel ließ während seines Aufenthaltes keine Aufführung aus und besuchte in den folgenden vierzehn Tagen noch sieben Opern Rossinis sowie je eine von Auber und Mozart. In seinen Briefen heißt es beispielsweise:

> »So lange das Geld, die italienische Oper und die Heimreise zu bezahlen reicht, – bleibe ich in Wien! [...] Gegen das Metall dieser, besonders der Männerstimmen, hat der Klang aller Stimmen in Berlin [...] ein Unreines, Rohes, Rauhes oder Schwächliches, – wie Bier gegen durchsichtigen, goldnen, feurigen Wein [...] Mde. Fodor [...] ist eine vollendete Sängerin; welche Schönheit, Anmut, Kunst, Freiheit, Geschmack des Gesangs! [...] Donzelli und Lablache, bärtig mit schwarzen Locken, welch antike Köpfe!«[10]
> »Sgra. Dardanelli – und David – wie haben diese zusammen gesungen! welch ein Duett! Ich verstehe nun vollkommen, warum die Rossinische Musik in Deutschland, insbesondere in Berlin, geschmäht wird, – weil, wie der Atlas nur für Damen, Gänsleberpasteten nur für gelehrte Munde, so sie nur für italienische Kehlen geschaffen ist.«[11]

Am 4. Oktober, Kaisers Geburtstag (›Franzenstag‹), erlebte er eine einzige deutschsprachige Aufführung, Auber in deutscher Übersetzung, verpasste, zu spät kommend, das Singen von *Gott erhalt uns Franz den Kaiser* und bemerkte ansonsten, die »Deutschen und Deutschinnen« brächten es bis zum letzten Akt bloß zu »Piepsen und Sehnen und Kleinlautsein«. Am Ende seines Urlaubs, als er zum zweiten Mal Rossinis *Barbiere* hörte, gefiel ihm dieser trotz seiner Berliner Vorurteile bereits besser als der drei Tage zuvor gegebene Mozartsche *Figaro*:

> »[I]ch habe nun bereits meinen Geschmack so verdorben, dass dieser Rossinische ›Figaro‹ mich unendlich mehr vergnügt hat als Mozarts ›Nozze‹, – ebenso wie die Sänger unendlich mehr con amore spielten und sangen; – was ist das herrlich, unwiderstehlich, sodaß man nicht von Wien wegkommen kann.«[12]

In Berlin empfing ihn sein Schüler Gustav Heinrich Hotho, der spätere Herausgeber der Vorlesungen über die Ästhetik, der das Wiedersehen folgendermaßen beschrieben hat:

---

[10] Ebd., S. 55 f.
[11] Ebd., S. 64 f.
[12] Ebd.

> »Er kam soeben von Wien, heiter und mitteilend, wie ich ihn bisher noch nicht gesehen hatte, und völlig berauscht von Rossini, der Fodor, Lablache, Rubini, so daß er mich unter hundert Späßen meiner Orthodoxie wegen auslachte, mit welcher ich fester als je an Gluck und Mozart hing. Daß dieses Klingeln, Flöten, Trommeln und Rauschen, Tändeln, Sehnen, Kosen und Toben, daß mich diese ganze pikant langweilige Trivialität rhapsodischer Einfälle jemals wie ihn erfreuen könnte, glaubte ich ihm damals trotz seiner ernsten Prophezeiung nicht.«[13]

Hegels Faible für Rossini war im Berlin der 1820er Jahre sprichwörtlich, ebenso seine Ablehnung Beethovens, sein Unverständnis für Instrumentalmusik und die Langeweile, die ihn in den spektakulären Berliner Wiederaufführungen Bachscher Musik erfasste. Man muss daher versuchen zu verstehen, wie »Herz«, »Gefühl« und »Innerlichkeit« mit »Klingeln, Flöten, Trommeln und Rauschen, Tändeln, Sehnen, Kosen und Toben« zusammengehen können. Muss man das wirklich? Die Hegelforscherin Annemarie Gethmann-Siefert befand bezüglich der (gut dokumentierten) Rossinivorliebe, hier äußere sich »ein Großer zu Unmaßgeblichem«, greife »in seiner Begeisterung für die Musik nicht das Maßgebliche, das Geniale und Große heraus«, sondern »die banale Oper, [...] die der heutigen Gebrauchskunst am nächsten« stehe.[14] Adolf Nowak verschwieg in seiner musikwissenschaftlichen Studie zu Hegels Musikästhetik einfach dessen Rossinibegeisterung.[15] Allerdings gab er später, in anderem Kontext und ohne es selbst zu bemerken, einen Hinweis, der zur Aufhellung von Hegels eigenartigem Musikverständnis beiträgt. Nowak erinnerte 1998 anlässlich des Berliner Symposiums »*Was deutsch und echt ...*« *Mythos, Utopie, Perversion* an den bekannten Satz von Johann Joachim Quantz, wonach der deutsche Geschmack als »vermischter Geschmack« eine Synthese aus dem französischen und italienischen sei, und machte auf eine Äußerung Carl Maria von Webers aufmerksam, der diesen Gedanken übernommen, aber um eine entscheidende Nuance verändert habe; der fragliche Passus bei Weber lautet:

---

[13] *Hegel in Berichten seiner Zeitgenossen*, hrsg. von Günter Nicolin, Hamburg 1970, S. 271 f.
[14] Annemarie Gethmann-Siefert, »Das ›moderne‹ Gesamtkunstwerk: die Oper«, in: *Phänomen versus System. Zum Verhältnis von philosophischer Systematik und Kunsturteil in Hegels Vorlesungen über Ästhetik oder Philosophie der Kunst*, hrsg. von Annemarie Gethmann-Siefert, Bonn 1992 (= Hegel-Studien, Beiheft 34), S. 165–230, hier S. 188.
[15] Adolf Nowak, *Hegels Musikästhetik*, Regensburg 1971.

»Der Italiener und Franzose haben sich eine Operngestalt geformt, in der sie sich befriedigt hin und her bewegen. Nicht so der Deutsche. Ihm ist es rein eigentümlich, das Vorzügliche aller übrigen wißbegierig und nach stetem Weiterschreiten verlangend an sich zu ziehen: aber er greift alles tiefer. Wo bei den andern es meist auf die Sinnenlust einzelner Momente abgesehen ist, will er ein in sich abgeschlossenes Kunstwerk, wo alle Teile sich zum schönen Ganzen runden und einen.«[16]

Aus dem in gewisser Weise gleichwertigen Quantzschen Nebeneinander von ›Französisch‹, ›Italienisch‹ und ›deutscher‹ Synthese wird bei Weber eine Überlegenheit des Deutschen, das »tiefer« sei und an die Stelle sinnlich schöner »einzelner Momente« die Rundung aller Einzelheiten »zum schönen Ganzen« vorziehe. Gemeint ist offensichtlich die Formel von der ›Einheit in der Mannigfaltigkeit‹, die man doppelt deuten kann: nicht nur, wie üblich, ästhetisch-musikalisch, sondern auch konkret und politisch als ›Einheit‹ der ›Mannigfaltigkeit‹ aller deutschen Stämme, Länder und Regionen. Sieht man daraufhin die Vorlesungen zur Ästhetik durch, zeigt sich, dass Hegel sehr wohl wusste, wie die ›Einheit in der Mannigfaltigkeit‹, die Rundung zum »schönen Ganzen«, musikalisch zu bewerkstelligen sei: durch thematische Arbeit. Eben diese gefiel ihm nicht:

»In einem musikalischen Thema ist die Bedeutung, die es ausdrücken soll, bereits erschöpft; wird es nun wiederholt oder auch zu weiteren Gegensätzen und Vermittlungen fortgeführt, so erweisen sich diese Wiederholungen, Ausweichungen, Durchbildungen durch andere Tonarten usf. für das Verständnis leicht als überflüssig und gehören mehr nur der rein musikalischen Ausarbeitung und dem Sich-einleben in das mannigfaltige Element harmonischer Unterschiede an […] [I]n diesem Falle wird durch solche Durcharbeitung die Einheit nicht wie in der Skulptur und Malerei vertiefter und konzentrierter, sondern ist eher eine Ausweitung, Verbreitung, ein Auseinandergehen, eine Entfernung und Zurückführung […].«[17]

---

[16] Carl Maria von Weber, zitiert nach Adolf Nowak, »Vom ›Trieb nach Vaterländischem‹. Die Idee des Nationalen in der Musikästhetik des 18. und 19. Jahrhunderts«, in: *Deutsche Meister – böse Geister? Nationale Selbstfindung in der Musik*, hrsg. von Hermann Danuser und Herfried Münkler, Schliengen 2001, S. 151–165, hier S. 157f.

[17] Georg Wilhelm Friedrich Hegel, *Vorlesungen über die Ästhetik III* (= Werke, Bd. 15), hrsg. von Eva Moldenhauer und Karl Markus Michel, Frankfurt am Main 1986, S. 142f.

Zu Hegels Vorliebe für die italienische Oper gehörte sein (mehrfach betonter) Standpunkt, dass dabei die »Exekution«, die Aufführung selbst, wesentlicher sei als die »Produktion«, das komponierte Werk, weshalb die Sängerinnen und Sänger mindestens so sehr ›Schöpfer‹ einer Oper seien wie der Komponist. In den Ästhetikvorlesungen lässt sich Hegels tatsächliche Musikauffassung nur mit Mühe durch die starke redaktionelle Bearbeitung, die sie durch Hotho erhielten (der mit Hegels Rossinibegeisterung nichts anzufangen wusste), freilegen. Immerhin steht auch dort ein Satz, der der ›deutschen‹ Bevorzugung ›tieferer‹ Rundung eines Kunstwerkes eine Absage erteilt:

> »Die Gegner verschreien namentlich Rossinis Musik als einen leeren Ohrenkitzel; lebt man sich aber näher in ihre Melodien hinein, so ist diese Musik im Gegenteil höchst gefühlvoll, geistreich und eindringend für Gemüt und Herz, wenn sie sich auch nicht auf die Art der Charakteristik einläßt, wie sie besonders dem strengen deutschen musikalischen Verstande beliebt.«[18]

Und schließlich lassen die Briefe aus Wien keinen Zweifel daran, dass Hegel gerade die von Weber abgewertete »Sinnenlust einzelner Momente«, die konkrete Aufführung einer Oper mit ihrer »Pracht der Dekorationen«, dem »Pomp der Kleider« und der »Sinnenpracht des Gesanges« besonders liebte.[19]

III.

Werfen wir noch einen kurzen Blick auf Arthur Schopenhauer, denjenigen Autor, der im deutschen Kaiserreich der meistgelesene Philosoph gewesen ist und der in seinem Hauptwerk wie keiner vor oder nach ihm der Musik eine außerordentlich privilegierte Stellung eingeräumt hat. Die Musik spreche »auf ihre Weise die Welt« aus und löse »alle Räthsel«, sie sei die »königlichste der Künste«[20], rede verständlicher zu uns als irgendeine Sprache und offenbare das Innerste der Welt, den Willen, mit allen seinen geheimsten Regungen und Strebungen; in einem Satz:

> »[G]esetzt, es gelänge, eine vollkommen richtige, vollständige und in das einzelne gehende Erklärung der Musik […] in Begriffen zu geben, [würde] diese sofort auch eine […] Erklärung der Welt in Begriffen […], also die wahre Philosophie sein.«[21]

---

[18] Ebd., S. 210f.
[19] Ebd., S. 517.
[20] Arthur Schopenhauer, *Der handschriftliche Nachlaß in fünf Bänden*, hrsg. von Arthur Hübscher, Bd. 1, München 1985, S. 210.
[21] Arthur Schopenhauer, *Die Welt als Wille und Vorstellung I*, § 52 (= *Sämtliche*

Solche Aussagen übten auf Musiker seit der Jahrhundertmitte geradezu hypnotische Wirkung aus, zum Beispiel auf Richard Wagner, der in Schopenhauer *seinen* Philosophen gefunden zu haben glaubte. Doch gilt das nicht umgekehrt: Schopenhauer mochte Wagners Musik nicht. Als dieser nämlich in tiefer Verehrung für den Verfasser von *Die Welt als Wille und Vorstellung* das Textbuch seines *Ring des Nibelungen* nach Frankfurt geschickt hatte, ließ Schopenhauer einem Mittelsmann ausrichten: »Sagen Sie Ihrem Freunde Wagner in meinem Namen Dank für die Zusendung seiner Nibelungen, allein er solle die Musik an den Nagel hängen, er hat mehr Genie zum Dichter! Ich, Schopenhauer, bleibe Rossini und Mozart treu!«[22] Wieder fällt der Name Rossinis, und in der Tat, wie sein Erzfeind Hegel war auch Schopenhauer ein fanatischer Anhänger des italienischen Komponisten. Seine Begeisterung ging sogar noch weiter; er musizierte auch selbst. Robert von Hornstein, der ihn in den 1860er Jahren besuchte, berichtete:

> »Schopenhauers musikalisches Ideal war Rossini [...]. Er besaß sämtliche Opern Rossinis für eine Flöte arrangiert. Das spielte er alles von Jahr zu Jahr einmal durch, mittags von 12–1 Uhr. Nie erlaubte er mir, ihm zuzuhören, so oft ich ihn darum bat.«[23]

Auf dem Notenpult entdeckte Hornstein Rossinis Arie *Di tanti palpiti* aus der Oper *Tancredi*. Diese Arie bot Schopenhauer Gelegenheit, seinem Abscheu vor Männergesangsvereinen, dem Hort national-patriotischer Gesinnung im 19. Jahrhundert, Ausdruck zu geben, und zwar im zweiten Band seiner *Parerga und Paralipomena* von 1851:

> »[B]in ich doch einmal Zeuge gewesen, daß man an einer großen konstituierten Liedertafel [es war die Jüngere Liedertafel in Berlin] nach der Melodie seines unsterblichen ›Di tanti palpiti‹ zum Hohn die Speisekarte absang – ohnmächtiger Neid! Die Melodie überwand und verschlang die gemeinen Worte. Und so haben allem Neide zum Trotz Rossinis wundervolle Melodien sich über den ganzen Erdball verbreitet und jedes Herz erquickt, wie damals so noch heute und in saecula saeculorum.«[24]

    Werke, Bd. 1), hrsg. von Wolfgang Freiherr von Löhneysen, 2. Aufl., Stuttgart und Frankfurt am Main 1968, S. 369.

[22] *Schopenhauer. Gespräche*, hrsg. von Arthur Hübscher, Stuttgart-Bad Cannstadt 1971, S. 199 f.

[23] Ebd., S. 221.

[24] Schopenhauer, *Parerga und Paralipomena II*, § 242 (= *Sämtliche Werke*, Bd. 5) [wie Anm. 21], S. 544.

Schopenhauer bezog unmissverständlich Stellung zum Phänomen des Nationalstolzes:

> »Die wohlfeilste Art des Stolzes [...] ist der Nationalstolz. Denn er verrät in dem damit Behafteten den Mangel an individuellen Eigenschaften, auf die er stolz sein könnte, indem er sonst nicht zu dem greifen würde, was er mit so vielen Millionen teilt [...]. [J]eder erbärmliche Tropf, der nichts in der Welt hat, darauf er stolz sein könnte, ergreift das letzte Mittel, auf die Nation, der er gerade angehört, stolz zu sein. [...] Dem Nationalcharakter wird, da er von der Menge redet, nie viel Gutes ehrlicherweise nachzurühmen sein. Vielmehr erscheint uns die menschliche Beschränktheit, Verkehrtheit und Schlechtigkeit in jedem Lande in einer anderen Form und diese nennt man den Nationalcharakter.«[25]

IV.

Die vorstehenden kurzen, schlaglichtartigen Zitate und Auszüge dürften gezeigt haben, dass die drei großen deutschen Philosophen des 19. Jahrhunderts eine ähnliche musikalische Präferenz besaßen, einen Geschmack, der vor genau dem, was man als typisch deutsch ansehen konnte, vor klassischer Instrumentalmusik bzw. vor dem Wagnerschen Musikdrama, zurückschrak und stattdessen populäre, international geschätzte Opernmusik präferierte. Peinlich war das hauptsächlich der deutschen Musikwissenschaft, die entweder, wie gezeigt wurde, die Rossinibegeisterung Hegels unterschlug oder die Äußerungen der Philosophen zur Musik als ›Laienästhetik‹ abtat. Noch Adorno versuchte, freilich vergeblich, Hegel mit dem im selben Jahr geborenen Beethoven zusammenzudenken, um für das Zeitalter einer bürgerlich-idealistischen Klassik in Philosophie und Kunst zwei gleichrangige Titanen deutscher Zunge zur Hand zu haben.[26]

Das Desinteresse aller drei Philosophen an einer Vermengung des Nationalen mit Kultur und namentlich mit Musik, um deren Untersuchung es in diesem Band geht, mag auch damit zusammenhängen, dass Philosophen immer schon in einem übernationalen und zeitlich Jahrhunderte umfassenden geistigen Raum zuhause gewesen sind: Wer seine antiken Autoren auf griechisch, seine mittel-

---

[25] Schopenhauer, *Parerga und Paralipomena I*, »Aphorismen zur Lebensweisheit« (= *Sämtliche Werke*, Bd. 4) [wie Anm. 21], S. 429 f.

[26] Vgl. hierzu ausführlicher meinen Aufsatz »Hegels Phänomenologie der italienischen Oper oder warum Adorno mit seinem Beethovenbuch scheiterte«, in: Werner Keil, *Im Geisterreich des Unendlichen. Ein Streifzug durch die Musik des 19. Jahrhunderts*, Hildesheim 2000, S. 90–125.

alterlichen auf lateinisch, seine neuzeitlichen auf französisch oder englisch zu lesen gewohnt war und für wen die Weltgeschichte des Geistes aus einer Handvoll denkbar disjunkter Namen bestand – Schopenhauer ließ beispielsweise nur Platon, Kant und Buddha gelten –, für den gab es nicht, was sächsische Musiker wie Schumann oder Wagner in der Mitte des 19. Jahrhunderts offenbar geplagt hat: einen nationalen Minderwertigkeits- und Neidkomplex.

Es berührt heute eigenartig, wenn man bei Schopenhauer anlässlich der erwähnten Erörterung des Nationalstolzes folgende Sätze lesen kann, von denen man annehmen darf, dass sie, anders als Schumanns anti-italienische oder Wagners anti-jüdische Invektiven, wenigstens für einen Teil der damaligen Deutschen zutrafen:

> »Die Deutschen sind frei von Nationalstolz und legen hierdurch einen Beweis der ihnen nachgerühmten Ehrlichkeit ab; vom Gegenteil aber die unter ihnen, welche einen vorgeben und lächerlicherweise affektieren; wie dies zumeist die ›deutschen Brüder‹ und Demokraten tun, die dem Volke schmeicheln, um es zu verführen.«[27]

Schopenhauer, der Gegner der Freiheitsbewegungen von 1848, und Nietzsche, der Feind des Deutschen Reiches, zwei überzeugte Antidemokraten, hatten, aus einer Art geistesaristokratischen Gesinnung heraus, voller Misstrauen die republikanisch eingestellte bürgerliche Klasse im Visier: Hier witterten sie – wie sich bald zeigte, zu Recht – Xenophobie und Antisemitismus, Gleichmacherei und Deutschtümelei. Hegels und Schopenhauers auf die italienische Oper fixierter Musikgeschmack blieb gewissermaßen höfisch-aristokratisch, dem 18. Jahrhundert verhaftet; Nietzsche, lange dem Zauber Wagnerischer Musik erlegen, rettete sich zuletzt in eine affirmierte Musik des Südens. Mit ›deutschem Sang und deutschen Frauen‹, um das Motto der Ringvorlesung, aus der dieser Band hervorgegangen ist, aufzugreifen, wussten sie alle drei nichts anzufangen.

Wir wissen nicht, ob Hegel, wenn ihm die thematische Arbeit in der Instrumentalmusik suspekt erschien, die angedeutete politische Konnotation überhaupt bewusst war. Schopenhauer, der einmal in ähnlichem Kontext auf die Beethovensche Sinfonie zu sprechen kam, stellte lediglich einen Bezug zur bereits im Mittelalter geläufigen philosophischen Formel einer *concordia in discors* her:

---

[27] Schopenhauer, *Parerga und Paralipomena I*, § 52 (= *Sämtliche Werke*, Bd. 1), hrsg. von Wolfgang Freiherr von Löhneysen, 2. Aufl., Stuttgart und Frankfurt am Main 1968 S. 430.

> »Werfen wir jetzt einen Blick auf die bloße Instrumentalmusik; so zeigt uns eine Beethovensche Symphonie die größte Verwirrung, welcher doch die vollkommenste Ordnung zum Grunde liegt, den heftigsten Kampf, der sich im nächsten Augenblick zur schönsten Eintracht gestaltet: es ist ›rerum concordia discors‹ [der Welt zwiträchtige Eintracht], ein treues und vollkommenes Abbild des Wesens der Welt, welche dahinrollt im unübersehbaren Gewirre zahlloser Gestalten und durch seine Zerstörung sich selbst erhält.«[28]

Wenn man jedoch hinzunimmt, dass weder Hegel noch Schopenhauer je auf den *Freischütz* Carl Maria von Webers zu sprechen kamen, dessen Aufführung in Berlin 1821 beide hätten besuchen können (und der von Anfang an als deutsche Nationaloper begriffen wurde[29]); wenn man ferner berücksichtigt, welch gutes Einvernehmen zwischen Hegel und den preußischen Behörden bestand, namentlich dem Polizeiminister, der die Universität beaufsichtigte; dann kommt dem prononcierten Eintreten für die italienische Oper, das sich in Kongruenz mit dem ›Geschmack‹ des preußischen Hofes und des Adels weiß, sehr wohl auch eine politische Bedeutung zu, nämlich die einer Distanzierung von deutsch-nationalen Strömungen.

V.

Es bleibt, trotz der Eindeutigkeit des Befundes, ein gewisses Unbehagen, zumindest bei Schopenhauer und Nietzsche, denen man doch irgendwie einen Platz in der Vorgeschichte des deutschen, in den Nationalsozialismus mündenden Sonderwegs glaubt zuweisen zu müssen. Vielleicht muss man ihre Äußerungen zur Musik in den größeren Kontext ihrer jeweiligen Philosophie und deren Rezeption stellen. Oder von einem neuen Beispiel aus eine veränderte Perspektive einnehmen.

In den letzten Jahren des Zweiten Weltkriegs schrieb Thomas Mann im amerikanischen Exil seinen späten Roman *Doktor Faustus. Das Leben des deutschen Tonsetzers Adrian Leverkühn, erzählt von einem Freunde.* Darin griff er Gedanken auf und modifizierte sie teilweise erheblich, die er am Ende des Ersten Weltkrieges in seinen *Betrachtungen eines Unpolitischen* angestellt hatte. Hans Rudolf Vaget, einer der Herausgeber der großen kommentierten Frankfurter Ausgabe der Schriften Manns, vermisst, »dass die Musikwissenschaft Tho-

---

[28] Schopenhauer, *Die Welt als Wille und Vorstellung II* (= *Sämtliche Werke*, Bd. 2) [wie Anm. 21], S. 577.
[29] Vgl. hierzu den Beitrag von Nils Grosch im vorliegenden Band.

mas Mann als einen wortmächtigen und bedeutenden Exponenten der deutschen Musikkultur überhaupt wahrnimmt, was sie bisher, von Ausnahmen [...] abgesehen, zu tun sich geweigert hat.«[30] Kein anderer Autor des zwanzigsten Jahrhunderts habe derart differenziert eine Verbindung zwischen der deutschen Kulturnation und den zwei Weltkriegen hergestellt und die Frage diskutiert, inwieweit die spezifisch deutsche Affinität zur Musik mit den spezifisch deutschen Katastrophen zusammenhänge. Der voluminöse und die gesamte Mann-Forschung einbeziehende Kommentar Ruprecht Wimmers zur Neuausgabe des Romans fällt daher oft, wenn musikalische Sachverhalte zu erläutern sind, mangels musikwissenschaftlicher Zuarbeit unbefriedigend aus. So an einer Stelle, die in der Mann-Forschung, so weit zu sehen, bislang nicht genauer beachtet worden ist, die aber für den hier in den Blick genommenen musikphilosophischen Kontext aufschlussreich sein kann. (Der Inhalt des Romans, wenigstens in groben Zügen, wird im Folgenden als bekannt vorausgesetzt.)

Im Gespräch mit dem Teufel (im 25. Kapitel) erfährt Adrian Leverkühn, dass er bereits vor Jahren, ohne es zu wissen, einen Teufelspakt eingegangen sei, als er nämlich mit einer Prostituierten geschlafen und sich dabei mit Syphilis angesteckt habe. Dass dem Teufel Macht über das Sexuelle gegeben sei, wird nicht nur im Roman selbst erörtert, sondern ist theologisch derart breit verankert, dass es offenbar den meisten Lesern und Interpreten, und seien sie auch nur entfernt mit der christlichen Vorstellungswelt vertraut, als Erklärung für das Zustandekommen des Teufelspaktes ausreicht. Dass jedoch, nüchtern überlegt, in einem Roman des 20. Jahrhunderts der Bordellbesuch eines unverheirateten jungen Mannes derartige Folgen zeitigen soll, ist erzähltechnisch wenig überzeugend. Überhaupt besitzt Leverkühn als Mensch wenig ›Faustisches‹ und noch weniger ›Deutsches‹. Als Musiker hat er weder eine Wunderkind-Biografie aufzuweisen noch tritt er als Virtuose in Erscheinung, er schreibt keine musikästhetischen Pamphlete in eigener Sache, vermag nicht einmal seine eigenen Werke zu dirigieren und ist frei von Künstlerallüren. Als still vor sich hin schaffender Komponist orientiert er sich nicht an deutscher, sondern u.a. an französischer Musik, deren Bedeutung im Roman Vaget überzeugend herausgestellt hat,[31] und vertont beispielsweise Texte von Verlaine und Baudelaire, Blake, Keats und Shakespeare. Bei Ausbruch des Ersten Weltkriegs gerät Leverkühn auch nicht, wie sein Freund und späterer Biograf, der philiströse Lateinlehrer Serenus Zeitblom, in einen vaterländischen Tau-

---

[30] Hans Rudolf Vaget, *Seelenzauber. Thomas Mann und die Musik*, Frankfurt am Main 2006, S. 14.
[31] Ebd., im 5. Kapitel »*Blödsinnig schön!« Französische Musik im Doktor Faustus*, S. 122–142.

mel. Seine distanzierte, kühle und ironische Art ist frei von Pathos, und man bekommt als Leser eher Mitleid mit dem von Migräne-Attacken geplagten, in Liebesdingen so schwer geschlagenen Mann. Wieso sollte *dieser* Komponist dem Teufel verfallen sein? Besagte Stelle liefert den Schlüssel zur Erklärung. Sie hält den Moment fest, da an einem Sommertag in Italien der ins Lesen vertiefte Leverkühn vom Teufel besucht wird:

> »Saß allein hier im Saal, nahendt bei den Fenstern, die mit den Läden vermacht, vor mir die Länge des Raums, bei meiner Lampe und las Kierkegaard über Mozarts Don Juan. Da fühl ich mich auf den Plotz von schneidender Kälte getroffen, so als säße Einer im winterwarmen Zimmer und auf einmal ginge ein Fenster auf nach außen gegen den Frost.«[32]

Worauf es hier ankommt, ist die Lektüre: Leverkühn liest Kierkegaard. Im Kommentar findet man den ersten Entwurf der Stelle; Mann paraphrasierte in einem längeren, später gestrichenen Absatz noch einige Passagen aus Kierkegaards *Entweder/Oder*, und zwar aus dem ersten Teil, der mit *Die unmittelbaren erotischen Stadien oder das Musikalisch-Erotische* überschrieben ist.[33] Kierkegaard war im frühen 20. Jahrhundert ein viel gelesener Philosoph; vor allem aber hatte sich Adorno, Thomas Manns Berater für die musikalischen Angelegenheiten des Romans, 1933 mit einer Arbeit zu Kierkegaard habilitiert; er war derjenige, der Mann auf den dänischen Philosophen, einen jüngeren Zeitgenossen Hegels und Schopenhauers, aufmerksam gemacht hat.[34] Es geht am Beginn von *Entweder/Oder* um die Figur Don Juans, um die Gestalt des Verführers, und insbesondere um Mozarts Oper *Don Giovanni*.

Drei Überlegungen Kierkegaards sind hier wichtig. Erstens bringt er *Don Juan* und *Faust* in einen Zusammenhang miteinander: Beide seien aus dem Mittelalter stammende, volkstümliche Symbolgestalten, die auf unterschiedliche Weise die Macht des Teufels verkörperten: Im Fauststoff gehe es um die Verführung des Geistes, im Don-Juan-Stoff um die des Fleisches: »Don Juan ist mithin der Ausdruck für das Dämonische, das als das Sinnliche bestimmt ist, Faust ist der Ausdruck für das Dämonische, das als jenes Geistige bestimmt ist, welches der christliche Geist ausschließt.«[35] Zweitens behauptet Kierkegaard,

---

[32] Thomas Mann, *Doktor Faustus. Das Leben des deutschen Tonsetzers Adrian Leverkühn, erzählt von einem Freunde*, hrsg. von Ruprecht Wimmer (= *Große kommentierte Frankfurter Ausgabe*, Bd. 10.1), Frankfurt am Main 2007, S. 326.

[33] Ebd., Kommentar von Ruprecht Wimmer, S. 535 f.

[34] Theodor W. Adorno, *Kierkegaard. Konstruktion des Ästhetischen* (1933). *Gesammelte Schriften*, hrsg. von Rolf Tiedemann, Bd. 2, Frankfurt am Main 1962.

[35] Sören Kierkegaard, *Entweder/Oder. Erster Teil*, in: Sören Kierkegaard, *Gesammelte Werke*, Bd. 1, übs. von Emanuel Hirsch, Regensburg 1956, S. 96.

der Fauststoff könne immer wieder neu literarisch bearbeitet werden, der Don-Juan-Stoff dagegen entzöge sich der Literarisierung: Kongenial erfasst sei er nur in der Musik, und zwar derjenigen Mozarts, dessen *Don Giovanni* daher für ihn an der Spitze aller Musik stehe und Mozart unsterblich gemacht habe. Drittens entfaltet Kierkegaard den zunächst paradox erscheinenden Gedanken, »das Christentum habe die Sinnlichkeit in die Welt gebracht«,[36] da es nämlich die Sinnlichkeit verneine und sie damit »erst richtig in Erscheinung« trete. Weil das Christentum aber »Geist« sei, und den Geist als »positives Prinzip« ansehe, solle die Sinnlichkeit ausgeschlossen werden, was sie erst »als Macht« etabliere.[37] Diese dem »Geist« feindliche Macht drücke sich am unmittelbarsten in der Musik aus, denn »die Musik ist das Dämonische«,[38] ja sogar das »absolute Medium«[39] des Christentums. Worauf Kierkegaard hinauswill, ist, einfach gesagt, dass Musik, wie es sich die ältesten Kirchenväter bereits klargemacht hatten, eine Sache des Teufels sei, allerdings eine vom Christentum durch die Einbindung in den Gottesdienst gleichsam gebändigte.

Thomas Mann hätte demnach mit seinem Roman das aus Kierkegaards Sicht ›Unmögliche‹ geleistet, nämlich die Figur des (deutschen) Faust und diejenige des (spanischen) Don Juan miteinander zu verschmelzen. Ähnlich wie Faust, der »weitbeschreyte Zauberer und Schwartzkünstler«,[40] bereits in der *Historia von Doktor Johann Fausten*, dem von Kierkegaard und Mann benutzten Volksbuch von 1587, wegen seiner curiositas, seiner (wissenschaftlichen) Neugier, ein potenzieller Kandidat für den Teufelspakt war, wäre es Leverkühn bereits deshalb, weil er, nach einem Theologiestudium, sich als Komponist der Musik verschrieben hat. Wer, wie Kierkegaard, Hegels These vom Ende der Kunst verinnerlicht hat; wer zu Beginn des 20. Jahrhunderts Spengler rezipiert und weiß, dass die faustische Kulturepoche, in deren Zentrum die Musik stand, unwiederbringlich untergegangen und im *Tristan* »die letzte der faustischen Künste«,[41] die Musik, gestorben ist; wer obendrein mit so eminenten Geistesgaben ausgestattet ist wie Leverkühn, darf einfach nicht mehr Musiker werden: Er muss sich, wie Adorno, der Kompositionsschüler Alban Bergs, *gegen* die Musik entscheiden, sonst ist er des Teufels. Es gehört zu den subtilen Einsichten Thomas Manns im *Doktor Faustus*, die Problematik eines bloßen

[36] Ebd., S. 64.
[37] Ebd., S. 65.
[38] Ebd., S. 68.
[39] Ebd., S. 75.
[40] »*Historia von Doktor Johann Fausten*«, in: *Deutsche Volksbücher*, Bd. 3, hrsg. von Peter Suchsland, Berlin/Weimar 1875, S. 5.
[41] Oswald Spengler, *Der Untergang des Abendlandes. Umrisse einer Morphologie der Weltgeschichte*, Bd. 1, München 1924, S. 372.

Künstlerdaseins als »deutscher Tonsetzer« in der Moderne erkannt und mit dem Untergang der deutschen Kulturnation in Zusammenhang gebracht zu haben.

Das Bedenkliche an Leverkühn ist sein Abseitsstehen: Er stellt sich nicht in den Dienst der Gesellschaft, er engagiert sich nicht, macht nirgends mit, er sondert sich ab und lässt andere, in einer gewissen Hochmütigkeit, sein Anderssein spüren. Ein solches Verhalten war durch Schopenhauer und Nietzsche legitimiert, deren Philosophie eine Genie-Philosophie war, die davon ausging, in Jahrhunderten sei allenfalls eine Handvoll erlauchter Geister zu tieferen philosophischen Einsichten gelangt. Beide vermieden es, mit ›gewöhnlichen‹ Menschen, mit der »Fabrikware der Natur« (Schopenhauer), Umgang zu haben, lebten unverheiratet und kinderlos als Außenseiter der bürgerlichen Gesellschaft. Es ist bekannt und in der Forschung umfassend dargestellt, wie genau Mann das Leben Leverkühns demjenigen Nietzsches bis in Einzelheiten nachgebildet hat.

Wer Schopenhauer und Nietzsche liest, wer sie sich zur »Weltanschauung«[42] macht, rückt sich selbst in die Nähe des Schopenhauerischen »Genies« oder des Nietzscheanischen »Übermenschen« und nimmt gegenüber dem Alltag, dem gewöhnlichen Leben, eine (unangemessene) Überheblichkeitsattitüde ein. Dass die meisten deutschen Intellektuellen in der ersten Hälfte des 20. Jahrhunderts dem gesellschaftlich-politischen Bereich fernstanden, sich nicht engagierten, indem sie beispielsweise dem völkisch-antisemitischen Unsinn, den Julius Langbehn, der Rembrandtdeutsche, in seinem *Rembrandt als Erzieher* (1890) verbreitete, energisch entgegentraten, gehört in die Geschichte des deutschen Sonderweges, an dem Schopenhauer und Nietzsche, die elitären Weltanschauungsphilosophen, wesentlich Anteil haben.

Ihre Musikpräferenzen hingegen, aus denen sie ihre musikästhetischen Überlegungen ableiteten, entsprachen am ehesten dem international verbreiteten populären Musikgeschmack des 19. Jahrhunderts; eine Affinität zum ›Deutschen‹, in welcher Form auch immer, bestand hierbei nicht.

---

[42] Vgl. Herbert Schnädelbach, »Der Blick aufs Ganze. Zur Optik der Weltanschauung«, in: *Deutsche Meister – böse Geister? Nationale Selbstfindung in der Musik* [wie Anm. 16], S. 36–44.

Rebecca Grotjahn
Deutsche Frauen, deutscher Sang
Nation, Gender und die *idea of serious music*

Was haben der ›deutsche Sang‹ und die ›deutschen Frauen‹ miteinander zu schaffen? Die Vorstellung, dass die Bedeutung der deutschen Kulturnation insbesondere auf der Musik beruhe, begleitet die deutsche Identitätsbildung bis heute. Aber spielt hier auch der Aspekt des Geschlechts eine Rolle? Hängt die Idee der musik-kulturellen Größe in irgendeiner Weise an Vorstellungen von Männlichkeiten und Weiblichkeiten?

Auf den ersten Blick scheint ein Konnex auf der Hand zu liegen. Für die Größe der deutschen Musik stehen Männernamen ein: Johann Sebastian und Wolfgang Amadeus, Ludwig und Richard, Johannes und Arnold. Aber besteht wirklich ein Zusammenhang, oder handelt es sich lediglich um ein zufälliges Zusammentreffen zweier Dinge, die nichts miteinander zu tun haben: Wenn es eine bedeutende deutsche Komponistin gäbe, fiele die Namensreihe vielleicht bunter aus. Dass sich im ›Kanon der Meisterwerke‹ kein Werk einer Frau findet, ist indessen sicher kein Zufall. Marcia Citron hat in ihrer Studie *Gender and the Musical Canon* eindrucksvoll den Zusammenhang von Geschlechterkonstruktionen und Kanonbildung aufgezeigt und das »great composer model« zu Recht als »great man model« apostrophiert.[1] Aber ist dies spezifisch für die deutsche Musik? Auch in den Reihen der großen italienischen, französischen oder russischen Komponisten findet sich ja keine Frau!

Wenn diesen Einwänden zum Trotz dennoch nach dem Zusammenhang von ›deutschen Frauen und deutschem Sang‹ gefragt wird, dann nicht mit der Absicht, Kausalbeziehungen zwischen den Aspekten Geschlecht, deutschem Nationalismus und bestimmten Elementen des Musikdiskurses herzustellen und etwa zu behaupten, die deutsche Musik bzw. Musikhistoriographie sei besonders ›frauenfeindlich‹. Der vorliegende Beitrag stellt zunächst einmal Fragen, die von Beobachtungen in anderen Diskussionsfeldern ausgehen, und versucht gleichsam experimentell, deren Antworten auf die Musik zu übertragen. Dass nationale bzw. kulturelle Identitäten oft auch von Vorstellungen über die Geschlechter bestimmt sind, ist ein in den Sozialwissenschaften all-

[1] Marcia J. Citron, *Gender and the Musical Canon*, Cambridge etc. 1993, S. 201.

gemein bekanntes Phänomen. Erinnert sei an den aktuellen ›Kopftuchstreit‹, der nicht zuletzt dazu dient, westlich-moderne Identität über die Rechte und Freiheiten der Frauen zu definieren – in Abgrenzung zur muslimischen Kultur, deren angeblich antiemanzipatorischen und unterdrückerischen Charakter das Kopftuch zu beglaubigen scheint.[2] Ähnliche Argumentationen finden sich schon in Texten aus dem 19. Jahrhundert, etwa aus dem Kontext der Rezeption der Cheruskerschlacht – und auch hier wird die angeblich bessere Stellung der Frau als Zeichen der Überlegenheit der deutschen respektive germanischen Kultur, in diesem Fall über die römisch-antike, angeführt:

> »Der lichteste Punkt in der Sittengeschichte der Germanen ist das Verhältnis der beiden Geschlechter zu einander und die Stellung der Frauen, welche unverhältnismäßig höher und edler war, als die, welche das antike Zeitalter dem Weibe einräumte. Sie sahen in den Frauen etwas Heiliges und Vorahnendes. Keuschheit war ihre höchste Zier.«[3]

Es scheint mir nahe zu liegen, nach Zusammenhängen zwischen Nation/Kultur und Gender auch im Bereich der Musik zu fragen, wobei ich mich hier auf wenige Bereiche der deutschen Musikgeschichte des 18. und 19. Jahrhunderts beschränken möchte.

Nation und Gender: Der Zusammenhang der Diskurse

Anders als in der Musikwissenschaft ist der Zusammenhang von Nation und Geschlecht in den allgemeinen Geschichtswissenschaften bereits vielfach thematisiert worden. Die Zusammenfassung des Forschungsstandes, die Ute Planert in einem grundlegenden Text zu dieser Thematik vornimmt, kann als Ausgangspunkt der folgenden Überlegungen verwendet werden:

> »Eine Vielzahl von Studien hat inzwischen deutlich gemacht, dass die Vorstellung von dem, was eine Nation sei, ebenso wie die Konstruktion nationaler Identität und die Nationsbildungsprozesse selbst zutiefst von geschlechtsspezifischen Konnotationen durchdrungen und mitbestimmt waren und sind [...]. In der Repräsentation wie in der politischen Praxis, in der Sozialisation ebenso wie in der Identitätspolitik erwies sich das Projekt Nation als grundlegend geschlechtsspezifisch ausgerichtet.«[4]

---

[2] Vgl. hierzu Heide Oestreich, *Der Kopftuchstreit. Das Abendland und ein Quadratmeter Islam,* Frankfurt am Main 2004.
[3] Otto Kemmer, *Arminius. Auf Grund der Quellen dargestellt,* Leipzig 1893, S. 15. Den Hinweis auf diese Quelle verdanke ich Frau Dr. Barbara Eichner.
[4] Ute Planert, »Vater Staat und Mutter Germania: Zur Politisierung des weiblichen

Dies betrifft verschiedene Formen des politischen und sozialen Handelns. Planert stellt in ihrem Aufsatz nationale Bewegungen in den Mittelpunkt ihrer Studie und kommt zu der These, dass ausgerechnet das nationalistische Programm Frauen politische Handlungsspielräume eröffnete, die ihnen durch die bürgerliche Frauenrolle üblicherweise nicht zugestanden wurden. Basis hierfür ist die Vorstellung der nationalen Gemeinschaft als ›Volksfamilie‹, die Männer und Frauen einschließt. Innerhalb der ›Volksfamilie‹ sind den Geschlechtern getrennte Sphären zugewiesen. Wenn die Männer im Felde fürs Vaterland kämpfen – motiviert vor allem durch ihre Pflicht zur Verteidigung von Frau und Kind –, so arbeiten die Frauen in den ihnen traditionell zugewiesenen Handlungsbereichen für die Nation: Sie stricken Strümpfe, pflegen Verwundete, päppeln Heimkehrer auf, jauchzen bei Siegen, sprechen Unterlegenen Mut zu und weinen um Gefallene. Dies entspricht recht genau der Rollenverteilung in der Chorkultur des 19. Jahrhunderts, die Barbara Eichner dargestellt hat: Während die Männer im Chorgesang ihre politischen Programme artikulieren, sticken Frauen die Fahne und schmücken als Ehrenjungfrauen die Sängerfeste.[5] Frauen bleiben – hier wie dort – weitgehend in ihrem üblichen Wirkungskreis, aber das ihnen zugewiesene Privatleben wird politisiert, übrigens bis hin zum Kindergebären und -erziehen, das als vaterländische Pflicht verstanden wird.[6] Allerdings bleibt es nicht dabei. Die zunehmende »Politisierung des weiblichen Geschlechts«, für die der Nationalismus ein wichtiges Motiv war,[7] konnte auch dazu führen, dass Frauen die ihnen gesteckten Grenzen überschritten. So wurden im 19. Jahrhundert, legitimiert durch den Dienst an Volk und Vaterland, zahlreiche Frauenvereine gegründet, die unter dem Deckmantel des karitativen Zwecks zunehmend zu verkappten politischen Vereinen wurden. Manche Frauen gingen sogar an die militärische Front, um – dies allerdings heimlich und in Männerkleidern – selbst zu kämpfen, wie die berühmte Eleonore von Prohaska in den antinapoleonischen Befreiungskriegen. Zusammenfassend formuliert Planert die Ambivalenz dieser Auswir-

---

Geschlechts im 19. und 20. Jahrhundert«, in: *Nation, Politik und Geschlecht. Frauenbewegungen und Nationalismus in der Moderne*, hrsg. von Ute Planert, Frankfurt am Main und New York 2000, S. 15–65, hier S. 19.

5 Barbara Eichner, »›Die Fahne ist des Sängers Braut‹. Bilder von Männlichkeit und Weiblichkeit in der bürgerlichen Männerchorbewegung des 19. Jahrhunderts«, in: *Geschlechterpolaritäten in der Musikgeschichte des 18. bis 20. Jahrhunderts*, hrsg. von Rebecca Grotjahn und Freia Hoffmann, Herbolzheim 2002 (= Beiträge zur Kultur- und Sozialgeschichte der Musik, hrsg. von Eva Rieger, Bd. 3), S. 31–49.
6 Vgl. Planert, »Vater Staat«, S. 32–34 und S. 44.
7 Planert, »Vater Staat«, S. 25.

kungen: »Politisierung im Zeichen der Nation begründete nicht automatisch gleichberechtigte Partizipation, aber sie legte den Grundstein für die Erweiterung des weiblichen Handlungsspielraums.«[8]

Solche Grenzüberschreitungen findet man auch in der Musik. Die von Barbara Eichner analysierten Frauengestalten aus Opern zum Thema »Cheruskerschlacht« verbleiben noch weitgehend innerhalb des konventionellen Frauenideals, wenngleich die keusche deutsche Frau, die, wenn es darauf ankommt, tapfer, mutig und stark für den Helden des Vaterlands und die eigene Ehre einsteht, immerhin einige Eigenschaften besitzt, die in dieser Zeit (und nicht nur damals) als maskulin galten.[9] (An dieses Ideal der starken Germanin sollte später der Nationalsozialismus anknüpfen.) Weiter geht die Figur der Regina aus Lortzings gleichnamiger Revolutionsoper, die zur Waffe greift – nicht nur, um ihre weibliche Ehre zu retten, sondern vor allem, um die ›Gemeinschaft‹ vor der Bedrohung durch den Feind zu retten.[10] Im Unterschied zu diesen fiktionalen Genderkonstruktionen ist Ingeborg von Bronsart ein reales Beispiel einer Grenzüberschreitung: Weibliches Komponieren, in ihrer Epoche regelmäßig Gegenstand abschätziger Kommentare, wurde in dem Augenblick ohne Zögern akzeptiert, wenn es – beispielsweise als *Kaiser-Wilhelm-Marsch* – patriotisches Handeln war.[11]

Die wenigen Beispiele umreißen ein großes Forschungsfeld, das freilich noch weitgehend brachliegt. Das Spektrum der Musik, die hier zur Debatte steht, umfasst ein großes Repertoire: Militärmusik und patriotische Lieder (und der Kontext, in dem sie zu hören waren), Programmsinfonien, Oratorien und Opern über Themen aus der deutschen bzw. ›nordischen‹ Mythologie und Geschichte – Musikstücke, die bisher als Gegenstände der Musikgeschichtsschreibung vernachlässigt wurden und denen der Ruch des künstlerisch Wertlosen, oft auch des Kuriosen anhaftet. In diesem ›Schutt der Geschichte‹ gilt es zu graben, will man die deutsche Geschichte des 19. und 20. Jahrhunderts verstehen – und mit ihr die historischen Konstruktionen deutscher Männlichkeiten und Weiblichkeiten.

---

[8] Planert, »Vater Staat«, S. 30.

[9] Barbara Eichner, ›*Was ist deutsch?*‹ *Musical Solutions to Problems of National Identity (1848–c.1900)*. Thesis submitted for the degree of D.Phil., University of Oxford, 2005 (Ms.), insbes. Kapitel 2.2: »Germanic Gender Models for Modern Germans: Heinrich Hofmann's *Armin* (1877) and Carl Gramman's *Thusnelda* (1881)« (S. 44–74). Ich danke Frau Dr. Eichner herzlich für die Überlassung des Manuskripts.

[10] Diesen Tabubruch vollzieht bereits Beethovens Leonoren-Figur, die jedoch nicht im Interesse des ›Vaterlandes‹ denn aus Gattenliebe zur Waffe greift. Zur *Regina* vgl. den Beitrag von Irmlind Capelle im vorliegenden Band.

[11] Vgl. den Beitrag von Katharina Hottmann im vorliegenden Band.

Die *idea of serious music*

Aber was ist mit dem Rest der Musikgeschichte – den Bereichen, die üblicherweise als Gegenstand der Historischen Musikwissenschaft gelten? Bach, Beethoven, Brahms oder Schönberg scheinen frei von nationalen Schlacken; man kann sich mit ihnen und ihren Werken befassen, ohne mit ›anrüchigen‹ Dingen wie dem deutschen Nationalismus und gar mit den damit verbundenen Genderrollen in Berührung zu kommen. Sind damit die zentralen Themen und Arbeitsbereiche des Faches ebenso nationalismus- wie genderfreie Zonen?

Diese Sicht herrscht bereits seit einigen Jahrzehnten nicht mehr unangefochten. Vielfach ist der Germanozentrismus des musikgeschichtlichen Kanons kritisiert worden, und die Vorstellung, er sei ein – im Hinblick auf die nationale Herkunft der Komponisten – zufälliges Ergebnis von Urteilen über die ästhetische Relevanz und historische Bedeutung von Musik, wird heute kaum mehr offen vertreten. Es scheint Einigkeit darüber zu herrschen, dass der Kanon auf Prämissen basiert: auf der wertenden Unterscheidung von Kunst- und Unterhaltungsmusik, auf der Gegenüberstellung von Instrumental- und Vokalmusik, wobei die reine Instrumentalmusik auf der Basis der Idee der absoluten Musik als überlegen gilt, und auf einer Hierarchie der musikalischen Gattungen mit der Sinfonie an der Spitze. Eine Geschichtsschreibung, in der anscheinend automatisch die Werke deutscher Komponisten dominieren, ist das Ergebnis solcher – vielleicht eher gewachsenen als explizit getroffenen – Vorentscheidungen.

Von dieser Erkenntnis ausgehend haben mehrere vor allem US-amerikanische Autorinnen und Autoren die diesen Entscheidungen zugrunde liegenden Ideologien analysiert. In den Fokus gerieten dabei etwa E. Th. A. Hoffmann oder Adolf Bernhard Marx als Agenten dessen, was mit Celia Applegate als *idea of serious music* bezeichnet werden kann.[12] Allerdings geht Applegate auf Distanz zu AutorInnen, die in dieser Idee so etwas wie ein nationalistisches Programm erblicken, insbesondere Sannah Pederson und Stephen Rumph. Anders als diese behaupteten, sei die *idea of serious music* nicht unmittelbar nationalistischem oder gar chauvinistischem Geist entsprungen, sondern eine ›Lösung‹ für eine Problemlage im Bereich der musikalischen Institutionen, deren Ursachen in der politischen Entwicklung Ende des 18. Jahrhunderts lägen. Nach dem Verschwinden zahlreicher Höfe mitsamt ihrer Hofkapellen sei die Lage des Musikers unsicher geworden, und die zunehmend politisch

---

[12] Celia Applegate, »How German Is It? Nationalism an the Idea of Serious Music in the Early Nineteenth Century«, in: *19th-Century Music* XXI/3 (Spring 1998), S. 274–296.

einflussreiche Schicht der Gebildeten betrachtete Musik als ›non-serious‹, als ein lediglich unterhaltendes Spiel, das den untersten Rang unter den Künsten einnahm; Immanuel Kants Haltung wird hierfür als typisch angesehen. Für den Aufstieg der Musik zum zentralen Bestandteil des kulturellen Lebens im 19. Jahrhundert – der sich in der Gründung bürgerlicher Institutionen und damit Musiker-Arbeitsplätzen, niederschlug – bildete die *idea of serious music* die geistige Basis. Aus der Metaphysik der Instrumentalmusik ergibt sich die Konsequenz, dass die Musik den anderen Künsten nicht nur gleich gestellt, sondern sogar überlegen ist. Musikalisches Paradigma für diese Vorstellung ist die Sinfonik. Dabei ist die *idea of serious music* gleichzeitig eng mit dem Gedanken einer großen deutschen Vergangenheit verknüpft, für die die wiederentdeckten Werke Bachs stehen und die die Musik in das Geschichtsbewusstsein der Zeit einpasst.[13] Am Beispiel der Berliner Gesellschaft zeigt Applegate, wie die Musik – als Trägerin metaphysischer und nationaler Ideen – zum sozial verbindenden Element mit nationaler Implikation wurde.[14] Ich möchte diese Überlegungen versuchsweise auf den Aspekt Gender transferieren.

Applegate gibt zu Beginn ihres Beitrags einen kurzen Abriss der Musikgeschichtsschreibung und stellt fest, dass für diese die Universalität der deutschen Musik lange Zeit ein selbstverständliches Faktum war. Zumeist fiel es Historikern nicht einmal auf, dass Bach, Beethoven, Wagner und Schönberg deutsche Komponisten waren. Der Aspekt ›national‹ kam vielmehr immer dann ins Spiel, wenn es um nicht-deutsche Musik ging: Als nationale Musikkulturen galten die Musikkulturen der sich emanzipierenden Nationalstaaten Europas.[15] Germanozentrismus war einfach eine Selbstverständlichkeit.

Setzen wir für Nationalität Gender ein, so kommen wir auf eine Beschreibung, die ungefähr dem heutigen Stand entspricht. Für die Musikgeschichtsschreibung ist die Universalität der Musik männlicher Komponisten ein selbst-

---

[13] Vgl. hierzu Celia Applegate, *Bach in Berlin. Nation and Culture in Mendelssohn's Revival of the St. Matthew Passion*, Ithaca, NY, und London 2005.

[14] Der Einbezug der Leipziger Entwicklung würde das von Applegate ein wenig einseitig aus der Berliner Situation abgeleitete Bild differenzieren: In der städtischen Musikkultur Leipzigs und ihrem institutionellen Gefüge aus Gewandhaus und Konservatorium ist die *idea of serious music* früher und ausgeprägter verwirklicht als in Berlin. Hier spielt die ›explizite‹ Nationalisierung eine geringe Rolle – eine um so größere allerdings die selbstverständliche Universalisierung der deutschen Musik, die Identifikation der deutschen Musik mit ›der‹ Musik schlechthin. Vgl. hierzu Rebecca Grotjahn, »Leipzig, Deutschland, Europa – Das Leipziger Konservatorium als Multiplikator der Idee ›höherer‹ Musik«, in: *Professionelle Musikausbildung und Internationalität*, hrsg. von Lorenz Luyken und Stefan Weiss, Hannover 2006 (= IfMpF-Monographie Nr. 16), S. 24–45.

[15] Vgl. Applegate, »How German Is It«, S. 275 f.

verständliches Faktum. Zumeist fällt es Historikern nicht einmal auf, dass Bach, Beethoven, Wagner und Schönberg Männer waren. Der Aspekt Gender kommt immer erst dann ins Spiel, wenn es um Nicht-Männer-Musik geht: um Musik von Komponistinnen. Androzentrismus ist einfach eine Selbstverständlichkeit.

Bei der Interpretation des von ihr beschriebenen Phänomens übt Applegate Kritik an eindimensionalen Sichtweisen, die den Musikdiskurs unmittelbar aus politischen Bedingungen ableiten – an »tendentious and deterministic Luther-to-Bismarck-to-Hitler models«.[16] Die *idea of serious music* ist kein Programm zur Beweisführung der deutschen Überlegenheit; im Gegenteil spielt die explizite Auseinandersetzung mit dem Nationenaspekt keine große Rolle in diesem Diskurs. Das ›Geheimnis‹ dürfte gerade darin liegen, dass das Deutsche nur als ›Abwesenheit von Speziellem‹ aufgefasst wird und darum gerade nicht thematisiert zu werden braucht – angesprochen werden muss ja nur das Spezielle, das als ›Abweichung‹ zu markieren ist. Hier liegt eine weitere Parallele zum Aspekt Gender: In den betreffenden Texten (z. B. Musikgeschichten oder historiographischen Abhandlungen) wird kaum explizit thematisiert, dass es sich bei den Komponisten des Kanons um Männer handelt; denn auffällig und erwähnenswert wäre ja nur das ›Besondere‹: Werke von Komponistinnen. Ein Programm zum Ausschluss der Frauen, eine männerbündische Verschwörung zur Verhinderung weiblichen Komponierens, ja selbst Seitenhiebe auf das kompositorische Potenzial von Frauen wird man hier mithin vergebens suchen. Dies macht allerdings die weitere Untersuchung ausgesprochen schwierig: Wie untersucht man einen Diskurs, dessen Haupt-›Argument‹ im Nicht-Erwähnen besteht? Aus diesem Grunde holt die folgende Darstellung recht weit aus, spricht von Funktionen und Entsprechungen statt von Kausalitäten und bezieht auseinander liegende Diskursfelder – von den Kastraten bis hin zu Otto Weininger – aufeinander.

Dabei soll weiterhin Applegates problemorientierter Herangehensweise gefolgt werden. Wenn die Autorin die *idea of serious music* als Lösung eines sozialgeschichtlichen Problems auffasst, das durch die politische Entwicklung verursacht sei, so liegt es nahe, quasi als gedankliches Experiment, zu fragen: Bildet die *idea of serious music* – mit der sich ja ein männerzentrierter Kanon verbindet – womöglich auch die Antwort auf eine Problemlage im Bereich der Geschlechterverhältnisse? Um diese Überlegung versuchsweise durchzuführen, wäre zunächst zu überlegen, ob es in dieser Epoche geschichtliche Entwicklungen gab, die eine Neudefinition weiblicher Handlungsmöglichkeiten erforderlich machten.

---

[16] Applegate, »How German Is It«, S. 281.

Dies allerdings liegt auf der Hand: Die Zeit um 1800 ist geprägt von einer der größten Umwälzungen der Geschlechtergeschichte. Das Ergebnis dieses Prozesses hat die Historikerin Karin Hausen als »Polarisierung der ›Geschlechtscharaktere‹« bezeichnet.17 Der Begriff »Polarisierung« zielt auf die Erkenntnis, dass in dieser Zeit Geschlechter nicht mehr als nur unterschiedlich aufgefasst werden – was in vielen Kulturen und historischen Epochen der Fall ist –, sondern als gegensätzlich und dabei einander ideal ergänzend. Dies betrifft nicht nur die Anatomie und das Sexualverhalten; vielmehr werden aus den biologischen Unterschieden auch psychische Eigenschaften – »Geschlechtscharaktere« – abgeleitet. Rationalität versus Emotionalität, Aktivität versus Passivität, Selbständigkeit versus Abhängigkeit, Kraft versus Schwäche, Tapferkeit versus Bescheidenheit – diese Gegensatzpaare werden mit männlich und weiblich verbunden. Entscheidend ist dabei die Begründung: Die Geschlechtergegensätze werden aus der Natur abgeleitet.18 Diese wird zur zentralen Begründungsinstanz für die hierarchische Geschlechterordnung: Da es nach der Aufklärung nicht mehr möglich ist, gesellschaftliche Funktionen, Tätigkeitsbereiche und Handlungsmöglichkeiten aus einer gottgewollten Ordnung abzuleiten, werden diese nun aus der Natur heraus begründet – sodass ein Verstoß gegen sie als naturwidriges, unvernünftiges Verhalten betrachtet werden muss.

Das Modell der Geschlechterpolaritäten hat sich so nachhaltig etabliert, dass es noch heute vielen Menschen schwer fällt, es als historisch (und eben nicht ›natürlich‹) zu erkennen. Sein überwältigender Erfolg erklärt sich vor allem aus drei Vorteilen, die es bietet: Erstens vermag es nicht nur gesellschaftliche Strukturen, sondern auch die privaten Verhältnisse zwischen den Geschlechtern scheinbar plausibel zu erklären; zweitens lässt sich das Prinzip der einander ergänzenden Charaktereigenschaften als Strukturprinzip auf viele Aspekte

---

17   Karin Hausen, »Die Polarisierung der ›Geschlechtscharaktere‹ – Eine Spiegelung der Dissoziation von Erwerbs- und Familienleben«, in: *Sozialgeschichte der Familie in der Neuzeit Europas*, hrsg. von Werner Conze, Stuttgart 1976, S. 363–393. Vgl. auch Ute Frevert, »*Mann und Weib und Weib und Mann*«. *Geschlechterdifferenzen in der Moderne*, München 1995, bes. S. 13–60, und Claudia Honegger, *Die Ordnung der Geschlechter. Die Wissenschaften vom Menschen und das Weib 1750–1850*, 2. Auflage, Frankfurt am Main und New York 1991.

18   Dieser Wandel des Begründungsansatzes, den Hausen betont, ist ein entscheidendes Merkmal des geschlechtergeschichtlichen Paradigmenwechsels. Der verschiedentlich gegen Hausens Analyse vorgebrachte, durchaus zutreffende Einwand, es habe schon in früheren Epochen Vorstellungen gegeben, die die Geschlechterverhältnisse als polar oder dualistisch auffassten, vernachlässigt eben diesen Wandel des Begründungsansatzes.

und Bereiche des täglichen Lebens übertragen – und auch auf die Musik (etwa in Gestalt der Metaphorik für die Themen der Sonatenform); drittens eignet es sich zur Harmonisierung von Hierarchien, die so nicht als Ergebnis von Macht und Unterdrückung, sondern als Folge der natürlichen Ausstattung des Menschen erscheinen.

Kaum bekannt ist heute indessen das Paradigma, das durch dieses Modell abgelöst wurde und für das der amerikanische Historiker Thomas Laqueur den Begriff *one sex model* geprägt hat: Zwischen den Geschlechtern wurde kein Gegensatz, sondern nur ein gradueller Unterschied angenommen – genauso wie zwischen Mensch und Tier; und die Differenzen im Hinblick auf gesellschaftliche Stellung, Handlungsfelder und Macht wurden nicht aus der Natur begründet, sondern philosophisch, historisch oder theologisch – etwa indem man annahm, die Frau habe sich dem Mann unterzuordnen, weil Gott sie damit für den Sündenfall bestraft.[19] Anatomie und Sexualität der Geschlechter sah man im Prinzip als gleich an. Wie Laqueur anhand zahlreicher medizinischer Lehrbücher der frühen Neuzeit belegt, war die Auffassung allgemein verbreitet, dass männliche und weibliche Geschlechtsorgane identisch seien, nur dass bei der Frau nach innen gestülpt sei, was beim Mann außen liege.

Die Auswirkungen dieses Paradigmenwechsels auf den Musikdiskurs sind noch nicht umfassend untersucht worden.[20] Ich möchte die Konsequenzen für zwei Themenfelder skizzieren, die für die *idea of serious music* von Relevanz sind: erstens Vorstellungen vom Verhältnis Gesang und Geschlecht, zweitens die Thematik ›komponierende Frauen‹.

Feld 1: Gesang und Geschlecht

Im Bereich Gesang wirkt sich der Paradigmenwechsel vor allem auf das Phänomen des Kastraten aus. Einer der wichtigsten Gründe für dessen Verschwinden dürfte in einem Wandel der gesangsästhetischen Auffassungen liegen, der allerdings weniger durch den Klang der Stimmen bedingt sein dürfte als durch den Umstand, dass man den Kastraten im Zeitalter der Aufklärung und der

---

[19] Thomas Laqueur, *Auf den Leib geschrieben. Die Inszenierung der Geschlechter von der Antike bis Freud*. Aus dem Englischen von H. Jochen Bussmann, Frankfurt am Main etc. 1992 (Amerikanische Erstausgabe u. d. T. *Making Sex*, Cambridge 1990).

[20] Vgl. hierzu den Band *Geschlechterpolaritäten in der Musikgeschichte des 18. bis 20. Jahrhunderts*, hrsg. von Rebecca Grotjahn und Freia Hoffmann, Herbolzheim 2002 (= Beiträge zur Kultur- und Sozialgeschichte der Musik, hrsg. von Eva Rieger, Bd. 3).

Geschlechterpolaritäten als ›unnatürliches‹ Wesen auffasste. Auf der Basis des *one sex model* galt indessen das Vorhandensein der Geschlechtsorgane als gar nicht so entscheidend für die Identität des Betreffenden; Menschen definierten sich nicht in dem Maße über das Geschlecht wie heute: »Kastraten fielen in einem Weltbild, das zwischen Männern und Frauen und zwischen Tieren und Menschen noch nicht die modernen Grenzen zog und den biologischen Unterschied zwischen den Geschlechtern vergleichsweise gering schätzte, weit weniger auf als heute«, schreibt der Kulturwissenschaftler Paul Münch.[21] Dass diese Vorstellung heute sehr fremd erscheint, dürfte ein Grund dafür sein, dass über kaum ein musikhistorisches Phänomen so viele Mythen und Fehlinformationen existieren wie über Kastraten.[22]

Wie das rasche Verschwinden der Kastraten aus dem Musikbetrieb vor sich ging, ist nach wie vor kaum erforscht. Das immer wieder angeführte Verbot der Kastration durch die napoleonischen Besatzer in Rom reicht als Erklärung kaum aus. Aufschlussreich für den ästhetischen Wandel, der diesen Prozess begleitete, ist die seit der zweiten Hälfte des 18. Jahrhunderts zunehmende Kastratenkritik, die Gernot Gruber anhand zeitgenössischer Quellen untersucht hat.[23] Zwar stellt der Autor den Konnex zum Geschlechterdiskurs selbst nicht her, aber aus den von ihm präsentierten Quellen wird deutlich, dass der uneindeutige Geschlechtscharakter des Kastraten zunehmend zum Problem wurde. Ein Beispiel bietet bereits Johann Adolph Scheibe, demzufolge ein von einem Kastraten gesungener Held – lediglich aufgrund seines Stimmcharakters – »weibisch« und lächerlich wirkt:

> »Man hört eine weibische, doch helle Stimme, welche von einem Körper gesprochen wird, dessen Kleidung uns das Bild eines Helden darstellen soll. Lasset uns einmal in dem Buche nachsehen, ob dieses ein verkleidetes Frauenzimmer, eine Amazoninn, oder eine Person aus der verkehrten Welt ist? Nein, keines von all diesen: es ist der große Alexander. Wie? der große

---

[21] Paul Münch, »›Monstra humani generis‹. Kastraten in der Kritik der Aufklärung«, in: *Schweizer Jahrbuch für Musikwissenschaft/Neue Folge* 20 (2000), S. 63–82, hier S. 68.

[22] Kritische Zusammenfassungen des Forschungsstandes bei Thomas Seedorf, »Kastraten«, in: *MGG2*, Sachteil, Bd. 5, Sp. 15–20, sowie Rebecca Grotjahn, »Kastrat«, in: *Enzyklopädie der Neuzeit*, hrsg. von Friedrich Jaeger im Auftrag des Kulturwissenschaftlichen Instituts (Essen) und in Verbindung mit den Fachherausgebern, Bd. 6, Stuttgart 2007, S. 432 f.

[23] Gerold W. Gruber, *Der Niedergang des Kastratentums. Eine Untersuchung der bürgerlichen Kritik an der höfischen Musikkultur im 18. Jahrhundert, aufgezeigt am Beispiel der Kritik am Kastratentum – mit einem Versuch einer objektiven Klassifikation der Kastratenstimme*. Diss. Universität Wien 1982 (ms.).

Alexander? Seit welcher Zeit hat man diesen gewaltigen Weltbezwinger in einen Unvermögenden, oder wohl gar in ein Weib verwandelt?«[24]

»Wie lächerlich ist es nicht, die Könige, die Helden, die Staatsleute, und überhaupt alle männlichen Personen durch Frauenzimmer, durch Unvermögende, und folglich durch solche Leute, die schon von Natur dem Charakter widersprechen, vorzustellen? Wie unvollkommen und ekelhaft ist es nicht, als wenn wir in einem so großen und starken Stücke nichts anders, als zarte und weibische Stimmen vernehmen?«[25]

Dass ein Kastrat aufgrund der ›unnatürlichen‹ Stimme als lächerlich oder ekelhaft empfunden wird, bleibt das zentrale Motiv der Kastratenkritik bis weit in das 19. Jahrhundert hinein. Johann Pezzl bezeichnet Kastraten als »unförmliche, ausgestopfte, bleiche Fleischklöze, nicht Mann, nicht Weib […]«,[26] und Franz Grillparzer schildert, dass ihm beim Hören des Kastraten Giovanni Vellutti – des letzten weltberühmten Kastraten – schlecht geworden sei.[27] Auch Mendelssohn fühlte sich angeekelt von Velluttis Gesang.[28] Für unsere Fragestellung von Bedeutung ist die Tatsache, dass sich die Ablehnung des ›weibischen‹ Charakters des Kastraten oft mit einer Abwertung der Italiener zugunsten der ›männlichen Deutschen‹ verbindet. Wenn Johann Christoph Gottsched in der Oper kein geeignetes Mittel zur Verbesserung der Sitten sieht, ist einer der Gründe dafür das Singen »weibischer Kastraten«,[29] und das »Weibische« – von ihm gleichgesetzt mit dem »Weichlichen« – ist für ihn ein Charakteristikum der Italiener: »So wird die Weichlichkeit von Jugend auf in die Gemüther der Leute gepflanzt, und wir werden den weibischen Italienern ähnlich, ehe wir es inne geworden, daß wir männliche Deutsche seyn sollen.«[30] Eine aufschlussreiche Quelle zum Thema liefert Friedrich Schiller, der in sei-

[24] Johann Adolph Scheibe, *Critischer Musikus*. Neue, vermehrte und verbesserte Auflage, Leipzig 1745. Nachdruck Hildesheim und New York 1970, S. 153. Vgl. Gruber, *Niedergang*, S. 125 f.
[25] Scheibe, *Critischer Musikus*, S. 155.
[26] Johann Pezzl, *Faustin oder Das philosophische Jahrhundert*, Zürich 1782, zit. n. Gruber, *Niedergang*, S. 150.
[27] Franz Grillparzer, Tagebucheintrag vom 29.11.1810, zit. n. Gruber, *Niedergang*, S. 169.
[28] Felix Mendelssohn Bartholdy, Brief (1829) an Eduard Devrient, zit. n. Gruber, *Niedergang*, S. 170.
[29] Johann Christoph Gottsched, *Der Biedermann. 95. Stück*, Leipzig 1729, zit. n. Gruber, *Niedergang*, S. 123.
[30] Johann Christoph Gottsched, *Versuch einer critischen Dichtkunst*. Unveränderter photomechanischer Nachdruck der 4. vermehrten Aufl., Leipzig 1751, 5. Auflage, Darmstadt 1962. Vgl. auch Gruber, *Niedergang*, S. 123.

nem Gedicht »Kastraten und Männer«[31] das Negativbild des Kastraten zur Verstärkung seines Lobes auf die Männlichkeit einsetzt:

> Ich bin ein Mann! Wer ist es mehr?
> Wer's sagen kann, der springe
> Frei unter Gottes Sonn' einher
> Und hüpfe hoch und singe.

Im Folgenden wird dann die »Männlichkeit« – nämlich das mit der Waffe gleichgesetzte männliche Geschlechtsteil – als Symbol der Überlegenheit noch des einfachsten Mannes sogar über adlige Frauen dargestellt. Anschließend setzt Schiller es als den eigentlichen Grund der deutschen Tapferkeit ein, mit der »Roms Wollüstlinge« (gemeint ist das römische Heer) »auf teutschen Sand gerungen« und bezwungen wurde. Der ›Gedankengang‹ gipfelt in einer direkten Verbindung des »alten Römersmannes« zu den Kastraten – seinen »Enkeln«:

> Drauf täten seine Enkel sich
> Ihr Erbtheil gar abdrehen,
> Und huben jedermänniglich
> Anmutig an zu krähen. –
>
> O Pfui und Pfui und wieder Pfui
> Den Elenden! – sie haben
> Verlüderlicht in einem Hui
> Des Himmels beste Gaben,
>
> Dem lieben Hergott sündiglich
> Sein Konterfei verhunzet
> Und in die Menschheit schweiniglich
> Von diesem Nu gegrunzet.

Zusammenfassend ist festzustellen, dass sich in der deutschen Kastratenkritik die Konstruktion des ›Deutschen‹ mit der Abgrenzung gegen das ›Welsche‹, Italienische verbindet, das durch den Kastratengesang symbolisiert wird. Diese Gegenüberstellung wird gegendert: Das ›Welsche‹ steht für Unmännlichkeit, das Weichliche, Weibische, den effeminierten Mann, das ›Deutsche‹ hingegen für das ›echt‹ Männliche.

Es wäre lohnenswert, einmal systematisch zu untersuchen, wie die hier

---

[31] Friedrich Schiller, »Kastraten und Männer«, aus: *Anthologie auf das Jahr 1782*, in: Friedrich Schiller, *Sämtliche Werke*, Bd. I, München 1987, S. 79–82, hier S. 81. Die Zweitfassung des Gedichts, »Männerwürde«, ist auszugsweise zitiert bei Gruber, *Niedergang*, S. 149.

entstandenen Gegensatzpaare im Diskurs über Instrumental- und Vokalmusik – einem Kernstück der *idea of serious music* – weitergeführt werden. Denn auch auf die Verbindung von Oper und virtuosem Gesang mit ›italienisch‹ und Sinfonik mit ›deutsch‹ wird die Geschlechterpolarität projiziert: Oper und virtuoser Gesang werden als weibliches, Instrumentalmusik als männliches Genre aufgefasst – was sicher auch, aber nicht nur durch die Einschränkung der beruflichen Möglichkeiten bedingt ist: Die einzige professionelle Tätigkeit, die musikalisch begabten Frauen lange Zeit uneingeschränkt offen stand, war der »Frauenberuf Sängerin«.[32]

Auch in der Musikauffassung Richard Wagners spielt die Gleichsetzung von Kastrat und italienischer Oper eine Rolle. Wagner versteht sein musikdramatisches Schaffen ja bekanntlich nicht als Fortsetzung der Gattung Oper. Wenn auch seine Schrift *Oper und Drama* äußerlich als These-Antithese-Synthese-Modell gegliedert ist, konstruiert er das Konzept des Musikdramas keineswegs als Synthese aus Oper und Sinfonie, sondern als Weiterführung der Beethovenschen Sinfonie, deren Sprachfähigkeit die Bindung an das Drama erfordert.[33] Die Wagnersche Vokalität bezieht sich folgerichtig kaum noch auf die Vokaltradition der Oper.[34] Die Wort-Ton-Melodie steht im krassen Kontrast zur italienischen Opernvokalität, der Wagner ›Perversität‹ vorwirft und die für ihn vollständig in eitler sängerischer Selbstdarstellung aufgeht – und die auch bei ihm durch die Kastraten symbolisiert wird, in denen er für die Gesangsvirtuosität »zubereitete menschliche Instrumente« sieht.[35] Mit seinem Konzept des Musikdramas stellt sich Wagner also in die Tradition der Sinfonik und führt die Idee der Sprachfähigkeit der Instrumentalmusik weiter – ein Kernstück der *idea of serious music*.

[32] Rebecca Grotjahn, »Frauenberuf Sängerin. Ein Thema musikwissenschaftlicher Frauen- und Geschlechterforschung«, In: *Rheinische Sängerinnen des 20. Jahrhunderts. Eine Dokumentation in Wort und Ton*, hrsg. von Thomas Synofzik und Susanne Rode-Breymann, Kassel 2003 (= Beiträge zur Rheinischen Musikgeschichte, Bd. 164), S. 25–33.

[33] Richard Wagner, *Oper und Drama. 1. Theil*, in: Richard Wagner, *Gesammelte Schriften und Dichtungen*, Bd. 3, Leipzig 1872, S. 269–394; 2. und 3. Theil a. a. O., Bd. 4, Leipzig 1872, S. 1–184.

[34] Zu Recht weist allerdings Thomas Seedorf darauf hin, dass der Belcanto auch bei Wagner noch im Hintergrund wirksam ist. Vgl. Thomas Seedorf, »›Deklamation‹ und ›Gesangswohllaut‹ – Richard Wagner und der ›deutsche Bel Canto‹«, in: *»Mit mehr Bewußtsein zu spielen«. Vierzehn Beiträge (nicht nur) über Richard Wagner*, hrsg. von Christa Jost, Tutzing 2006 (= Musikwissenschaftliche Schriften der Hochschule für Musik und Theater München, Bd. 4), S. 181–206.

[35] Richard Wagner, »Über Schauspieler und Sänger«, in: Richard Wagner, *Gesammelte Schriften und Dichtungen*, Bd. 9, Leipzig 1873, S. 189–274, hier S. 242.

In diesem Zusammenhang entwickelte Wagner spezielle Stimm- und Rollenfächer für das Musikdrama: den hochdramatischen Sopran und den Heldentenor, die beide auf Stimmfächern der französischen ›Grand Opéra‹ basieren, von Wagner jedoch mit besonderen Anforderungen versehen wurden, denen das vorhandene Sängerpersonal kaum entsprechen konnte. Dies gilt vor allem für Heldentenöre: Es bedurfte jahrelanger Suche, bis Wagner für den Tristan und den Siegfried Sänger gefunden hatte, die seinen Vorstellungen entsprachen. Thomas Seedorf hat nachgewiesen, wie wichtig dabei Gender-Aspekte waren. In dem zu der Zeit üblichen Tenorgesangsstil unterschied sich namentlich in den hohen Lagen die Klangfarbe nicht grundlegend von Frauenstimmen, Wagner wünschte sich für seine Heldengestalten jedoch Sänger mit einem »echtem männlichem Tenorklange«, und sein neues Stimmideal korrespondiert in vielfältiger Weise mit dem Männer- und Heldenbild seiner Zeit.[36] Aber auch die Vokalität der weiblichen Stimmfächer ist neu und vermeidet – im Unterschied zu den traditionellen Sopranstimmfächern – weitgehend die Koloratur. Damit wird auf der einen Seite eine Darstellung der deutschen Heldenjungfrau möglich, die sich auch stimmlich von den Frauentypen der italienischen Oper abgrenzt; gleichzeitig ergibt sich diese Vokalität aus der sinfonischen Konzeption des Musikdramas und der damit verbundenen »Wort-Ton-Melodie«. Partien wie die der Brünnhilde oder des Siegfried sind mithin vokale Konstrukte, die Elemente von Nationalitäts- und Gendervorstellungen miteinander verknüpfen.[37]

Feld 2: Komponierende Frauen.

Das bereits auszugsweise zitierte Gedicht von Schiller bietet auch einen Ansatzpunkt für die Darstellung des zweiten gewählten Diskursfeldes: komponierende Frauen. Denn um die männliche Überlegenheit darzulegen, wird nicht nur der schwächliche Kastrat als Gegenbild zum wehrhaften deutschen Mann eingesetzt, sondern auch ein Motiv, das für den künstlerischen Diskurs von besonderer Bedeutung ist: die Verbindung von Zeugungsfähigkeit und Genialität:

---

[36] Thomas Seedorf, »Vom Tenorhelden zum Heldentenor – Wagners Ideal eines neuen Sängertypus«, in: *Bericht über den Internationalen Kongress der Gesellschaft für Musikforschung Weimar 2004*, hrsg. von Detlef Altenburg, Kassel u.a. (Druck in Vorbereitung).

[37] Vgl. Barbara Eichner, »Schwert und Schild und Dolch und Gift – Germanische Heldin und welsche Primadonna«, in: *Diva. Die Inszenierung der übermenschlichen Frau*, hrsg. von Rebecca Grotjahn, Dörte Schmidt und Thomas Seedorf, Schliengen (Druck in Vorbereitung).

Ich bin ein Mann, das könnt ihr schon
An meiner Leier riechen,
Sie braust dahin im Siegeston,
Sonst würde sie ja kriechen.

Aus eben diesem Schöpferfluß
Woraus wir Menschen werden,
Quillt Götterkraft und Genius,
Was mächtig ist auf Erden.

Dass die Fähigkeit zum Komponieren mit dem biologischen Geschlecht und mit Sexualität zusammenhänge – dieser Gedanke wird im 19. und 20. Jahrhundert vielfach aufgegriffen und fortentwickelt, und zwar in der Regel mit Blick auf Frauen: Frauen können nicht komponieren. Noch vor wenigen Jahren war sich etwa Marcel Reich-Ranicki nicht zu schade, mit diesem Topos die Öffentlichkeit zu provozieren:

»MRR: Ich bin nicht bereit, Tabus zur Kenntnis zu nehmen. Was jeder Mensch weiß, sage ich laut und habe deshalb so dümmliche Feinde. Ich sage zum Beispiel: Frauen können nicht komponieren...
[Interviewer] Ein paar gibt es schon.
MRR: Nein, es gibt keine paar. Nun kommen Sie mir nicht mit Clara Schumann...
[Interviewer] Nein.
MRR: Hören Sie sich mal Clara Schumann an! Das ist schrecklich, was die komponiert hat.
[Interviewer] Vielleicht liegt es an den Männern, daß Frauen sich nicht so entfalten können.
MRR: Verzeihen Sie, aber wenn ich sage, es regnet, können Sie mir nicht damit kommen, daß Sie sagen, das kann ja daran liegen, daß die Wolken von Osten oder von Westen kommen. Zunächst einmal müssen Sie zugeben, daß es regnet. Ich sage nur: Frauen können nicht komponieren, jedenfalls bis jetzt nicht.«[38]

---

[38] André Müller, Gespräch mit Marcel Reich-Ranicki, 2. September 2000, zit. nach: http://www.a-e-m-gmbh.com/andremuller/marcel%20reich-ranicki%20(2%-0september%202000).html. (Abruf: 28.01.2009)

Merkwürdigerweise sind die Geschichte und die Entwicklung dieses Topos bislang kaum erforscht – ein Desideratum, das an dieser Stelle natürlich nicht aufgearbeitet werden kann. So beschränke ich mich an dieser Stelle auf einige mögliche Ansatzpunkte für eine Motivgeschichte.

Die neuen Geschlechterrollen um 1800 bildeten sich, wie Karin Hausen aufgezeigt hat, im Zusammenhang mit sozialgeschichtlichen Wandlungen heraus, insbesondere mit der Trennung von Privat- und Berufsleben.[39] Das alte Modell des ›ganzen Hauses‹, in dem Männer und Frauen arbeiteten und zum wirtschaftlichen Überleben wie zur Familienarbeit beitrugen, weicht der Zuweisung des privaten Bereichs in das Haus und der Verlagerung der Berufsarbeit nach ›draußen‹ – wobei nun auch ein grundsätzlicher Unterschied gemacht wird zwischen (männlicher) Erwerbs- und (weiblicher) Hausarbeit: Hausfrauen ›arbeiten nicht‹, so ist heute noch der Sprachgebrauch. Im bürgerlichen Normensystem – das in dieser Epoche eine Leitkulturfunktion auch für andere Bevölkerungsschichten besitzt – wird die Öffentlichkeit zur Arena des Mannes, der dort im Beruf oder in der Politik seine Wirkungsstätte hat, während sie für Frauen tabu ist: Ohne Schutz durch einen Mann hat eine Frau außerhalb des Privatbereiches nichts verloren. So wird auch öffentliches Auftreten problematisch, was ein Grund für das schlechte Ansehen von Sängerinnen, Schauspielerinnen und Tänzerinnen ist, die in dieser Zeit nicht selten in die Nähe von Prostituierten gerückt wurden.

Als öffentliches Auftreten gilt auch die Autorschaft, das Publizieren von Werken. Dies zeigt sich beispielsweise an dem Text, mit dem die Sängerin und Komponistin Corona Schröter in Wielands *Teutschem Merkur* 1785 die bevorstehende Veröffentlichung eines Liederheftes ankündigt:

> »Unserm Geschlecht ist ein eigenes Gefühl von Schicklichkeit und Sittlichkeit eingeprägt, das uns nicht erlaubt, allein und ohne Begleitung öffentlich zu erscheinen: Wie kann ich daher anders, als mit Schüchternheit diese meine musikalischen Arbeiten dem Publikum übergeben, da ich für dieselben keinen Beschützer und Fürsprecher habe?«[40]

Anders als in späteren Epochen ist um 1800 das Komponieren (oder auch das Verfassen von Gedichten und Romanen) für Frauen noch relativ unproblematisch; vor allem die Publikation von Werken ist es, die sie in Konflikt mit ihrer weiblichen Rolle bringt.

Weibliche Autorschaft ist jedoch noch über einen weiteren Punkt mit

---

[39] Siehe Fußnote 17.
[40] Zit. nach Heinrich Stümcke, *Corona Schröter*, Bielefeld und Leipzig 1904 (= Frauenleben, Bd. V), S. 116 f.

Geschlechteraspekten verbunden. Wie Michele Calella in seiner beeindruckenden Untersuchung des musikalischen Autorschaftsdiskurses in der frühen Neuzeit zeigt, wurde bereits im 16. Jahrhundert der Begriff der Autorschaft mit dem Aspekt ›Vaterschaft‹ aufgeladen.[41] Werke wurden als Kinder eines Vaters – des Komponisten – bezeichnet, und die Familienähnlichkeit von Geschwistern wurde zur Metapher, um das Phänomen des Personalstils begrifflich zu fassen. Personalstil und – in Verbindung damit – Œuvre sind indessen zentrale Elemente der modernen Idee der musikalischen Autorschaft: Rezipiert werden bis heute nicht so sehr einzelne Lieder, Sinfonien oder Opern, sondern die Werke werden als ein Stück Schubert, Beethoven und Mozart aufgefasst. Hier liegt eine der Grundlagen für eine an Komponisten orientierte Musikgeschichtsschreibung. Bis zu diesem Punkt gelangt Calella in seiner Studie allerdings nicht; die Untersuchung des musikalischen Autorschafts- und Komponistendiskurses nach 1600 ist nach wie vor ein Desideratum der Forschung. Leider fragt Calella auch nur am Rande nach Gender-Aspekten[42] – obwohl die Metaphorik von Vater und Kindern für Autor und Werke die Frage nach der Mutter nur allzu nahe legt und es interessant wäre zu wissen, ob es die Quellen sind, die sich nicht um sie kümmern, oder ob Calella dieser Fährte nicht nachgeht. Dies erschwert es natürlich, der Verbindung von Autorschaft und Gender bis ins 18. und 19. Jahrhundert hinein an dieser Stelle weiter nachzuspüren.

Einen Ansatzpunkt zumindest für eine Hypothesenbildung bietet wiederum der geschlechtergeschichtliche Paradigmenwechsel um 1800, der sich ja mit veränderten Vorstellungen über Sexualität und Fortpflanzung verbindet – was nicht ohne Auswirkungen auf die Vorstellung einer künstlerischen ›Vaterschaft‹ gewesen sein wird. Ging das frühere *one sex model* von gleich aktiven Anteilen beider Partner bei der Fortpflanzung aus (wie Laqueur an zahlreichen Beispielen zeigt, wurde der weibliche Orgasmus als ebenso wichtig betrachtet wie der männliche),[43] so gilt im Modell der Geschlechterpolaritäten lediglich der Mann als aktiv, die Frau jedoch als passiv Empfangende – wie es bis heute im deutschen Sprachgebrauch in den Begriffen »Zeugung« und »Empfängnis«

---

[41] Michele Calella, *Musikalische Autorschaft: Der Komponist zwischen Mittelalter und Neuzeit.* Habilitationsschrift Universität Zürich 2003 (ms., Druck in Vorbereitung), bes. S. 107f. (mit Bezug auf Michael Giesecke, *Der Buchdruck in der frühen Neuzeit. Eine historische Fallstudie über die Durchsetzung neuer Informations- und Medientechnologien*, Frankfurt am Main 1991).

[42] Immerhin wertet Calella Notendrucke von Komponistinnen aus, unter anderem den ersten namentlich bekannten von Maddalena Casulana 1568 (Calella, *Musikalische Autorschaft*, S. 101 ff.).

[43] Laqueur, *Auf den Leib* (siehe Fußnote 19).

überlebt hat. Diese Vorstellung wird etwa durch Wilhelm von Humboldt als Prinzip auf die Geschlechtscharaktere insgesamt transferiert:

>»Die zeugende Kraft ist mehr zur Einwirkung, die empfangende mehr zur Rückwirkung gestimmt. Was von der ersteren belebt wird, nennen wir männlich, was die letztere beseelt, weiblich. Alles Männliche zeigt mehr Selbsttätigkeit, alles Weibliche mehr leidende Empfänglichkeit.«[44]

Bereits hier findet sich auch die Anwendung dieser Idee auf den künstlerischen Schaffensprozess: Humboldt definiert Genie als »geistige Zeugungskraft«.[45] Übertragungen auf die Musik finden sich insbesondere ab der zweiten Hälfte des 19. Jahrhunderts in vielfältiger Weise, z.B. bei Richard Wagner, der in *Oper und Drama* die Musik mit dem »Weib« vergleicht, das vom Wort des maskulin gedachten Dichters mit seiner zeugenden Kraft zu befruchten sei,[46] oder bei Hans Pfitzner, der die – wie er meint – uninspirierte, melodielose Musik seiner jüngeren Zeitgenossen als »musikalische Impotenz« bezeichnet.[47] Um 1900 ist es fast ein Allgemeinplatz zu behaupten, dass Frauen keine künstlerische ›Schöpferkraft‹ besitzen und ihre musikalische Begabung für das Reproduzieren, aber nicht für das Komponieren reiche. Gleichzeitig mit der Maskulinisierung des Schaffens entsteht als weibliches Pendant zum männlichen Künstler das Konzept der Muse, deren Funktion es ist, den Schaffensprozess in Gang zu bringen.[48] Dabei scheint es, als habe die Übertragung des Geschlechterpolaritäten-Modells auf den musikalischen Schaffensprozess mit Verzögerung eingesetzt. In der ersten Hälfte des 19. Jahrhunderts finden sich kaum Quellen, die solche Vorstellungen formulieren, und aus Biographien von Komponistinnen wie Louise Farrenc, Fanny Mendelssohn/Hensel oder Clara

---

44 Wilhelm von Humboldt, »Über den Geschlechtsunterschied und dessen Einfluß auf die organische Natur«, in: ders., *Schriften zur Anthropologie und Geschichte* (= Werke in 5 Bänden, hrsg. von Andreas Flitner und Klaus Giel, Bd. 1), 2. Auflage, Darmstadt 1960, S. 268–295, hier S. 277f.

45 Humboldt, »Über den Geschlechtsunterschied«, S. 274.

46 Richard Wagner, *Oper und Drama. 3. Theil: Dichtkunst und Tonkunst im Drama der Zukunft*, in: Richard Wagner, *Gesammelte Schriften und Dichtungen*, Bd. 4, Leipzig 1872, S. 1–284, hier S. 183.

47 Hans Pfitzner, *Die neue Ästhetik der musikalischen Impotenz. Ein Verwesungssymptom?*, München 1920. Vgl. dazu Tobias Widmaier, »Diagnose ›musikalische Impotenz‹. Antimoderne Affekte am Beispiel Hans Pfitzner«, in: *Puppen, Huren, Roboter. Körper der Moderne in der Musik zwischen 1900 und 1930*, hrsg. von Sabine Meine und Katharina Hottmann, Schliengen 2005, S. 82–101.

48 Belege hierzu bei Eva Rieger, *Frau, Musik und Männerherrschaft. Zum Ausschluß der Frau aus der deutschen Musikpädagogik, Musikwissenschaft und Musikausübung*, Frankfurt am Main etc. 1981, S. 112–124.

Wieck/Schumann ergibt sich, dass diese sich noch kaum damit auseinanderzusetzen hatten, dass man ihnen die Fähigkeit zum Komponieren absprach. Problematisiert wurde zumeist lediglich der Widerspruch des professionellen Komponierens zur weiblichen Rolle: »Ein Frauenzimmer muß nicht componieren wollen«, schreibt Clara Wieck in einer niedergeschlagenen Phase ihres Lebens[49] – aber nicht: »Ein Frauenzimmer kann nun einmal nicht komponieren.« Als Grund für die späte Übertragung der neuen Sexualitätsvorstellungen kommt allerdings weniger die notorische Verspätung des Musikdiskurses in Frage als zwei andere, eng miteinander verbundene Faktoren: erstens die Tatsache, dass die Polarität der Geschlechtscharaktere zunächst ein literarisches Phänomen war, das erst im Laufe des 19. Jahrhunderts die Mentalitäten und tatsächliche Lebensentwürfe prägte;[50] zweitens der Umstand, dass erst gegen Ende des 19. Jahrhunderts die Vorstellung einer von Sexualität geprägten menschlichen Psyche entwickelt wurde. In Gestalt von Theorien, die menschliche Fähigkeiten und psychische Dispositionen nicht nur biologisieren (wie dies schon seit der Aufklärung Usus war), sondern sexualisieren, spitzt sich die Genderdebatte um 1900 erheblich zu.[51]

In diesen Kontext gehört einer der für die Geschlechterdebatte des frühen 20. Jahrhunderts einflussreichsten Texte: Otto Weiningers *Geschlecht und Charakter*.[52] In seinem Modell von ›m‹ und ›w‹ – Abstraktionen des Männlichen und Weiblichen – wird ›w‹ vollständig an die Sexualität geknüpft: Das Weib ist idealtypischerweise ein vollständig sexuelles Wesen, dessen ganzes Denken, Handeln und Begehren sich auf den Geschlechtsakt richtet. Es kann nicht abstrakt und klar, sondern nur in ›Heniden‹[53] denken, und sein Gedächt-

---

49 Clara Wieck, Tagebucheintrag von 1839, zit. nach Berthold Litzmann, *Clara Schumann. Ein Künstlerleben nach Tagebüchern und Briefen*. Bd. 1: *Mädchenjahre 1819–1839*, Leipzig 1902, S. 377.
50 Vgl. Anne-Charlott Trepp, *Sanfte Männlichkeit und selbstständige Weiblichkeit. Frauen und Männer im Hamburger Bürgertum zwischen 1770 und 1840*, Göttingen 1996, sowie dies., »Diskurswandel und soziale Praxis. Zur These von der Polarisierung der Geschlechter seit dem 18. Jahrhundert«, in: *Geschlechterpolaritäten in der Musikgeschichte des 18. bis 20. Jahrhunderts*, hrsg. von Rebecca Grotjahn und Freia Hoffmann, Herbolzheim 2002 (= Beiträge zur Kultur- und Sozialgeschichte der Musik, hrsg. von Eva Rieger, Bd. 3), S. 7–17.
51 Siehe hierzu die umfassende Darstellung bei Sabine Mehlmann, *Unzuverlässige Körper. Zur Diskursgeschichte des Konzepts geschlechtlicher Identität*, Königstein/Ts. 2006.
52 Otto Weininger, *Geschlecht und Charakter. Eine prinzipielle Untersuchung*, Wien 1903. Nachdruck München 1997.
53 Die Weiningersche Begriffsschöpfung ›Heniden‹ bezeichnet eine unklare Gesamtheit von Gedanken.

nis beschränkt sich auf eine Klasse von Erinnerungen: diejenigen, die mit dem Geschlechtstrieb und der Fortpflanzung zusammenhängen. Demgegenüber ist der Idealtypus des ›m‹ verbunden mit der Fähigkeit zu abstraktem Denken, zur exakten Erinnerung und zum Bewusstsein für das eigene Ich. Und Abstraktionsfähigkeit wie exakte Erinnerung sind die entscheidenden Voraussetzungen für die »Genialität«, die bei Weininger für künstlerisches und intellektuelles Schaffen steht und die er als »eine Art höherer Männlichkeit« definiert.[54]

Für die Fragestellung dieses Beitrags ist vor allem interessant, welche Rolle in Weiningers Argumentation die Musikgeschichte spielt. Zur Untermauerung seiner Auffassung zieht der Autor die »absolute Bedeutungslosigkeit der Frauen in der Musikgeschichte« heran.[55] In der Musik, so stellt er fest, spielen Frauen eine noch marginalere Rolle als in anderen Künsten oder in den Wissenschaften – und das, obwohl sie hier doch die besten Ausgangsbedingungen hatten, da »in der Musik nicht wie anderswo die Ausrede der Frauenrechtler und -Rechtlerinnen gilt: der Zugang zu ihr sei den Frauen zu kurze Zeit erst freigegeben, als daß man schon reife Früchte von ihnen fordern dürfe.« Im Gegenteil: »Sängerinnen und Virtuosinnen hat es immer, bereits im klassischen Altertum, gegeben. Und doch...«[56] Wenn also Frauen keine Hindernisse zu überwinden hatten, sondern im Gegenteil der Zugang zur Musik ihnen immer freistand, kann der Grund für die Bedeutungslosigkeit nur in der weiblichen Psyche liegen: in der Unfähigkeit der Frau zu abstraktem Denken, das für die musikalische Schöpferkraft eine noch wichtigere Voraussetzung sei als in den anderen Künsten und in den Wissenschaften, die alle »deutlichere Beziehungen zur empirischen Realität« haben.[57]

Die vermeintliche Evidenz dieser Auffassung beruht auf zwei Prämissen, die Weininger nicht eigens ausspricht, weil sie zu den Selbstverständlichkeiten zählen, die der Autor wohl für ebenso wenig erläuterungsbedürftig hielt wie seine Leser. Erstens wird musikalische ›Bedeutung‹ an das Komponieren geknüpft. Der mögliche Einwand, dass sich unter den Persönlichkeiten der Musikgeschichte, etwa unter Sängerinnen und Pianistinnen, zahlreiche berühmte und repertoire- wie interpretationsgeschichtlich prägende Frauen befanden, wäre für seine Argumentation nicht relevant; denn musikgeschichtliche ›Bedeutung‹ besteht in der kompositorischen Meisterschaft: Bedeutend sind die ›großen‹ Komponisten, weil sie ›große‹ Werke geschaffen haben. Diese historiographische Grundüberzeugung, die Weininger mit dem Großteil auch heutiger

---

[54] Weininger, *Geschlecht und Charakter*, S. 141. Vgl. auch a.a.O., S. 143 f.
[55] Weininger, *Geschlecht und Charakter*, S. 151.
[56] Weininger, *Geschlecht und Charakter*, S. 152.
[57] Weininger, *Geschlecht und Charakter*, S. 151.

MusikhistorikerInnen teilt, steht in einer innigen Beziehung zur *idea of serious music* und ihrem Kanon der Meisterwerke. Eine zweite Voraussetzung betrifft den ›abstrakten‹ Charakter der Musik. Dass Musik abstrakt sei – und nicht nachahmend, nicht narrativ, ohne Bezug zur empirischen Wirklichkeit – ist eine Überzeugung, die sich ebenfalls aus dem Musikdiskurs des 19. Jahrhunderts ableitet, genauer: aus der der romantischen Musikästhetik erwachsenden Idee der absoluten Musik. Was also für Weininger die Unterlegenheit der Frau beweist, ist keineswegs die Musik oder die Musikgeschichte als solche, sondern ein bestimmter Musikbegriff – derjenige, den wir mit Celia Applegate als *idea of serious music* bezeichnen.

Die *idea of serious music* hat eine wichtige Funktion für die Bildung nationaler wie Gender-Identität. Der komplexe Zusammenhang ihrer ideen- und institutionengeschichtlichen Bestandteile – der hier selbstverständlich nicht auf die genannten Funktionalitäten reduziert werden soll – kann zum Beweis der Überlegenheit eingesetzt werden: der Deutschen über andere Nationen, aber auch der Männer über die Frauen. Die Beweisführung geschieht durch Evidenz, auf der Basis von vorausgesetzten Selbstverständlichkeiten, die im Diskurs nicht explizit angesprochen werden. So kann das Gedankengebäude gegen kritische Nachfragen hermetischer abgesperrt werden als durch jeden Versuch, die Überlegenheit des deutschen Mannes argumentativ zu beweisen.

Die Autorinnen und Autoren

Irmlind Capelle studierte Schulmusik an der Hochschule für Musik Detmold sowie Musikwissenschaft, Evangelische Theologie und Neuere deutsche Literaturwissenschaft in Detmold/Paderborn und Berlin. 1991 promovierte sie in Detmold/Paderborn über das Thema *Chronologisch-thematisches Verzeichnis der Werke Gustav Albert Lortzings*. Seit 1999 ist sie erste Vorsitzende der Internationalen Carl-Maria-von-Weber-Gesellschaft e. V. und seit 2001 Vorsitzende des Wissenschaftlichen Beirats der Albert-Lortzing-Gesellschaft e. V. Sie lehrt am Musikwissenschaftlichen Seminar Detmold/Paderborn.

Nils Grosch studierte Musikwissenschaft, Geschichte und Germanistik in Bochum und Freiburg i. Br. und promovierte mit der Arbeit *Die Musik der Neuen Sachlichkeit*. Seine Arbeitsschwerpunkte sind Musik und Medien, Musik der Frühen Neuzeit und des 20. Jahrhunderts, Lied- und Jazzforschung, Populäres Musiktheater, Musik im Exil und Lateinamerikanische Musik. Er lehrte an Universitäten und Musikhochschulen in Freiburg i. Br., Basel, Detmold/Paderborn und Zürich und arbeitet als Konservator am Deutschen Volksliedarchiv Freiburg i. Br. Nils Grosch ist Mitherausgeber von *Lied und populäre Kultur/Song and Popular Culture* und *Veröffentlichungen der Kurt-Weill-Gesellschaft Dessau*.

Rebecca Grotjahn studierte Musik, Deutsch und Philosophie für das Lehramt an Gymnasien, danach Gesang sowie Musikwissenschaft und Musikpädagogik. 1997 promovierte sie an der Hochschule für Musik und Theater Hannover mit *Die Sinfonie im deutschen Kulturgebiet 1850 bis 1875. Ein Beitrag zur Gattungs- und Institutionengeschichte*. Ihre Habilitation absolvierte sie 2004 an der Carl von Ossietzky Universität Oldenburg. Von 2001 bis 2004 arbeitete sie an ihrem eigenen Forschungsprojekt *Sängerinnen und Sängerinnen-Bilder* an der Hochschule für Musik Köln. Nach Lehrtätigkeiten in Hannover, Essen, Düsseldorf, Köln und Oldenburg wurde sie 2006 Professorin für Musikwissenschaft mit Schwerpunkt Genderforschung – Musik von Frauen am Musikwissenschaftlichen Seminar Detmold/Paderborn. Sie ist Sprecherin der Fachgruppe Frauen- und Genderstudien der Gesellschaft für Musikforschung.

Katharina Hottmann studierte Musik und Deutsch in Hannover und promovierte 2003 an der Musikhochschule Hannover (»*Die andern komponieren. Ich mach' Musikgeschichte*« – *Historismus und Gattungsbewusstsein bei Richard Strauss. Untersuchungen zum späteren Opernschaffen*). Nach einer Tätigkeit als wissenschaftliche Mitarbeiterin an der Musikhochschule Hamburg im Bereich Musik und Gender wurde sie 2007 Wissenschaftliche Mitarbeiterin am Musikwissenschaftlichen Institut der Universität Hamburg an ihrem eigenen Forschungsprojekt *Das weltliche Lied in Hamburg zwischen 1640 und 1770 – Aspekte einer Kultur- und Gattungsgeschichte*. Katharina Hottmann ist Trägerin des Hermann-Abert-Preises der Gesellschaft für Musikforschung.

Werner Keil studierte Musikwissenschaft und Mathematik an der Johann-Wolfgang-Goethe-Universität sowie Schulmusik an der Hochschule für Musik und Darstellende Kunst in Frankfurt am Main und promovierte 1982 mit *Untersuchungen zum frühen Klavierstil von Debussy und Ravel*. Seit 1982 war er Akademischer Rat, Oberrat und Direktor am Institut für Musik und Musikwissenschaft der Universität Hildesheim, wo er sich 1986 mit einer Arbeit über *E. T. A. Hoffmann als Komponist* habilitierte und 1992 zum außerplanmäßigen Professor ernannt wurde. 1997 erhielt er den Ruf auf den Lehrstuhl für Historische Musikwissenschaft an der Universität Paderborn/Hochschule für Musik Detmold. Er publizierte zahlreiche Beiträge insbesondere zur Musik und Musikästhetik der Frühromantik und zur Musik des frühen 20. Jahrhunderts.

Stephan Reinke, geb. 1975 in Itzehoe, studierte Evangelische Kirchenmusik an der Hochschule für Musik und Theater Hamburg sowie Erziehungswissenschaft und Historische Musikwissenschaften an der Universität Hamburg. Nach einer Tätigkeit als Assistent der Geschäftsführenden Leiterin am Musikwissenschaftlichen Seminar Detmold/Paderborn vertritt er seit August 2007 als wissenschaftlicher Mitarbeiter der Gemeinsamen Arbeitsstelle für gottesdienstliche Fragen der Evangelischen Kirche in Deutschland den Fachbereich Kirchenmusik. Stephan Reinke lehrt am Musikwissenschaftlichen Seminar Detmold/Paderborn.

Jeroen van Gessel studierte Musikwissenschaft an der Universiteit Utrecht und Orgel am Conservatorium Utrecht. Er promovierte 2001 mit einer Arbeit über die Tätigkeit der niederländischen Gesellschaft zur Förderung der Tonkunst (*Een halve eeuw Maatschappij tot bevordering der toonkunst (1829–1879) en het Nederlandse muziekleven*, Utrecht 2004). Nach Lehrtätigkeiten in Amsterdam und Utrecht war er von 2005–2008 Wissenschaftlicher Mitarbeiter an seinem eigenen Forschungsprojekt über den Opernbetrieb am Straßburger Stadttheater zwischen 1891 und 1945 an der Radboud Universiteit Nijmegen. Seit 2008 ist er Dozent an der Rijksuniversiteit Groningen; außerdem lehrt er am Musikwissenschaftlichen Seminar Detmold/Paderborn.

Joachim Veit studierte in Saarbrücken und Detmold/Paderborn Musikwissenschaft, Anglistik und Schulmusik und wurde 1988 in Detmold/Paderborn mit *Studien zum Frühwerk Carl Maria von Webers. Untersuchungen zum Einfluß Abbé Voglers und Franz Danzis* promoviert. Seit 1988 war er als Wissenschaftlicher Mitarbeiter im DFG-Projekt *Gesamtausgabe der Briefe Carl Maria von Webers* angestellt, 1996 wurde er in das Projekt der Carl-Maria-von-Weber-Gesamtausgabe übernommen, wo er inzwischen die Editionsleitung innehat. Ende 2005 wurde ihm von der Kulturwissenschaftlichen Fakultät der Universität Paderborn eine Honorarprofessur verliehen. Seit Anfang 2006 betreut er das DFG-Projekt *Entwicklung von Werkzeugen für digitale Formen wissenschaftlich-kritischer Musikeditionen* (Edirom).